碩学叢書
Sekigaku Library

小規模組織の特性を活かす
イノベーションのマネジメント

水野由香里
【著】

SMEs' Style of Innovation Management

発行所:碩学舎
発売元:中央経済社

はしがき

"God is in the details.（神は細部に宿る）"

　研究生活を続けてきた中で、筆者が言われ続けてきた言葉であった。主に、セミ・ストラクチャード方式でのインタビュー調査を中心とした定性的調査を研究手法として採用する筆者は、この細部を解き明かすべく、研究を進めてきた。そして、筆者自身も、この研究プロセスにおいて、細部を知れば知るほど、さらに興味が湧き、また、時には苦悩に直面しながらも、総じて楽しんで進めてきたこれまでの研究であった。

　本書は、モノづくり中小企業がイノベーションを実現する論理を明らかにしようとするものである。より具体的には、「モノづくり中小企業が、どのようにイノベーションをマネジメントしているのか。事業化に成功している中小企業のイノベーション・マネジメントに共通するものは何か。イノベーションを実現させるために必要な要素は何か」を追究している。中小企業は一般的に経営資源の量そのものが少ない。そのため、中小企業の存続と発展のためにはイノベーションのための資源動員が重要であることを認識していながらも、現実問題として経営資源の制約からイノベーションのための資源動員を難しくしている。

　その一方で、小規模組織であるからこそ可能な側面もある。例えば、経営トップの在任期間が長いために長期にわたって統一した意思決定を継続できることや、小回りが利くこと、企画から意思決定、そして、実行までの時間が短く手続きも簡略であること、新たに手がける事業領域の市場規模が小さくとも経営者に参入する意思があればそれを妨げられないこと、などが挙げられる。

　そこで、本書では、小規模組織ならではの「小規模組織らしさ」を活かしたイノベーションの実現プロセスを理解するために、モノづくり中小企業の事例を3つのタイプに分けて分析することを通じて、モノづくり中小企業がイノ

ベーションを実現していく論理を明らかにしていく。

　なお、本書は、下記の科学研究費補助金を受けて行った調査研究の成果の一部である。
　1．科学研究費補助金若手研究（B）研究課題番号：25780240「組織間関係の視点から検証するオープン・イノベーションの研究」（研究代表者：水野由香里）2013年度～2014年度
　2．科学研究費補助金基盤研究（C）研究課題番号：25380554「産学連携の生態系研究　資源動員正当化とダイナミックケイパビリティの総合的分析」（研究代表者：高梨千賀子）2013年度～2015年度

　多くの本がそうであるように、本書を上梓するまでには、たくさんの方々の協力と支援をいただいた。私事で恐縮ではあるが、『小規模組織の特性を活かすイノベーションのマネジメント』──このタイトルで本書を刊行するまでの筆者の経緯を遡ってみる。

　筆者が定性的調査を実践するきっかけとなったのは、学部時代、途上国というフィールドに入り、見よう見まねで参与観察を実施したことに始まる。この時、フィールド・リサーチの面白さを知った。その後、フィールド・リサーチのなかでもインタビュー調査という定性的調査法を研究手法にする「研究者」になろうと、当時、一橋大学商学研究科の院生であられた故 天野倫文先生に進路に相談に乗っていただくなどして、一橋大学商学研究科研究者養成コースへの入学の扉が開かれた。

　一橋大学の大学院修士課程（研究者養成コース）では、経営学やイノベーションに関する知識のみならず、「研究のお作法」も含め、諸先生方からたくさんのご指導をいただいた。特に、伊丹敬之先生（現 東京理科大学）には経営学の基礎から、竹内弘高先生（現 ハーバード大学）にはケースメソッド教授法を、沼上幹先生には良質の論文を正しく理解することを、小松章先生（現 武蔵野大学）には企業形態論を、後藤晃先生（現 政策研究大学院大学）にはイノベーション研究の系譜を、長岡貞男先生（現 東京経済大学）には組織の経済学という視点から経営を見ることの重要性を、佐藤郁哉先生にはフィール

ド・ワークの研究手法を、楠木建先生には追究する研究スタイルを決めることの重要性を、学ばせていただいた。また、修士課程では、指導教官であった西口敏宏先生に、組織間関係論や定性的調査の具体的な進め方についてのご指導を賜った。そのご助言のもと、夏季休暇などを利用して、多摩地域や浜松地域、京都市周辺地域をはじめとした各地域の中小企業経営者の方々にお時間を頂き、インタビュー調査を実施していった。こうして、ある特定の地域に集積する中小企業間のネットワークに着目した。

大学院博士後期課程に入学したあとも、研究対象を変えることなく研究を進めていった。しかし、観察した現象をどのような切り口で整理し、研究の成果としてまとめていくのかの解にたどり着くまでには、長い時間と険しい道のりが筆者には必要であった。

研究者として迷走するこの時期に、多大なご指導を賜ったのが武石彰先生（現 京都大学）であった。修士論文のテーマをもとに投稿論文を執筆し、リバイスの通知があった時には、リサブミットの方法までご指導いただいた。ご指導の賜物でこの論文（水野，2005a）は、日本経営学会賞を受賞することができた。また、博士後期課程では、山下裕子先生にもご指導を賜った。博士後期課程のはじめに出産し、子育てをしながら研究を続ける筆者にとって、山下先生からいただいたご助言は、その当時の筆者の心の支えであった。村田和彦先生（現 日本大学）には、学会入会時に大変お世話になり、その後も折に触れて温かく見守ってくださっている。

研究の成果としてまとめる方向性が定まらず、また、一時は休学して、子育てをしながら細々と研究を続けた時期もあった。この時、沼上先生がおっしゃった一言は今でも心に残っている。「一度、研究活動を止めてしまったら、再度研究を始める時には相当きつくなる。ペースを落としてでもいいから何とかして続けたほうが良い」と。筆者は今でもこのメッセージを出産や育児の壁に直面する女性研究者に伝えている。

結局、博士論文を書くことができぬまま、独立行政法人中小企業基盤整備機構の経営支援センターのリサーチャーとして雇用していただき、中小企業大学校向けケース教材の開発やインキュベーション・マネジャーのためのマニュアルづくり、また、各種報告書などを執筆する機会に恵まれ、その後、現在の本

務校に着任した。そこでは、着任当初から、研究拠点形成費等補助金「産学連携による実践型人材育成―サービス・イノベーション人材育成」や「大学教育・学生支援推進事業【テーマB】学生支援推進プログラム」に携わり、出張やケース教材の作成、報告に翻弄され、なかなか研究時間を確保することもままならなかった（そのような中、徳田行延先生（サービス経営学部長兼学科長）や田辺忠史先生（健康福祉マネジメント学科長）、髙瀬浩先生（入試広報委員長）には、筆者の学務の配分等に関して多大なご配慮をいただいた。ここに記して感謝したい）。

　しかし、これらのプロジェクトを通して、学外の多くの先生との出会いやつながりが次の成果へとつながっていったこともまた事実であった。吉田浩先生（東北大学）には、東北大学グローバルCOE「グローバル時代の男女共同参画と多文化共生」に参画させていただく機会を頂戴し、Mizuno（2012）と水野（2013a）を執筆する機会まで頂いた。また、伊藤宗彦先生（神戸大学）には、『1からのサービス経営』（碩学舎）の執筆者の一人としてお声がけをいただいた。同書を通して、また多くの先生方との出会いがあった。石井淳蔵先生（流通科学大学）、大西潔先生（流通科学大学）、髙室裕史先生（流通科学大学）、西尾久美子先生（京都女子大学）、西川英彦先生（法政大学）、廣田章光先生（近畿大学）、前川佳一先生（京都大学）、黒岩健一郎先生（青山学院大学）、竹村正明先生（明治大学）、栗木契先生（神戸大学）、清水信年先生（流通科学大学）には大変お世話になった。なかでも、西尾先生には、日頃から温かいご助言やご指導を頂くのみならず、本書を執筆する機会をいただき、筆者に大きなきっかけを与えてくださった。また、西川先生には、本書を上梓するまでのきめ細かなご支援とご対応をいただいた。

　大学院時代の先輩・仲間との議論や組織学会、日本経営学会、一橋大学イノベーション研究センターが毎年開催しているサマー・スクール、Asia Pacific Innovation Conference、Academy of ManagementのAnnual Meetingなどの機会を通して、研究に関するたくさんのコメントを頂き、少しずつ研究の方向性が定まってきたのがここ数年のことである。この間、多くの先生方の出会いや支えがあって今の筆者がある。なかでも、米倉誠一郎先生（一橋大学）、延岡健太郎先生（一橋大学）、古川一郎先生（一橋大学）、青島矢一先生（一橋大

学)、加藤俊彦先生(一橋大学)、軽部大先生(一橋大学)、島本実先生(一橋大学)、榊原清則先生(中央大学)、根来龍之先生(早稲田大学)、浅川和宏先生(慶應義塾大学)、小竹暢隆先生(名古屋工業大学)、高橋伸夫先生(東京大学)、南知惠子先生(神戸大学)には特にお世話になってきた。

研究仲間として受け入れ、また、いつも筆者を励まし続けてくださった、大串正樹先生(衆議院議員)、生稲史彦先生(筑波大学)、清水洋先生(一橋大学)、楡井誠先生(一橋大学)、岡室博之先生(一橋大学)、長内厚先生(早稲田大学)、福嶋路先生(東北大学)、安藤史江先生(南山大学)、高梨千賀子先生(立命館大学)、安田行宏先生(一橋大学)、柳瀬典由先生(東京経済大学)、奥田真也先生(名古屋市立大学)、立本博文先生(筑波大学)らは、本務校の業務や授業の準備等でなかなか研究を進めることができない筆者を支え続けてくれた方々である。そのほかにもここにお名前を挙げてはいないものの、数多くの先生方に支えられて本書を完成することができた。心より感謝している。

また、本書を執筆するにあたり、中小企業の支援機関の方々、および、中小企業経営者の方々に、長年にわたり、多大なご協力を頂いたことを記さずにはいられない。ご多用の中、長時間および長期間にわたり、何の見返りのない筆者のインタビュー調査の実施をご快諾してくださった方々のご協力なしには、本書は完成し得なかった。インタビュー調査にご協力いただいた、延べ240名以上にものぼる方々のインタビューリストは匿名のまま巻末リストに示している。ここに厚く御礼申し上げある。本書に誤りや不備があれば、その責任は著者に帰することはいうまでもない。そして、このような多大なご協力を頂きながらも、この程度のものしか書けなかったのは、筆者の力不足によるところが大きいものの、多くの中小企業経営者の方々の一助となれば幸いである。

本研究を一冊の本としてまとめ、出版する機会を与えていただいた碩学舎および中央経済社に感謝したい。また、中央経済社の納見伸之編集長および経営編集部の浜田匡氏には、出版のプロセスにおいて筆者のわがままを聞いていただき、心より感謝したい。

最後に、私事で恐縮ではあるが、本書の執筆を側面から支えてくれた家族に感謝していることを記したい。特に、休みの日も自宅の書斎や研究室にこもり、いつも余裕がなかった母親に、折り紙を折って机においてくれるなどの配慮を

してくれたり、締め切りに追われている時には外出や旅行を諦めてくれたりした2人の息子である歩夢と光樹には、我慢してもらったことも少なくない。しかし、いつか、理解してもらえれば嬉しいと思っている。また、これまでの筆者の研究をさまざまな側面から支えてくれた祖母である故 堀鶴子や母である水野英子にも感謝している。特に祖母は、生涯現役を貫き通し、幼少の頃から筆者を叱咤激励し続け、筆者の人生に大きな影響力を与えてくれた一人である。しかし、本書の完成を待たずして、ある中小企業の代表権をもったまま、昨年5月、94歳で亡くなった。本書の完成に時間がかかったことを悔いるばかりである。その亡き祖母に、本書を奉げたい。

2015年4月　東京・自宅にて

水野　由香里

目　次

はしがき　i

序　章　中小企業のイノベーションを考える ── 1

1．本書の目的 ··· 2
2．イノベーションの定義 ··· 3
3．本書のねらいとメッセージ ··· 4
　3.1　本書のねらい・4
　3.2　資源動員とは・5
　3.3　中小企業の資源動員・6
　3.4　分析の単位とイノベーション・マネジメントの分類・7
　3.5　モノづくり中小企業経営者に対するメッセージ・7
4．本書の構成 ·· 8

第1章　中小企業にイノベーションが求められるようになった背景と現状 ── 13

1．中小企業研究の系譜 ··· 14
　1.1　中小企業論・14
　1.2　下請中小企業が直面した「逆境」と切り開いた活路・17
　1.3　中小企業間の関係性を対象とした研究・23
2．中小企業のイノベーションを阻む理由 ······················ 24
　2.1　中小企業のイノベーションを阻む2つの理由・24
　2.2　それでもやはり中小企業にもイノベーションは必要・25
3．中小企業の研究開発の現状 ······································ 26
4．本章のまとめ ·· 29

第2章 イノベーションのマネジメントに関する代表的な研究 ━━━ 31

1．代表的なイノベーション・マネジメント研究 ━━━ 32
1.1　Innovation Management・32
1.2　Permanent Innovation Management・34
1.3　Management of Technology・35

2．資源動員の創造的正当性 ━━━ 36

3．Exploration and Exploitation／Ambidexterity ━━━ 38
3.1　知の探索（Exploration）と活用（Exploitation）・38
3.2　両利きの経営（Ambidexterity）・42

4．限定合理的な組織におけるイノベーションのマネジメント ━━━ 45

5．中小企業のイノベーション・プロセスの視点を提供している研究 ━━━ 51
5.1　制約・逆境に打ち勝つイノベーション・マネジメント・51
5.2　ネットワークによる中小企業のイノベーション・マネジメント・52
5.3　中小企業のイノベーションのためのCollective strategy・57

6．本章のまとめ ━━━ 60

第3章 中小企業のイノベーション・マネジメント
その1　単独で取り組む ━━━ 63

1．調査の概要 ━━━ 64

2．イノベーション取り組みのきっかけ ━━━ 65
2.1　自社・経営者が直面する課題の解決・66
2.2　社外からの問い合わせや要望、照会・68
2.3　社外への発信・対外的活動・70
2.4　既存事業の低迷や取引先からの受注減・72
2.5　イノベーションの「きっかけ」：本節のまとめ・74

3. イノベーションに対する基本的姿勢・組織特性 75
- 3.1 本業で利益が出ているうちに次の事業の柱を探す・75
- 3.2 「チャンスをつかむ」経営者の意識・79
- 3.3 業務の上流・下流に目を向ける・81
- 3.4 挑戦し続ける組織風土・82
- 3.5 イノベーションの機会をつかむという視点：本節のまとめ・84

4. イノベーションの行動規範 85
- 4.1 試行錯誤・86
- 4.2 失敗に学ぶ・87
- 4.3 断らない・89
- 4.4 要望・ニーズを探し出す・91
- 4.5 「営業のツール」を持つ・92
- 4.6 見本市・展示会への出展・93
- 4.7 提案すること・95
- 4.8 「イノベーションの流儀」：本節のまとめ・98

5. ステークホルダーとの関係 100
- 5.1 顧客との関係・100
- 5.2 他のステークホルダーとの関係・103
- 5.3 イノベーティブな中小企業にとっての良きステークホルダー・109
- 5.4 筋が良いステークホルダーとのつながり・110
- 5.5 筋が良いステークホルダーとつながることの本質的な意味：本節のまとめ・113

6. イノベーションの展開方法 115
- 6.1 技術蓄積と中核技術の深化・115
- 6.2 中核技術の用途拡大・116
- 6.3 ニッチ市場に狙いを定める・119
- 6.4 試作を手がける・121
- 6.5 自社製品（B2B）を開発する・122

6.6　自社製品（B2C）を開発する・127
　6.7　イノベーションを実現する具体的方法：本節のまとめ・131
7．中小企業が単独でイノベーション・マネジメントする際の論点 ……………………………………………………………… 133
　7.1　イノベーションのきっかけ・133
　7.2　単独でイノベーションをマネジメントする組織的特徴と企業像・134
　7.3　具体的なイノベーションの実践・136
8．本章のまとめと知見 ……………………………………………………… 138
　8.1　組織内部と組織外部のイノベーション・マネジメント：本章のまとめ・138
　8.2　中小企業が単独でイノベーションを遂行する調査研究から得られた知見・139

第4章　中小企業のイノベーション・マネジメント その2　外部資金を獲得する —— 147

1．調査の概要 …………………………………………………………………… 148
2．補助金の申請理由 ………………………………………………………… 150
　2.1　資金不足・151
　2.2　高い開発リスク・151
　2.3　将来のための投資・152
　2.4　長期的成長を見据えたイノベーションのための企業行動：本節のまとめ・152
3．補助金採択のメリット …………………………………………………… 153
　3.1　外部評価の向上・153
　3.2　技術知の蓄積・154
　3.3　補助金に採択されることの効果：本節のまとめ・154
4．実用化と事業化の違い …………………………………………………… 155
　4.1　「長期的ビジョン」・155
　4.2　「高価格」・156

4.3　「オーバースペック」・157
　　4.4　「採算性」・157
　　4.5　「安全性の確保」・158
　　4.6　事業化することの難しさ：本節のまとめ・159
　5．採択企業の費用負担 ··· 160
　　5.1　採択前の費用負担・160
　　5.2　採択期間中の費用負担・162
　　5.3　採択期間終了後の費用負担・163
　　5.4　補助金活用時の費用負担：本節のまとめ・163
　6．本章の論点 ··· 164
　7．本章のまとめと知見 ··· 166
　　7.1　補助金を獲得してイノベーションに取り組む中小企業の共通点：本章のまとめ・166
　　7.2　中小企業が外部資金を獲得してイノベーションを遂行する調査研究から得られた知見・167

補　論　外部資金を獲得してイノベーションを遂行する大企業のケース　170

　1．調査の概要 ··· 170
　2．補助金の申請理由 ··· 170
　　2.1　開発費用を確保する必要性・171
　　2.2　開発予算の不足・172
　　2.3　短期的な収益が見込めない・172
　　2.4　開発にかかる高いリスク・173
　　2.5　大企業の事情：本節のまとめ・173
　3．補助金採択のメリット ··· 174
　　3.1　対外的評価の向上・174
　　3.2　社内の理解・部署の評価の向上・175

    3.3　技術の転用・176

    3.4　社内の資源動員を正当化する手段となり得る補助金：本節のまとめ・177

  4．実用化と事業化の違い..178

    4.1　「高価格」・178

    4.2　「採算性」・179

    4.3　「安全性の確保」・180

    4.4　事業化の難しさ：本節のまとめ・180

  5．費用負担..181

    5.1　採択前の費用負担・181

    5.2　採択期間中の費用負担・182

    5.3　採択期間終了後の費用負担・182

    5.4　補助金活用時の費用負担：本節のまとめ・183

  6．補論のまとめ..184

第5章　中小企業のイノベーション・マネジメント
その3　「関係性」を確立する —— 187

  1．本章の調査に関する概要..188

  2．スポットの関係性を構築することでイノベーションに取り組む
     中小企業..189

    2.1　産学連携・189

    2.2　異業種交流・194

    2.3　限られた期間で成果を達成するために外部資源を活用する：本節のまとめ・195

  3．長期的な関係性を構築することでイノベーションに取り組む
     中小企業..198

    3.1　東成エレクトロビームを中核とする企業間ネットワークの仕組み・198

    3.2　京都試作ネットの仕組み・227

    3.3　長期的関係を構築してイノベーションに取り組む：本節のまとめ・253

4．本章のまとめと知見 266
　　4.1　外部資源を活用するイノベーションのマネジメント：本章のまとめ・266
　　4.2　スポットの関係性でのイノベーション達成事例と長期的な関係性での
　　　　達成事例の比較・270

第6章　中小企業のイノベーション・マネジメントの含意：結論とインプリケーション　273

　1．本書の目的と事例研究の整理 274
　2．結　論 277
　　2.1　中小企業がイノベーションを生み続けるための組織づくり・277
　　2.2　中小企業の資源動員の創造的正当化の論理・279
　　2.3　知の探索と活用の両立と両利きの経営の追求・281
　　2.4　限定合理的な組織であるがゆえのイノベーション・マネジメント・284
　　2.5　ネットワーク活動を通してイノベーションを実現する中小企業・285
　3．本書の知見とインプリケーション 287
　　3.1　本書の知見・287
　　3.2　本書のインプリケーション・289
　4．今後の研究課題と展望 292

終　章　中小企業のイノベーションのこれから　295

　1．中小企業従事者および経営者らへのメッセージ 296
　2．中小企業がイノベーションを捲き起こすために 298

インタビュー調査リスト　299

参考文献　307

索　　引　319

序章

中小企業のイノベーションを考える

1．本書の目的

　本書の目的は、経営資源の制約を強く受けるモノづくり中小企業が、どのようにして資源量を確保し、イノベーションを実現するのかを明らかにすることである。大企業を分析対象にしたイノベーション研究は、枚挙に暇がない[1]。例えば、Gawer and Cusumano（2002）は、インテルやマイクロソフト、シスコなどの企業がどのようにイノベーションを進めてきたのかを分析している。また、Iansiti and Levin（2004）はウォルマートとインテルを事例に、イノベーションを持続させるビジネス・エコシステムの構築方法について解明している。国内では、武石・青島・軽部（2012）が、大河内賞を受賞した23件の大企業のプロジェクト分析を通して、大企業の事例においてイノベーションが実現したプロセスを解明している。さらに、榊原（2005）においては、キヤノンやインテルの事例を通して、イノベーションの成果を事業の収益に結びつけるための分析を行っている。

　その一方で、中小企業のイノベーションに関する研究は限定的である。たとえば、イノベーションのための資源動員の量（武石・青島・軽部，2012）が少ないベンチャー企業がどのように資源動員の量を担保してイノベーションを達成するのかに論点が当てられた研究（福嶋，2013；田路・露木，2010）や、中小企業と大学などの研究機関との技術連携という側面に論点を当てた研究（岡室，2009）などが挙げられる。

　そこで、本書では、日本企業全体の99.7％[2]を占める多くの中小企業が、イノベーションのための資源動員の量の制約を受けながらも、どのようにイノベーションをマネジメントしているのか、事業化に成功している中小企業のイノベーション・マネジメントの特徴や共通点は何か、これらの問いに対する答えを探っていきたい。モノづくり中小企業の事例をイノベーション・マネジメントの視点から分析・理解しなおすことによって、単に中小企業（および中小

---

[1] この点に関しては、岡室（2009）でも指摘されている。
[2] 総務省統計局による経済センサス―活動調査をもとに、経済産業省が集計した結果である。データは2012年2月現在のものである。

企業論）について論じる以上のことがわかると考えている[3]。

2．イノベーションの定義

イノベーションについて最初に言及した研究は、Schumpeter（1934）である。Schumpeter（1934）は、経済発展に結びつく経済行動の原動力および経済的合理性の視点から生産活動を捉えている。その解釈の上で、「生産とはわれわれの領域内に存在する物および力を結合することに他ならない（邦訳p.50）」とし、結合のタイプを「もろもろの物および力の相互関係を変更すること、現在分離されている物および力を結合すること、物および力を従来の関係から解き放すこと（邦訳p.50）」であると主張している。その上で、経済の発展に寄与する「新結合」の概念は、5つの場合を包含しているとする（以下，邦訳pp.182〜183）。

- 新しい財貨、すなわち消費者の間でまだ知られていない財貨、あるいは新しい品質の財貨の生産。
- 新しい生産方法、すなわち当該産業部門において実際上未知な生産方法の導入。これは決して科学的に新しい発見に基づく必要はなく、また商品の商業的取り扱いに関する新しい方法をも含んでいる。
- 新しい販路の開拓、すなわち当該国の当該産業部門が従来参加していなかった市場の開拓。ただし、この市場が既存のものであるかどうかは問わない。
- 原料あるいは半製品の新しい供給源の獲得。この場合においても、この供給源が既存のものであるか―単に見逃されていたのか、その獲得が不可能とみなされていたのかを問わず―あるいは初めて創り出されねばならないかは問われない。
- 新しい組織の実現、すなわち独占的地位（たとえばトラスト化による）の形成あるいは独自の打破。

すなわち、Schumpeter（1934）が主張する新結合は、創り出された新たな

---

[3] この点に関する知見は、生稲（2012）から得ている。

ものが経済の発展に寄与することが前提となっている。そのため、イノベーションの議論において、イノベーションの定義を一般的に「経済効果をもたらす革新」(一橋大学イノベーション研究センター編, 2001) と表されることが少なくない。しかし、経済効果をもたらすタイミングやタイムスパンを事前に推し量ることが難しいことや[4]、「創り出された新たなもの」が原点となって、その次に創り出されたものが経済の発展に寄与したという経路依存性を持つ場合もある。その意味では、イノベーションを「経済効果をもたらす」と限定した上で定義しても、現象を捉える場合には、厳密な議論をすることは簡単ではない。

そこで、本書では、すでに経済的効果が得られている創り出された新たなものをイノベーションとして理解するのみならず、もう少し適用範囲を広げ、創り出された新たなものまでを包含してイノベーションとして理解することとする。したがって、現象面では、自社製品開発や部品開発、ツール[5]開発、新素材開発、新市場開拓、自社技術の新たな活用方法の発見、他業種での販売などを総合して「イノベーション」と理解して議論を展開していく。

3. 本書のねらいとメッセージ

3.1 本書のねらい

本書が特に注目するのは、モノづくり中小企業である。モノづくり中小企業が、イノベーションのための資源動員の制約を受けながらも、どのようにイノベーションをマネジメントしているのか。自社の強みを活かしてイノベーショ

---

[4] 創り出された新たなものが、経済的効果をもたらすまで長期に及ぶ事例も確認される。例えば、大企業の事例であるものの、東レ株式会社が炭素繊維の開発を始めたのは1960年代のことであった (http://www.torayca.com/aboutus/abo_002.html)。その後、諸外国のメーカーが次々と炭素繊維事業の航空宇宙分野での事業化を断念する中で、東レは継続的に研究開発を進めてきた。そして、超軽量・高剛性ノートPC筐体用炭素繊維複合材料の本格生産を開始したのが2005年、ボーイング社B787向け炭素繊維複合素材の長期供給契約を締結したのが2006年のことである (http://www.toray.co.jp/technology/technology/history/his_002.html)。実に長い期間をかけて事業化を行ってきたことがわかる。このように、長年にわたる取り組みがどのタイミングで花開き、経済的効果をもたらすのかについて事前に予測することはきわめて難しいことなのである。

[5] ジグなどの道具を含む。

ンを遂行し、事業化に成功している中小企業のイノベーション・マネジメントに共通することは何か。イノベーションを成功に結びつけるために必要な要素は何か。すなわち、本書は、イノベーション・マネジメントの観点から中小企業経営のあり方を考えることを目的としている。

3.2 資源動員とは

　イノベーションを実現するために投入する経営資源のことを「資源動員」と表現したのは、武石・青島・軽部（2012）である。同書では、不確実性の存在ゆえに事前の成功の見通しがない、また、それゆえ事前にイノベーションのための資源動員に関する組織的同意・意思決定が得られにくい状況で、イノベーションの推進者は、資源動員のための組織の合意をいかにして取りつけたのかの論理を明らかにすることが研究の中心的なテーマとなっている。「イノベーションの源となる革新的なアイディアは、その実用可能性と経済価値に関して常に不確実性に満ちている（p.101）」が故に、事前に客観的な経済合理性の根拠を指し示すことができない。このような理由から、イノベーションの推進者は、イノベーションのための資源動員の重要性が一部の限られた人にしか理解されない状況にしばしば直面する。このことを、武石・青島・軽部（2012）では、「理由の固有性が高い」もしくは「理由の汎用性が低い」と表現している。すなわち、イノベーションのための資源動員の理由を広く組織に理解してもらえるような汎用性を持たず、客観的かつ経済的合理的の観点からは説明しきれない（理由の固有性が高い）ために、組織の理解が得にくいという課題がしばしば発生するのである。しかし、イノベーションの推進者は、なんとかこの課題を解決し、資源動員の正当性を高めて研究開発に必要な資源動員をしなければならない。武石・青島・軽部（2012）は、そのプロセスを「資源動員の創造的正当化プロセス」と表して、**図0-1**のように表している[6]。

　図0-1は、大河内賞を受賞した23件の事例分析から導かれた論理である。この23件はいずれも大企業であるため、大企業のイノベーションのための資源動員の創造的正当化の論理を表していることになる。換言すると、この図は、

6　この詳細については、第2章で取り上げる。

図0-1　イノベーションのための資源動員の正当化

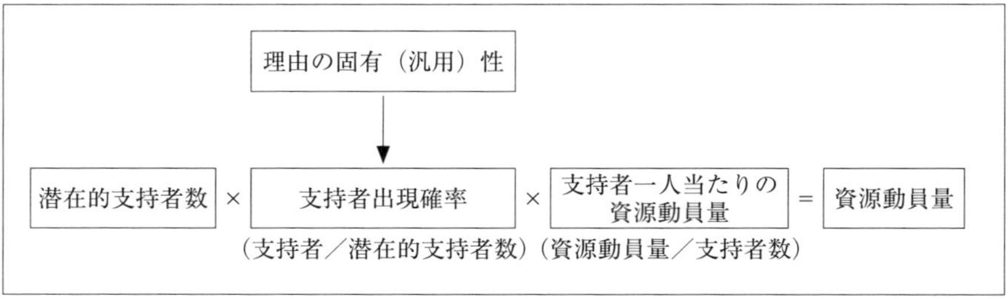

潜在的支持者数	×	支持者出現確率	×	支持者一人当たりの資源動員量	=	資源動員量
		（支持者／潜在的支持者数）		（資源動員量／支持者数）		

理由の固有（汎用）性 → 支持者出現確率

出所：武石・青島・軽部（2012）

大企業が数多くの研究開発案件の中から、ある特定のテーマやプロジェクトを選定するためのスクリーニングを行うプロセスを表した論理であるといえよう。限られたイノベーションの予算や資源をどの研究開発テーマ・案件に配分するのか、を考える際に重要になるのが、いかにして資源動員のための支持者および資源動員の量を増やすのか、が重要であることが理解できる。

3.3　中小企業の資源動員

一方で、中小企業の場合には、イノベーションを推進するための人材が大企業ほど確保されていないことも少なくなく[7]、イノベーションの種そのものも少ないことが多い。さらに、インタビュー調査を確認しても、大企業と比較してイノベーションの遂行は経営者の意思決定に依存する場合が多い。これらの点を鑑みると、イノベーションのための資源動員は、経営者の意思決定で行われるために、組織としてのスクリーニングプロセスの正当化が求められることは多くはない。そして、経営者の在任期間が（大企業と比較しても[8]）長いために、その意思決定は長期にわたって有効となる。

したがって、中小企業の資源動員の論理を考えると、「資源動員の正当化」それ自体は難しいことではない。しかし、経営資源の制約を強く受ける組織が、

7　詳細は、第1章第3節を参照されたい。
8　上場企業の経営者の通算在任期間が短くなっているという指摘は、三品（2004）で確認することができる。一方で、事業立地の転地に成功した上場企業の経営者の在任期間は、それよりはるかに長いという研究結果が得られている（三品, 2007）。

資源動員量そのものが少ない場合に、どのようにしてイノベーションを進めるのか、また、資源動員をどの事業領域に投入するのか、そして、資源動員量が少ないという課題をどのように解決するのかという研究テーマは重要である。

3.4　分析の単位とイノベーション・マネジメントの分類

　本書の分析の単位（unit of analysis）は、単一の中小企業である。単一の中小企業を単位として、どのようなイノベーション・マネジメントを行い、成果を達成しているのかを理解しようとしている。また、本書では、それぞれの中小企業がどのようにイノベーションをマネジメントしているのかを3つのタイプに分けて検討する。それらは、少ない資源動員量を前提に、単一の中小企業が単独でイノベーションを進めていくタイプ（第3章）と、単独でイノベーションを進めるものの、資源動員のための資金を補助金によって担保してイノベーションを進めるタイプ（第4章）、複数の組織が関係性を確立してイノベーションを進めるタイプ（第5章）である。第5章で取り上げる複数企業が関係性を確立してイノベーションを進めるタイプに関しては、明確な目的を持ち、スポットの関係性を構築することでイノベーションに取り組むタイプと、長期的な関係性を前提としてイノベーションに取り組むタイプに分類した上で検討している。

3.5　モノづくり中小企業経営者に対するメッセージ

　本書は研究書であるものの、日々、経営資源の制約と数々の困難に直面しているモノづくり中小企業経営者に対してもメッセージを投げかけたい。本書を通して、制約に直面しながらも、「中小企業だからこそできること」を伝えたいと考えている。

　Lubatkin, Simsek, Ling and Veiga（2006）は、中小企業だからこそ、組織が軽く[9]、トップダウンで短い期間の間に組織が迅速に動く点を強調しているし、Wang, Wang & Horng（2010）や岡室（2009）においては、企業行動における経営者の役割が相対的に大きいことを指摘している。三品（2007）では、実業

9　組織の意思決定までの長さや複雑性のことを、沼上・加藤・田中・島本・軽部（2007）は、「重たい組織」と表現している。

界では「企業は人なり」と論じることが少なくないのに対して、経営学が個人還元主義を禁じ手としている点を指摘した上で、(経営者の個性や人となりではなく)経営者を取り巻く条件に着目し、成功企業の立役者の条件を導出している。中小企業では、この傾向がより強く出ると想定される。そのため、本研究では、主に中小企業経営者へのセミ・ストラクチャード・インタビュー[10]を中心に調査を実施しており、本書では、経営トップの判断プロセスや評価基準の設定・実行プロセスを綿密に確認していく。

また、中小企業の中には、大企業に先んじて一見不可能とされた開発を可能にした事例も確認される。例えば、住田光学ガラスは「ホタル石結晶に近い性質を持つ光学ガラスを製造するのは不可能」という常識を覆し、光学ガラスで人工結晶ホタル石「ホタロン」を事業化させた。青色発光ダイオードの開発を成功させたのは、巨額の研究開発費を投入した大手関連メーカーではなく、当時蛍光体を中心とした中堅の精密化学品メーカーであった(藤井, 2002)。これらの事例は、福嶋(2013)が指摘する「好ましい事業環境が必ずしも技術移転を促進するわけではない。内的要因(例えば戦略、組織、文化)が環境要因よりはるかに重要」であることを示している。このようなメッセージを実務家に投げかけたい。

4．本書の構成

本書は下記の6章から構成される。

第1章では、中小企業研究の系譜に立ち返り、中小企業が直面した「危機」と切り開いてきた活路に焦点を当てて、中小企業にイノベーションが求められるようになった背景を理解する。また、中小企業の研究開発の現状についてデータと既存研究に基づいて理解する。

第2章では、イノベーション・マネジメントに関する代表的な研究に焦点を当てた既存研究のレビューが行われる。既存研究の議論を参考にしながら、本

---

10 セミ・ストラクチャード・インタビューとは、インタビュー対象者に事前に質問項目を伝えておくものの、その項目はインタビュー全体の流れを示したものに過ぎず、インタビュー時には、適宜、質問を追加して、回答内容を掘り下げていくインタビュー実施方法のことである。

書が依拠する分析の視点を定める。

　第3章から第6章にかけては、具体的な中小企業のイノベーション・マネジメントについて筆者が行ったインタビュー調査から得られた情報をもとに分析を加え、知見をまとめていく。

　第3章では、少ない資源動員量を前提に、単一の中小企業が単独でイノベーションを実現していく事例を確認する。中小企業が単独でイノベーションを実現していく共通項を整理することで、中小企業がイノベーションを実現する論理を明らかにしようとしている。結論を先取りすると、中小企業が単独でイノベーションに取り組んでいたとしても、まったく組織外部との接点を持たぬまま進めているのではなく、組織外部との関係性、すなわち、ステークホルダー（利害関係者）との関係性をもとにイノベーションの取り組みを進めることが重要であることが明らかになる。

　第4章では、資源動員のための外部資金を補助金によって担保してイノベーションを実現していく事例を確認する。中小企業のイノベーションを考える上で、資金的課題を挙げられることが少なくない。そこで、資金的課題が解決すれば、中小企業のイノベーションへの取り組みが活発になるのであろうか。この点を確認するために、本章では外部資金を獲得してイノベーションに取り組んだ中小企業に焦点を当てる。結論を先取りすると、中小企業が不足している資金的な資源動員量を確保したとしても、それだけではイノベーションをマネジメントするのに抜本的な解決方法にはならないということが明らかとなる。ステークホルダーとの関係の上で、事業化することに念頭をおいたイノベーションでなければ、イノベーションを実現することは難しい。

　第5章では、複数の組織が関係性を確立してイノベーションを進めている事例を確認する。なお、第5章で取り上げる複数企業が関係性を確立してイノベーションを進めるタイプに関しては、中小企業があらかじめ明確な目的を持ち、その目的を達成するのに重要な役割を果たすステークホルダーを探し出すことから始まり、スポットの関係性を構築することでイノベーションに取り組むタイプと、長期的な関係性を前提としてイノベーションに取り組むタイプに分類して整理する。これらの事例を通して明らかとなるのは、中小企業が関係性を構築してイノベーションを実現する機会を担保することは、単独では達成

図 0-2　本書の構成

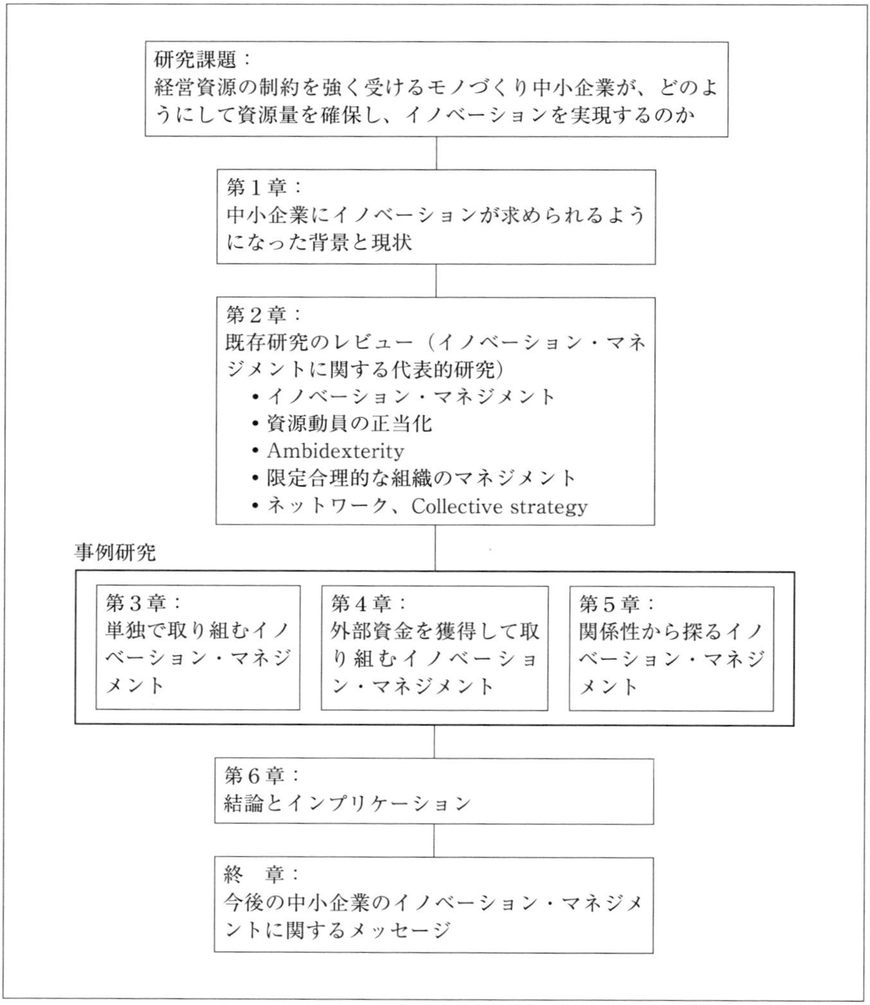

```
研究課題：
経営資源の制約を強く受けるモノづくり中小企業が、どのようにして資源量を確保し、イノベーションを実現するのか
    │
    ▼
第1章：
中小企業にイノベーションが求められるようになった背景と現状
    │
    ▼
第2章：
既存研究のレビュー（イノベーション・マネジメントに関する代表的研究）
 ・イノベーション・マネジメント
 ・資源動員の正当化
 ・Ambidexterity
 ・限定合理的な組織のマネジメント
 ・ネットワーク、Collective strategy
    │
    ▼
事例研究
┌─────────────┬─────────────┬─────────────┐
│第3章：      │第4章：      │第5章：      │
│単独で取り組む│外部資金を獲得│関係性から探る│
│イノベーション│して取り組むイ│イノベーション│
│・マネジメント│ノベーション・│・マネジメント│
│             │マネジメント  │             │
└─────────────┴─────────────┴─────────────┘
    │
    ▼
第6章：
結論とインプリケーション
    │
    ▼
終　章：
今後の中小企業のイノベーション・マネジメントに関するメッセージ
```

できないほどの効果をもたらす有効な戦略ではあるものの、実はその関係性を機能させる仕組みを構築し、継続させることはそれほど簡単なことではないことである。ただし、このような関係性を継続させる仕組みを設計することができれば、結果的に大きな成果をもたらすことが可能となる。

　定性的調査を踏まえ、研究結果をまとめた結論が第6章となる。それまでの議論をまとめた上で、本書のインプリケーションをまとめ、小規模組織の強みを活かすイノベーション・マネジメントの論理を導出し、今後の研究課題を提起する。

　終章では、研究者のみならず、実務家に対する今後の中小企業のイノベーション・マネジメントに関するメッセージを残すこととする。

第1章

中小企業にイノベーションが求められるようになった背景と現状

1. 中小企業研究の系譜

1.1 中小企業論

　中小企業に関する研究を確認すると、中小企業論という学問領域が存在する。その研究の系譜を辿ると、論調が時代と共に大きく変化し、大きく3つに分類することができる。

　第一は、中小企業の「影」の部を強調した論調を有する時期である。それは、戦前・戦中および1960年代頃までの時期である。この時期においては、藤田敬三氏と小宮山琢二氏とで行われた下請制についての論争にはじまり（渡辺,1997）[1]、大企業と中小企業の資本的・技術的・賃金・生産性等の格差を二重構造として捉えた二重構造論の研究が進められていた[2]。

　第二は、1970年代から1990年頃までを捉えた研究で、下請企業を系列化し、日本企業の生産性向上と国際競争力に結びつけている点を強調した研究や、ある特定の地域内で中小企業間が柔軟な対応および分業・協業をすることで競争力を発揮する実証研究が目立っている[3]。

　前者は、下請を通じての大企業と中小企業との長期にわたる協業関係を基軸とした相互関係が前提となっている。中核企業と下請企業が一体となり、企

---

[1] 渡辺（1997）では、この論争を詳しく追跡している。論争とはいえ、両者に共通している認識は、中小工業の技術的後進性が下請問題研究の課題となっていること、下請工業の主要な問題が多くの下請工業の従属性・親企業による収奪・中小企業経営の不安定性という問題を引き起こしていること、これらの問題が下請企業の技術的停滞を継続させる要因となっていること、下請企業の技術力の停滞性と親企業による収奪を一体のものとみなしていることを指摘している。

[2] 二重構造論の議論の詳細については、西口（2000）を参照されたい。

[3] この時期、ある特定地域内に集積した中小企業が分業と協業によって高い競争力を発揮するという論調を持つ研究の傾向は、日本国内のみならず、海外でも顕著に確認される。例えば、イタリアのボローニャやモデナが位置するエミリア・ロマーニャ州の経済水準が高いメカニズムを解明した研究（Brusco, 1982）や、イタリア（エミリア・ロマニャー州）とアメリカ（シリコンバレー）、日本（工作機械産業）の国際比較をした研究（Piore and Sable, 1984）、アメリカ東海岸地域のマサチューセッツ地区との比較を通して文化的視点から西海岸地域のシリコンバレーの優位性の研究（Saxenian, 1994）や、アメリカ各地で確認されるクラスター（産業集積）をまとめ分析した研究（Porter, 1999）、イギリスのケンブリッジ地域のバイオ産業の集積の研究（Keeble, Lawsonb, Moorec and Wilkinsond, 1999）などが挙げられる。

画・先行開発、部品の製造、最終組立までの企業活動を巡る一連の流れをシステム化し、企業間で相補的に分担することで生産性の高いモノづくりを実現しているという実証を中心とした研究である。日本の自動車産業、主にトヨタ生産システムに内在するメカニズムを解明しようとした研究（Clark and Fujimoto, 1989；Cusumano and Takeishi, 1991；Dyer and Nobeoka, 2000；Nishiguchi, 1994；Spear and Bowen, 1999；浅沼・菊谷, 1997；藤本, 1997）はこの典型である。

　後者は、「一つの比較的狭い地域に相互の関連の深い多くの企業が集積している」（伊丹・松島・橘川, 1998）と定義される産業集積をはじめとした研究である[4]。例えば、精密加工を手がける中小企業が集積している東京都大田区を取り上げた研究（渡辺, 1997）や、「東洋のスイス」といわれるほどの精密機械加工を手がける中小企業が集積する長野県諏訪・岡谷地域に関する研究（関・辻田, 2001；渡辺, 1997）が挙げられる。その他にも、モノづくり加工業が集積した大阪府東大阪市や、洋食器にはじまり、金属加工業を手がける中小企業が集積する新潟県三条・燕地域なども、産業集積地としての研究対象となっている。

　また、産業集積の研究とあわせて、地理的近接性をもち、地域に埋め込まれた（embeddedness [Granovetter, 1985]）中小企業同士で関係性を構築するネットワーク研究も盛んに行われてきた（Breschi and Malerba eds, 2005；Cooke and Morgan, 1993；Cooke and Schwartz, 2007；Dyer and Singh, 1998；Grandori eds, 1999；Gulati, Nohria and Zaheer, 2000；Nootboom, 1999；Keeble and Wilkinson, 2000；Lazerson, 1998；Perrow, 1986；Powell, 1990；Powell, Koput and Smith-Doerr, 1996；Saloner and Shepard, 1995；Saxenian, 1994；Uzzi, 1997；加藤, 2009；砂川, 1997；水野2004, 2005a, 2005b）。これらの研究の詳細については、第2章で取り上げることとする。

　第三は、1990年以降のバブル経済が崩壊したこと、そして、大手企業の国際分業が進んだことによるモノづくりの大きな環境の変化を迎えた時期における中小企業の企業行動に焦点を当てた研究（天野, 2005；伊丹・松島・橘川, 1998；清成・橋本編, 1997；関, 1997；水野2005c, 2009a, 2009b）である。

4　産業集積の分類や事例の詳細に関しては、清成・橋本編（1997）や伊丹・松島・橘川（1997）を参照されたい。

天野（2005）では、新潟県中越地域におけるアルプス電気とその生産系列に着目し、一次下請企業の経営の自立化と取引先の多様化、および、一次下請企業を中核に地域に形成された分業ネットワークが形成されるようになることで、「地域が空洞化の影響を受けながらも、自らの優位性を発見し、そこに向けて成功裏に構造調整を進めるプロセス（p.261）」を確認し、その条件を整理している。

その条件とは、第一に、中堅企業群や大企業など、いわゆる「需要搬入企業群」（地域に業務を持ち込む企業のこと）が東アジアとのリンケージを持っていること、第二に、中堅企業群と地元の加工業者との分業関係が成立していること、第三に、中堅企業群の開発能力が高く、知識集約に長けていること、第四に、どのような要求に対しても応えることのできる地元の加工業者の能力が高いこと、第五に、地域における人と技術のつながりと資源蓄積がなされていること、より具体的には、地域の中での人材育成の仕組みと、新事業や産業を創出するチャンスを用意していること、第六に、これらの場を支援する行政や大学との産学官連携の機会が用意されていること（pp.298〜299）、が挙げられている。

また、水野（2005c；2009a；2009b）では、特定大企業に取引のほとんどを「依存」していた中小企業が、どのように自立化・適応したのかについて、東京都多摩地域と、千葉県茂原地域、茨城県日立地域、栃木県宇都宮地域、群馬県太田地域の事例から分析している。これらの調査研究からは、中小企業が自立化・適応できるかどうかの分け目となったのは、第一に、売上のほぼ100％を地域の特定大企業に依存していた時期から、自社での技術蓄積や特定大企業からの知識移転を組織に定着させ、そのための自己投資をしていたかどうか、第二に、売上の大部分を特定大企業に依存していた時期から業界の多展開を目指していたかどうか、第三に、市場競争で評価され、価値を持つ保有技術であったかどうか、が指摘されている[5,6]。

そこで、次項では、中小企業が実際に直面した危機と、その状況をどのように切り開き、経営を自立化させたのかに焦点をおき、筆者が行ったインタビュー調査から具体的記述を通して確認していく。

1.2 下請中小企業が直面した「逆境」と切り開いた活路

1.2.1 下請中小企業が直面した「逆境」

　大手企業の国際分業が進んだことによって、いち早く大きな影響を受けたのは、売上のほとんどを特定大企業に依存していた中小企業であった。特に、企業城下町を形成する産業集積に対して多大な影響を与えることとなった。

　国際分業が進む以前の大手企業は、下請中小企業を囲い込み、垂直的かつ排他的な取引関係を条件に継続的かつ安定的な取引を遂行してきたところが少なくない。これは一方で、関（1997）が指摘するように「企業城下町における中小企業、工業集積のもっとも重大な構造問題は、長い間にわたって特定大企業に依存し、自立的な企業としての展開を放棄し、技術の集積の中身を非常に限られたものにしてきたところにある。企業としての自らのあり方や、工業集積地としての自立的な展開力などを考慮する必要もなく、一時期までは居心地の良い時代を過ごしてきたのであった（p.129）」という副作用を生じさせた。

　そして、この副作用は、「営業力・開発力の欠如」「技術・設備の制約」「偏った工業集積」という企業城下町の構造問題をもたらしたと指摘している（関, 1997）。また、渡辺（1997）においても、企業城下町に属する「域内中小企業は特定大企業の企業文化に依存し、他の完成品企業との取引を開拓する能力に大きく欠ける存在となった（p.209）」と分析されている。この時代には、関（1997）や渡辺（1997）、西岡（1998）が指摘するように、営業機能すらもたない下請中小企業が少なくなかったのである。しかし、かつてこのクローズドなピラミッド構造の中での取引に終始する両者の関係は、地域の下請中小企業を囲い込んだ特定大企業にとっても、下請中小企業にとっても、仕事量を継続的かつ安定的に確保できる状況下では合理的な選択であった。

5　財団法人機械振興協会経済研究所編（2009）が実施したアンケート調査を分析すると、10年前（1998年頃）と比較すると、受注先企業数が拡大するとともに、受注額上位3社が売上に占める割合も低下しており、受注先を巡る取引の分散化が進んでいることが確認される。また、「受注先企業数を拡大した」「特定企業の売上比率を低下させた」きっかけは、（新製品の開発など）「自社の戦略上の理由から積極的に新たな展開を仕掛けた」と回答した企業の売上高ベースの業績は高いという相関関係が確認されている（水野, 2009b：45）。

6　この点については、次節（1.2）で説明を加える。

そして、国際分業が進むと、下請中小企業に対する大手企業の立場に変化が生じる。筆者が行ったインタビュー調査から得られたアネクドートは以下の通りである。

「特定大企業は、昔は100％（すべての売上が特定大企業から）でしっかりやってくれといっていたのに、今ではウチだけでは食べさせていけないから自分たちで努力するように、というようになった」
「特定大企業の協力工場は、他社の仕事を受注する"浮気"が許されなかった。しかし、平成２年ごろから受注が減り始め、協力工場を面倒見切れなくなってきていた」
「2000年前後から他社の仕事をとってきなさいといわれるようになった」
「1990年代前には、『特定大企業がすべての協力企業の面倒を見る。したがって、他社からの仕事をしてはならない』とすべて保護していた。しかし、突然、『これからは他地域からでも仕事をとってきなさい。特定大企業への全面依存ではいけません』と、方針転換した」

このような意見が聞かれたのである。すなわち、強固でクローズドなピラミッド構造の中での取引に終始する関係が、環境の変化にともなって成立しなくなっていったことが理解できる。

1.2.2　下請中小企業が切り開いた活路

その一方で、下請中小企業が特定大企業との取引を行っていたこと、また、企業城下町に拠点を構えることで得られた直接的および間接的な効果も少なからず確認された。

まず、特定大企業との取引から得られた技術移転、および、取引があることによる対外的信頼の蓄積が確認されている。インタビュー調査では、下請中小企業が、特定大企業から直接的に得た効果を次のように語っている。

「特定大企業がISO14001の認証を受けているので、その協力企業もある程度の基準を満たす必要があることから、ISOの最低基準をクリアできる体制

づくりをしている」

「特定大企業の重要基本作業認定証[7]があることで、対外的信用度が増し、営業に役立っている」

「1989年くらいから、もしかしたらその前くらいからかもしれないが、特定大企業が指導してくれている。現場に来て、ムダとりの指摘をしてくれたり、ボーイング社が特定大企業で開催する研修に4人参加させてもらったり、率先して協力企業を成長させてくれている」

「(航空機事業を特定大企業の柱にするために)この地域に協力工場を育成する必要があった。その協力企業育成方針のおかげで昭和45年には同時3軸くらいの加工ができるほどの自立を遂げることができた」

「特定大企業にはアドバイスを受けて少しずつ技術力を高めてきた。海外の民間航空機の仕事をする際にはこの知恵が活きた」

「特定大企業に技術者を派遣した。これは先方からの依頼だった。今、幹部になっているほとんどは、この特定大企業に行ったことのある人材である」

「組織の中でも、改善機動班の存在が重要となっている。現場で指導していて、優秀な人材をピンポイントでアサインしている。こうして、現場改善に取り組んできた。きっかけは特定大企業からの指導である。この経験が今、生きている」

「1995年頃から少しずつ特定大企業の生産活動を自社で行っている。研究開発期間が短くなっている状況に対応するよう、本社工場のレイアウトも変えていった。標準品に手を加えてウチ仕様にして設備投資を安く行ってきた。このプロセスを通して、少しずつ人材が育ってきた」

「特定大企業との取引で品質管理技術や大量生産のノウハウを得て、技術

---

[7] 重要基本作業認定証とは、ある大手企業の認証で、大手企業工場の製品を製造するに当たり、ある特定の作業に携わる者がそれに関する一定の技能を取得することを目的に定められた制度である。ハンダ付けやプリント基板、ねじ締めなどといった種目ごとにある一定レベルの技能を合格したものに認証が交付される。種目によっては1級と2級が設けられているものもある。この認定証を取得した技術者のみがある特定の業務に携わるというシステムになっている(水野, 2005c)。したがって、この認証を取得していない技術者は、その作業に従事することができなくなってしまう。また、この認定証は、有効期限があり、取引中小企業は技術力維持および向上のための継続的な自助努力が求められる。

が磨かれたので、新たな事業展開がしやすくなった」
　「1989年に入社する前、2年間特定大企業で研修をしていた。特定大企業が地場産業の次期経営者を受け入れるケースは少なくない。生産技術に配属されて機械加工もしたし、鍍金の現場にも立ったし、塗装の経験もした」
　「ISO14000シリーズの群審査に手を挙げて、特定大企業が支援してくれたことによって、実際に認証を取得することができた」

　以上のように、特定大企業から下請中小企業に対して直接的および間接的な技術移転が存在したことを定性的調査レベルで確認することができる。この点は、アルプス電気を頂点とする第一次下請企業との関係においても確認されている（天野，2005）。
　次に、特定大企業が国際分業を進めることによって生じた特定大企業から下請中小企業への人材の流入である。特定大企業から下請中小企業に人材が流出した背景には、さまざまな理由が確認されるものの、下請中小企業経営者の視点からは、専門的スキルを有した即戦力となる人材を雇用できるという点では好意的に受け止められ、積極的に雇用しようとしている動きも確認される。インタビュー調査から得られたより具体的なコメントは次の通りである。

　「特定大企業のOBが働いている。特定大企業からの要望もあるし、設計能力があるので、特定大企業出身者でコアになる人は当社にとって必要である」
　「特定大企業からのOBは5人いる。出向者もいる。ウチでは足りない技術の部分を補ってもらっている」
　「特定大企業からのOBが働いている。特定大企業からの採用の要望もあるし、当社の設計部門にとっては重要だから採用している」
　「特定大企業からのOB人材を雇っている。現在働いているOBは2名。品質管理部門と文書作成の担当。重要なポイントにいてもらっている。特定大企業OBでウチに合う人は是非来てくださいとお願いしているほど」
　「今後の展開を考えると、金型の設計技術まで保有する必要があるという認識から、特定大企業や関連会社で仕事をしていた技術者を中途採用した」

これらのように、特定大企業から人材移転を通じて、下請中小企業に専門的知識が移転されてきていることを確認することができる。

1.2.3 下請中小企業の経営自立化に関する3つの分岐点

さらには、特定大企業との取引が減少するもしくは途絶えた下請中小企業が、経営を自立化させた企業行動も確認される。水野（2009a；2009b）では、経営を自立化できたかできなかったかの3つの分岐点が挙げられている。

第一の分岐点は、売上のほぼ100％を占めていた時期から、技術蓄積や特定大企業からの知識移転を組織に定着させていたかどうか、そして、自己投資を行っていたかどうかである。上述したように、取引のほとんどを大手企業に依存していた下請中小企業の中には、特定大企業からの技術移転やノウハウの蓄積、（特定大企業と取引をすることができるほどの技術力や品質管理能力があるという）対外的評判を最大限に活用し、活路を切り開いていることが確認されている。例えば、もともと鍍金工程を手がけていたある下請中小企業は、特定大企業からのアドバイスを受けて技術力を磨き、航空機メーカーが共同で作った特殊工程に関する認証であるNadcap[8]を取得し、今や航空機メーカーのサプライヤーリストに登録されるまでに発展している。その原点は、特定大企業との取引関係から得た生産のムダ取り作業や品質管理方法、文書管理方法を自社に定着させたところに始まる。また、別の下請中小企業は、特定大企業の現場改善の取り組みを通して得た知識をより深め、生産プロセスを効率化させるための生産設備を自社で作り上げる部署「改善機動班」を設置し、独自の生産システムの進化を遂げた。特定大企業の取引で鍛えられたモノづくりの品質責任や品質の高い信頼性を保証する能力が評価され、新規顧客開拓に成功した下請中小企業も少なくない。

第二の分岐点は、売上の大部分を特定大企業に依存していた時期においても、継続的に取引先の開拓や業種の多様な展開の可能性を探っていたかどうかであ

---

8 Nadcapとは、National Aerospace and Defense Contractors Accreditation Programの略で、1990年に発足した非営利法人Performance Review Instituteが設定する航空機製造の特殊工程に関する監査・認証プログラムである。この認証は、航空宇宙産業と防衛産業全体にわたる品質保証を目的として、品質の向上とコストの削減に向けて業界が協力し合う、前例のない取り組み（http://jp.p-r-i.org/）であるとされている。

る。自動車の部品加工を手がけている下請中小企業は、部品加工のための治具の開発や生産設備の改良を手がけるプロセスを通して向上させた技術力をもとに、新たな事業分野を模索し、ロボット生産設備事業に展開した。既存の事業の前工程や後工程に進出することで、顧客の利便性を高める一括受注を可能にし、新たな顧客開拓に成功した事例も確認される。先細りする特定大企業からの取引に危惧を抱いた下請中小企業経営者が、少しずつ顧客開拓を始めたという声も多く確認されている。この点に関しては、財団法人機械振興協会経済研究所編（2009）に収録されているアンケート調査結果からも確認することができる。

　第三の分岐点は、市場競争で生き残る技術を保有していたかどうかである。特定大企業との取引が少なくなった後も事業の発展を遂げている下請中小企業に２つの共通点が確認される。それは、利益が出ている頃から、認証の取得や設備への投資、技術力の向上に取り組んでいたことと、特定大企業の担当者に対する積極的な提案や技術依頼に対して積極的に取り組んでいた点である。Nadcapの認証を取得した下請中小企業経営者は、「認証を取得して設備を充填しながらやってきたときには、会社の経営はきつかった」と当時を振り返るものの、自社の次の事業を見据えた設備投資の重要性を強調した。そして、「今は、Nadcapを取得しているので、営業に行っても話を聞いてもらえる」と新たな顧客開拓に成功している。

　これらの事例を確認すると、必ずしも関（1997）や渡辺（1997）が指摘する「市場競争に取り残された企業城下町のなかの下請中小企業」という存在に留まらない企業が複数確認されているのである。すなわち、「分岐点」で発展を遂げた企業群は、確かに取引のある一時点では特定大企業に売上のほとんどを依存していた時期が確認されるものの、市場競争力がなかったわけではなく、特定大企業との取引を通して技術や知識を蓄積し、自己投資していたことが確認される[9]。そのような企業群は、関（1997）の指摘する企業城下町の構想的問

9　関（2011）では、下請中小企業が経営の自立化を遂げたプロセスをケース・スタディーの記述を通して明らかにしている。経営の自立化のポイントとして、発注企業の経営行動に対して受動的にならないために、既存の関係とは別の取引関係を構築し、確固たる存立基盤を得ていること、中小企業が関係性の中で自社の企業発展につながるような経済的合理性をともなう能動的行動を取っていることを挙げている。

題である「営業力・開発力の欠如」「技術・設備の制約」を解決し、競争市場にさらされても競争力を発揮することができたといえよう。

1.3 中小企業間の関係性を対象とした研究

　中小企業の研究の中には、経営資源の制約が大きい中小企業が単独で事業やイノベーションに取り組むよりも、中小企業同士が関係性を構築して制約を克服しようとした研究も多数確認される。

　産業集積やクラスターの議論がその一つである。産業集積とは、「一つの比較的狭い地域に相互の関連の深い多くの企業が集積している状態をさす（伊丹・松島・橘川, 1998）」と定義されている。また、Porter（1998）は、クラスターを「特定分野で関連した企業や専門性の高い供給業者、サービス提供者、関連機関（大学、認証認定機関、業界団体など）が地理的に集中していること」と定義し、関係者間には共通性と補完性がある点を強調している。産業集積やクラスターの議論で重要な点は、関連組織が地理的に集中し、相互に関係性を構築することによって、高い競争力と高い付加価値を達成していることである。この点に着目し、日本経済活性化の手段として、経済産業省では産業クラスター計画を、文部科学省では知的クラスター創成事業を計画し、政策が進められてきたという経緯もある（石倉・藤田・前田・金井・山﨑, 2003）。

　また、分析の単位は地域におかれているものの、イノベーションや学習、知識創造の重要性を強調した研究としてローカル・ミリュウ（Camaguni, 1991）や学習地域論（Florida, 1995；Morgan, 1997）、集団的学習過程論（Keeble and Wilkinson, 2000）などが挙げられる。

　さらに、高い競争力と高い付加価値を達成していることを前提に、産業集積やクラスターよりも分析の単位が小さい対象に焦点を当てた研究として、ネットワークや場の理論、協同戦略パースペクティブ（collective strategy perspective）などが挙げられる。これらの研究の詳細については、第2章の既存研究で扱うことにする。

2. 中小企業のイノベーションを阻む理由

2.1 中小企業のイノベーションを阻む２つの理由

　本章の1.2および1.3の議論では、中小企業が「逆境」に直面しながらも、活路を切り開いてきた企業群に焦点を当ててきた。しかし、一方で、イノベーションの取り組みの必要性を十分認識しながらも、中小企業が、その取り組みを遂行することが難しい理由も存在する。中小企業のイノベーション・マネジメントを考える上で、この壁を越えることができるかどうかが一つの試金石となる。

　中小企業のイノベーションへの取り組みが難しくなる第一の理由として、イノベーションの取り組みに対するリスクの存在が挙げられる[10]。筆者が行ったインタビュー調査からも、「これまでたくさん失敗したし、無駄なお金を使ったと思う」という意見や、「試作品としては、いろいろ作ってみたけれど、なかなか上市までにはいかなかった」という経験、「10年以上も研究開発活動をやっていて、まだ製品化できていないというテーマもある」というアネクドートは、枚挙に暇がない。

　Haour (2003) は、イノベーションにともなう３つのリスクを挙げている。それは、技術のリスクと市場のリスクとビジネス・モデルのリスクである。すなわち、新たな技術開発に成功するかどうかわからないリスク（実用化のリスク）、実用化しても利益に結びつくかどうかわからないリスク（事業化のリスク）、事業化できたとしても長期的に売れ続ける仕組みを構築できるかどうかわからないリスクを包含しているのである。そして、これらのリスクをあわせると、成功率よりも失敗率のほうが高くなる。その結果、失敗率の高いイノベーションの取り組みに躊躇するという現象を引き起こす。まさに、次節のデータがそれを表している。

10　Knight (1921) は、リスクと不確実性を明確に区別している。リスクとは、過去のデータに基づいて予測できることを意味している。一方で、不確実性とは、確率論からは予測できないことを意味している。本書においても、Knight (1921) に則って、この二つを区別している。

第二の理由として、イノベーションの取り組みに対する不確実性の存在が挙げられる。イノベーションの取り組みは、新しいこと、今までにない初めてのことを実現しようとする過程であるが故に、限られた知識しか持ち合わせておらず（武石・青島・軽部，2012）、成功するかどうかを事前に推定することが難しい（Lubatkin, Simsek, Ling and Veiga, 2006）。

　現に、事前に十分に計画が練られていたとしても、その計画がイノベーションの成功に結びつかなかった例は枚挙に暇がない（Henderson and Clark, 1990；Bessant；1993；Tidd, Bessant and Pavitt, 2001）。沼上（2004）は、その不確実性を、自然界に関する不確実性（「自然の不確実性」）と社会経済に関する不確実性（「意図の不確実性」）に分類した。前者は、まだ十分に蓄積・確立されていない自然界の法則・パターンが解明されていないことから生じる科学技術に関する不確実性である。後者は、開発された製品・技術の機能がどのような社会的・経済的価値を持つのか、利用価値を持つのかを事前に正確に予測することが難しいために生じる社会科学に関する不確実性である。また、延岡（2006）が説明する技術経営の視点では、沼上（2004）が指摘する「自然の不確実性」は「技術の不確実性」を、一方の「意図の不確実性」は「顧客ニーズの不確実性」と「競争環境の不確実性」とに区別して議論している。そして、企業が事業化する際には、「意図の不確実性」すなわち「顧客ニーズの不確実性」と「競争環境の不確実性」へ対処する必要性が大きくなり、これらの不確実性への対処がつきまとい続けることになる（武石・青島・軽部，2012）。実務家が、しばしば「実用化（技術開発および製品開発）に成功したとしても、事業化に成功するとは限らない」（筆者が行ったインタビュー調査より）と実感する所以である。これらの不確実性を内包するイノベーションへの取り組みに対しては、こと、経営資源に制約を抱える中小企業の立場の点から考えると、リソース・ベースト・ビューの観点からも、イノベーションの取り組みを躊躇する傾向に結びつくことがある点は否めない（Rothwell and Dodgson, 1991；Nootbloom, 1993；Lubatkin, Simsek, Ling and Veiga, 2006；Terziovski, 2010）。

2.2　それでもやはり中小企業にもイノベーションは必要

　しかし、中小企業の存立を考えると、経営資源の制約を言い訳に新たなイノ

ベーションへの取り組みに躊躇していると、ジリ貧になりかねない。例えば、天野（2005）は、アルプス電気との取引を通じて経営自立化に必要な技術基盤を形成した一次下請企業、もともと下請企業でありながら技術開発に力を入れてきた企業群、元請企業（アルプス電気）から技術者がスピンアウトして設立された企業群、アルプス電気に装置を納入していた装置メーカーらが、地域の中堅企業として経営自立化を成し遂げたのに対して、自社設備も持たず、技術開発にも従事しなかった二次下請企業が、（企業経営の）存立基盤が崩壊し、閉鎖に追い込まれた点を指摘している。

また、関（1997）は、大企業から設備を貸与され、組織化された下請協力工場は、技術ではなく労務の提供のみが求められていたため[11]、海外への工場移管の際には、貸与されていた設備の引き上げが行われ、静かに消えていくと記している。渡辺・小川・黒瀬・向山（2006）は、より強い論調で「景気循環をやり過ごしていると好況がやってくるという時代は終焉した。…（中略）…環境変化や顧客の変化を素早く察知して、変化を克服できる、変化を活用できる経営を創造しなくてはならない。それができないと企業は消滅する」と強調している。これらの指摘は、いずれも、中小企業においても、たとえ、イノベーションの推進にかかるリスクや不確実性が存在しようとも、何らかのかたちや方法でイノベーションの機会を確保し、遂行するための取り組みが極めて重要であることを如実に物語っている。

3．中小企業の研究開発の現状

本節の目的は、中小企業の研究開発の現状をデータで把握することにある。総務省が2008年に行った「科学技術研究調査」を確認すると、中小企業の研究開発への取り組みの割合および額が少ないことが確認される。

まず、**図1-1**は、大企業と中小企業の研究開発の現状を比較したものであ

---

[11] かつて大手企業の製造工場として量産を手がけていた企業経営者は「最盛期には90人を雇う工場にまでなったけれど、バブル経済が崩壊するなどしてリストラすることになってしまった。下請の場合は値段やコストでがんじがらめ。その上、協力工場ということなので企業として認められていた感じがしないし、会社を経営しているという気もしなかった」と筆者に語った。

第1章　中小企業にイノベーションが求められるようになった背景と現状　27

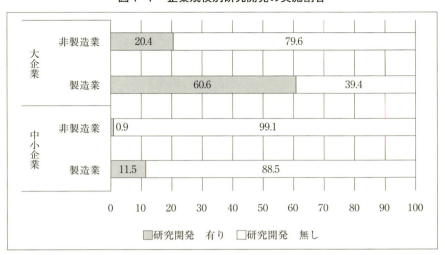

図1-1　企業規模別研究開発の実施割合

出所：総務省「科学技術研究調査」(2008年)
(注) 1. 資本金1千万円以上の会社から抽出した約13,800社を対象に調査。回収率は約76%。調査時点は2008年3月31日現在。
　　 2. 社内（内部）で研究費を使用、又は外部に研究費を支出したと回答した企業を「研究開発有り」としている。
　　 3. 従業者1～299人を中小企業、300人～を大企業としている。また、非製造業とは、当該調査における「全産業」から「製造業」を除いた産業を指す。

る。大企業においても中小企業においても、非製造業よりも製造業の研究開発投資が多いことが確認される。そして、中小企業の研究開発投資に目を向けると、製造業で88.5%、非製造業では99.1%までもが研究開発投資を行っていない。このデータは、圧倒的多数の中小企業が研究開発投資を実施していないという現状を表している。

また、中小企業の研究開発の現状をより細かく捉えたものが、表1-1である。この表は、中小企業の従業者規模別で研究開発活動の実績を表している。図1-1の結果を支持するように、どの従業者規模においても、研究開発投資を行っていない中小企業が、研究開発投資を行っている中小企業を上回っていることが確認される。研究開発投資を行っていない企業の比率は、企業規模が小さくなればなるほど高くなっている。単純計算ではあるものの、個人企業と従業者5人以下の企業の合計が、母集団企業全体の84.1%を占めているにもか

表1-1　中小企業の従業者規模別でみる研究開発

平成22年度	合計						個人企業
	計	法人企業					
		計	5人以下	6～20人	21～50人	51人以上	
母集団企業数（社）	3 654 465	1 668 082	1 088 770	383 955	117 907	77 450	1 986 383
研究開発を行った企業数（社）	52 025	38 796	12 882	10 230	6 690	8 994	13 230
研究開発を行っていない企業数（社）	3 602 440	1 629 287	1 075 888	373 725	111 217	68 457	1 973 153
研究開発費（百万円）	542 370	538 622	18 776	42 957	74 088	402 802	3 748

出所：中小企業実態基本調査（平成22年度決算実績／平成23年度確定版）
（注）法人企業「51人以上」の従業者数は、51人以上300人以下である。

かわらず、これらの企業のうち、研究開発を行っている企業の比率はたったの2.3％に過ぎない。一方で、従業員数51名以上300人以下の企業数に占める研究開発投資を行っている比率は、11.6％まで改善している。そして、従業者数51名以上300人以下の企業数は、母集団企業数全体の2.1％を占めているにもかかわらず、研究開発費は、中小企業全体の74.2％を占めている。以上のデータから、企業規模が小さくなればなるほど、研究開発活動が行われていない状況が明らかとなっている。

　それでは、なぜ企業規模が小さくなるほど研究開発活動を阻害するのかを類推するために、研究活動に取り組む上で、中小企業がどのような課題に直面しているのかを確認してみる。『2009年度版　中小企業白書』に掲載されている三菱UFJリサーチ＆コンサルティング株式会社が実施した「企業の創意工夫や研究開発等によるイノベーションに関する実態調査」（図1-2）によると、大企業と比較しても、研究開発に投入する資金や人員の不足を上げる比率が高いこと、また、後者の質についても課題であると認識する傾向にあることが確認される。やはり、中小企業は、恒常的に研究開発に投入する資源動員量が少ないことが大きな課題となっており、それは企業規模が小さいほど、顕著な課題として現れていると解釈することができる。

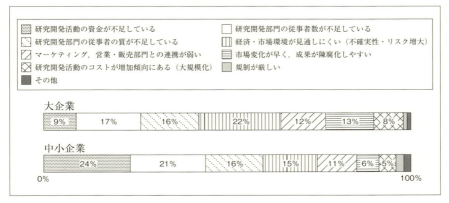

図1-2 研究開発に取り組む上での課題

出所:三菱UFJリサーチ&コンサルティング(株)「企業の創意工夫や研究開発等によるイノベーションに関する実態調査」(2008年12月)
(注) 1. 研究開発を行っている企業について集計。
2. 大企業と中小企業を比較するため、複数回答における各項目の回答数を合計し、全体が100%になるよう各項目間で比例配分している。

4. 本章のまとめ

　本章では、まず、中小企業論の系譜を追うことで、中小企業研究の変遷を理解した。そして、具体的に中小企業がどのような「逆境」に直面し、克服したのかについて、特に、大手企業の国際分業が進んだことによって多大な影響を受けた下請中小企業に焦点を当てて議論した。そして、類似した状況に直面しながらも、それまでの取引や技術移転の実績をもとに、中小企業の独自の経営努力によって更なる技術蓄積や大企業からの知識・技術移転を組織に定着させ、経営的な自立化を図った中小企業も確認された。
　しかしながら、一方で、中小企業がイノベーションの取り組みの重要性を理解しながらもその取り組みを遂行することが難しい状況に直面している。この点を具体的データを踏まえて確認した。データからは、規模が小さくなるほど研究開発活動が行われていないこと、そして、規模が小さくなるほど研究開発費も少ないことが確認された。すなわち、中小企業は、経営資源の制約が大き

いために、イノベーションのための資源動員量に大きな問題を抱えていることがあらためて確認されたのである。

　以上から、中小企業がイノベーションをどうマネジメントするか・しているのかについての研究を整理することは重要課題であることが改めて理解される。そこで、次章からは、中小企業のイノベーション・マネジメントについて議論を進めていくこととする。

第2章

イノベーションのマネジメントに関する代表的な研究

1．代表的なイノベーション・マネジメント研究

1.1 Innovation Management

　イノベーションのマネジメントは、日常的なビジネスの管理とは異なる種類のマネジメント知識やスキルが必要である（Tidd, Bessant and Pavitt, 2001）と言われている。Tidd, Bessant and Pavitt（2001）は、イノベーションの歴史を振り返ると、優れたアイディアが失敗に終わることも多々あるものの、イノベーションに取り組まなければならないことを強調している。そして、イノベーションを実際的・戦略的なレベルで理解するための知識とスキルを取得するためには、市場・技術・組織の変化のマネジメントを統合することが重要であると主張する。そして、その実行プロセスを5つのフェーズで表している。

　第一のフェーズは、内部および外部の環境をスキャンし探索して、潜在的なイノベーションに関する兆候を見つけ出すことである。いわゆる、イノベーションのシーズ（種）やきっかけを探す段階である。第二のフェーズは、潜在的なイノベーションのシーズの中から組織がリソースを配分すべき対象を戦略的に選び出す。イノベーションのシーズの中から特定のテーマを選び出して絞り込む段階である。また、「この対象を選び出すことそのものが課題でもある（邦訳, p.23）」と重要な段階であることを指摘している。特に大企業において、イノベーションのシーズを探し出す人材が中小企業と比較すると多く配置されることが多いために、この第二段階のスクリーニングのプロセスが重要であるという指摘には説得性が高い。武石・青島・軽部（2012）では、このプロセスに焦点を当て、「資源動員の創造的正当化プロセス」として説明されている。第三のフェーズは、選んだ選択肢に実際にリソースを配分する。自社で開発するのか、もしくは、外部から購入することで手当てするのか[1]の意思決定をする段階である。第四のフェーズは、資源動員した後から最終的な事業化の段階

---

[1] 外部から技術や知識を購入したり調達することで、自社でイノベーションの事業化に取り組む論理は、Chesbrough（2003；2006）やChesbrough, Vanhaverbeke, and West（2006）、Gassmann, Enkel and Chesbrough（2010）などで説明され、オープン・イノベーションと呼ばれている。

まで育て上げるイノベーションを成し遂げる。そして、第五のフェーズでは、イノベーションを成し遂げた後、第一から第四までのフェーズの反省を行い、その成否を再評価してイノベーションに関する学習を行う。この段階は、任意であるとしながらも、イノベーションを監査するチェックリストを提示し[2]、それが組織のイノベーション・ケイパビリティを左右するとして、この段階を踏むことの重要性を指摘している。

　これらのプロセスを継続的にマネージするための最適解の発見方法を学び、実践することが、イノベーションのマネジメントであると強調している。また、このようなプロセスをたどるためには、イノベーションを監査するチェックリストにも明記されているように、組織内部のあり方が重要となっている。そのため、イノベーティブな組織を構築するための要素についても多くの記述が割かれている。組織内部のあり方として、イノベーティブな組織的文脈[3]を創造し、維持することが重要であり、そのための組織的要素として、「ビジョンの共有、リーダーシップ、イノベーションへの意欲」「適切な組織構造」「鍵となる個人」「効果的なチームワーク」「個人の能力向上の継続と拡充」「豊富なコミュニケーション」「イノベーションへの幅広い参画」「顧客指向」「創造性のある社風」「学習する組織」を挙げている。

　これらの要素で特に強調されていることは、組織の人材というテーマがきわめて重要で、鍵となる卓越した人材[4]が存在していること、イノベーションを成し遂げるためには組織の慣性を克服するためのエネルギーと物事の秩序を変えるという強い意思が必要であること、トップマネジメントによるコミットメントがイノベーションを成功させるための普遍的な処方箋であること、組織内

2　Tidd, Bessant and Pavitt（2001）は、チェックリストの48の設問を大きく5つにグルーピングしている。それらは、「組織はイノベーションに戦略的アプローチをとっているか？」「組織は効果的外部とのリンケージを確立しているか？」「実行のための効果的なメカニズムを持っているか？」「イノベーションに理解ある組織文脈が存在しているか？」「イノベーション・マネジメントに関して学習する組織となっているか？」である。

3　ここでいう組織的文脈とは、「イノベーションを支援するような組織の構造や組織の文化、すなわち、価値や信念のパターンである（邦訳, p.370）」と定義している。

4　鍵となる人材には、重要な技術知識の源泉となる人材と、資金調達の問題を解決したり組織内の反対者を説得するプロジェクトのスポンサーとなる人材、チームリーダーとなる人材、技術のゲートキーパー（情報をさまざまな情報源から収集し、それをうまく活用したり、収集した情報を適切な人材へと受け渡したりする役割）となる人材が挙げられている。

の訓練と能力開発に大きな努力を傾けること、長期間にわたって継続的で漸進的なイノベーション活動を支援し強化する組織の文化を持つこと、イノベーションを推し進めるチームワークを醸成すること、創造的な組織風土を醸成すること、外部からの刺激を受け入れる志向性をもつこと、イノベーション活動から学習のルーティンを作り出すこと、である。

以上から、Tidd, Bessant and Pavitt（2001）では、イノベーション活動における組織的要素を重視していることが確認できる。ただし、同書の中心的な議論は、大企業のイノベーション・マネジメントに焦点が当てられており、中小企業のイノベーション・マネジメントに関しては部分的に言及されているに過ぎない[5]。また、イノベーションの実行プロセスを5つのフェーズをマネージする必要があると指摘しながらも、5つ目のフェーズですべきこと（イノベーションを監査するチェックリスト）を除いて、それぞれのフェーズごとに具体的にどのように実行すべきなのかまでは明記されていない。本書では中小企業のイノベーション・マネジメントと中小企業のイノベーションの実行プロセスに焦点を当てることにする。

1.2　Permanent Innovation Management

イノベーション・マネジメントを実務家の視点から「イノベーションを生み続ける組織」に焦点を当てたものにMorris（2006）が挙げられる。同書は、研究開発コンサルティング業務を通して得た知見をもとに、イノベーションの方法論をまとめている。より具体的には、独創的なアイディアを出す方法論にはじまり、アイディアを絞り込む方法論、アイディアを事業化する方法論、市場を創造する方法論が事例を踏まえてまとめられている。その主要なステップとして、アイディアを生むことからスタートし、「的の絞り込み」プロセスでアイディアを選別し、画期的なイノベーション・プロジェクトに変換され、市場

5　同書には、「中小企業は少数の顧客との密接な関係を築き上げており、更なるイノベーションに対する見通しや動機はほとんど持っていない。そのため彼らは、正式の製品開発やマーケティングに対してはほとんど注意を払わない。その結果、このような依存関係にある中小企業は、将来の成長の可能性が限定されている場合が多く、永久に未熟な状態に留まったり、競争者や顧客に買収されたりするのだろう（邦訳, p.432）」という存在として、イノベーティブな中小企業がどのようにイノベーションをマネージするかについては、更なる研究が必要であると指摘している。

に導入し、最後にパーマネント・イノベーションの組織文化を出現させることを挙げている。

そして、イノベーションをマネジメントする組織の成功要因として、「偉大なリーダーシップ」が存在すること、組織内に「信頼」を確立すること、「良いモデルを作り上げる」こと、「システム思考」を身につけること、「正しい方法論」を作り上げて実行すること、「イノベーションのリスク管理[6]」を行うこと、を挙げている。同書は、筆者であるMorrisの数多くのコンサルティング経験をもとに執筆されていることもあり、実務家に対する説得性が高い点が特徴的である。同書とTidd, Bessant and Pavitt（2001）に共通する興味深い点は、イノベーションの実行プロセス（フェーズ）が類似していること、イノベーションの文化を構築することの重要性を強調していることである。本書では、筆者のインタビュー調査を通して、中小企業がイノベーションを生み続ける組織となるための要点について議論することにする。

1.3 Management of Technology

技術とイノベーションの関係を切り離して議論することは難しい。そこで、技術の視点からイノベーションを捉える研究領域としてMOT（Management of Technology）がある。代表的な研究として、Burgelman, Christensen and Wheelwright（2004）や延岡（2006）が挙げられる。

しかし、この研究領域を議論する際に注意すべき点は、第一に、企業は製造企業において安定的に高い業績をあげることが目的であって、イノベーションや新規事業開発はその目的を達成させるための手段の一つとして位置づけるべきであるという視点を持つこと、第二に、優れた技術や製品によって顧客価値の高いものを創造するという視点を持つこと、第三に、どのイノベーションのタイプが企業業績の向上に結びつくのかという普遍的な答えはないこと（だからこそ、状況適合的な技術戦略の策定が常に求められる）である（延岡，2006）。

技術力は高いものの、事業（化）で負けてしまう状況（妹尾，2009）や、製

---

[6] Morris（2006）では、イノベーションのリスクの中で特に注意すべきリスクを4つ挙げている。それは、「イノベーションを行わないというリスク」「お金を浪費するリスク」「漸進的なイノベーションのみを行うリスク」「画期的なもの（ブレイク・スルー）に賭けすぎるリスク」である。

品がオーバースペックのため、顧客が技術の差別化を認知することができず、製品が価格以外の差別化を見出すことができないために結果的にコモディティ化を招く（恩蔵，2007；楠木・阿久津，2006）状況をどのように回避して生き残るかというテーマは、中小企業ならずとも、日本企業の今日的な経営課題の一つとなっている。イノベーション・マネジメントにおいて、技術の開発や展開、活用に関する議論は重要な視点となる。特に、本書の分析の対象は、モノづくりに携わる中小企業である。したがって、この視点にも着目しながら事例分析を進めることとする。

2．資源動員の創造的正当性

　武石・青島・軽部（2012）では、イノベーションにともなう不確実性の存在ゆえに事前の成功の見通しがない、また、資源投入の汎用性が低い（イノベーションの理由の固有性が高い）状況で、企業がいかにして資源をイノベーション・プロセスに動員したのか、そして、資源動員にあたり、組織内部でいかに意思決定を正当化するのかのメカニズムを明らかにしている（図0-1）。イノベーション・プロセスにおいて、理由の固有性が高いため、資源投入理由の汎用性（資源を投入する理由の妥当性）が低くなり、組織の理解が得にくい課題が発生する。しかし、イノベーションの推進者は、この課題を解決し、資源動員の正当性を高めて研究開発に必要な資源動員をしなければならない。

　イノベーションのために必要な資源動員を確保するために、3つのルートが挙げられている。一つ目は、理由の固有性そのものの重要性・必要性を説得して理解を深めてもらい支持者をより多く獲得するルートである。支持者となってくれる可能性を持つ社内外の対象者に訴えかける。より具体的には、「通常であれば行かないようなところまで支持者を探しに行ったり、少しでも見つかりそうな特別な場所に狙いをつけて探しに行ったりする（p.114）」ルートである。イノベーションの推進者のプロジェクトに否定的な部署に、イノベーションの推進者自らが異動して事業化への説得に成功した事例などが取り上げられている。

　二つ目は、理由の固有性に多様な解釈をもたせることで、資源動員の必要

性・重要性を説得して理解を深めてもらい支持者をより多く獲得するルートである。理由の固有性の多様な解釈を持たせるには、2つの方法があるとされる。それは、当初に想定した理由とは異なる、さまざまな説得理由を合体させることによって、イノベーションの多面性に着目した「多様な理由の共存状態の創造」と、イノベーションに取り組んでいるプロセスで、理由が変化して結果的に多様な理由が生まれることによる「新たな固有の理由の創造」である。

　三つ目は、経営者などの組織において「支持者一人あたりの資源動員量」が高い層に訴えかけるルートである。組織の影響力が高い、意思決定の権限が大きい管理者に働きかけて理解してもらうことは、資源動員の創造的正当化の近道となりえる。このルートは、組織内の話に留まらない。社会的に影響力のある組織外の支持者を獲得したことで、間接的に資源動員が可能となる場合もある。国が設ける補助金を獲得することや、著名な研究者との共同研究を実施することもこれに該当する。

　また、これらの3つの資源動員の創造的正当化のルートは、排他的ではなく、組み合わさって進む場合もあるとされる。

　以上は、大企業における資源動員の創造的正当化の論理である。中小企業の「資源動員の創造的正当化」に関しては、異なる論理が働いている可能性もある。例えば、中小企業の場合には、経営者が圧倒的な意思決定を持つトップダウンの組織構造になっていることが多いため、「支持者一人当たり資源動員力」が極めて高い。また、イノベーションの推進者が経営者自身であることも少なくない。さらに、中小企業ではR&Dのプロセスにおける意思決定が早く、状況変化への機動的・柔軟な対応が可能である（岡室, 2009）とも言われている。そのため、理由の固有性が高くとも、支持者数が少なくとも、資源動員の創造的正当化は難しいことではなくなる。その上、中小企業は、一般的に大企業に比べてその経営者の在任期間が長い（三品, 2005）ため、正当化を維持し続けることも難しいことではないということも中小企業の特徴として挙げられよう。

　その一方で、中小企業をめぐるイノベーションの資源動員に関する一番の課題は、イノベーションを実現するのに必要な資源動員の量そのものが少ないということにある。確かに、資源動員量が少ないという制約を抱えながらも、既存の事業の利益の中から資源動員を行い、イノベーションに成功した事例も存

在する。例えば、谷啓製作所は、事業収入で得た利益の一部を新技術開発に投入し、5年もの歳月をかけて、切り口が安全な缶詰（ダブルセイフティープルトップ缶）の開発に成功した[7]。

　しかしながら、多くの中小企業においては、少ない資源動員量という課題がイノベーションを考える際の避けては通れない議題となっている。そこで、本書では、筆者の15年にわたるインタビュー調査をもとに、中小企業のイノベーションの実現のために、少ない資源動員量という制約に直面しながらも取り組んできた企業群[8]、少ない資源動員量という課題の金銭的側面を克服した企業群、少ない資源動員量を複数組織との関係性を構築することで資源動員量そのものを確保した企業群に分類して、中小企業のイノベーションの実現を見ていくこととする。

3．Exploration and Exploitation／Ambidexterity

3.1　知の探索（Exploration）と活用（Exploitation）

　中小企業がイノベーションの実現のために資源動員量の制約を克服したとして、次のステップで新たな課題が発生する。それは、単独では少ない資源動員量であることを前提として、新たな発見の可能性を模索する知の探索（Exploration）活動と組織学習のプロセスで蓄積された知の活用（Exploitation）活動のどちらに配分するか、または、両立するのか（Benner and Tushman, 2003; Brown and Eisenhardt, 1997; Burgelman, 1994; Gavetti and levinthal, 2000; Levinthal and March, 1993; March, 1991; Tushman and Romanelli, 1985; Voss and

---

7　その後、外資系の食品メーカーに採用されることで、この技術が世界に広がった（東京理科大学・中小企業基盤整備機構共同講座（2006年12月2日）での講演より）。

8　本書において、この企業群は、公的補助金を獲得した企業を対象としている。金銭的課題の解決方法には、ベンチャー・キャピタルや金融機関からの融資の可能性なども含まれる。しかし、前者に関しては、ベンチャー企業の資金調達を対象とした研究の蓄積があること、後者に関しては、筆者が行ったインタビュー調査からは、資金力の低い中小企業がイノベーション実現のための資金調達を金融機関からしようとしても、金融機関の融資が承認されるケースが確認されたのは一社のみ（その事例においても、国の研究補助金に採択されたらという条件で、一定期間無利子で融資することになっていただけ）であったことから、本書ではフォローしていない。

Voss; 2013)という課題である[9]。

　March（1991）は、知の探索は組織が長期的に存続するために必要であるものの、費用が嵩み不確実性も高い行為であるのに対して、知の活用は組織が既に確立したものを活用するために、迅速性があり、不確実性も低く効率的な行為であるとしている。そして、組織が長期的に存続するための知識の探索をしないまま活用ばかりを追求すると、組織の停滞や新たな潮流から取り残される危険性があることを指摘する。Levinthal and March（1993）はこのようなことが起こり得る理由として、「学習の近視眼（Myopia of learning）」を挙げている。すなわち、組織学習能力に限界があるがゆえに、事前に十分に見通したり結果を推測することができない、過去の経験にとらわれて正確な判断を阻害する状況を引き起こすと指摘している。また、入山（2012）は、当面の事業が成功するほど知の探索を怠りがちになり、結果として中長期的なイノベーションが停滞するリスクが本質的に内在していることを強調する[10]。

　産業の歴史を紐解いても、破壊的技術や新たな潮流がそれまでの業界構造を大きく変えてしまう現象（Birkinshaw, Bessant and Delbridge, 2007）は多数確認されている。例えば、日本では、1995年にカシオ計算機がそれまでよりも低価格かつ液晶モニターで写した画像をその場で確認できる機能をつけたデジタルカメラの発売を機にデジタルカメラ市場が拡大した（東北大学経営学グループ, 2008）。このデジタルカメラ市場が拡大したことによって、写真フィルムがメモリーなどの記憶媒体に置き換わり、「需要は2000年を境に年率25％減った」（日本経済新聞2012年1月7日10面「戦略そこが知りたい⑥」富士フイルムHD社長古森重隆氏インタビューより）。また、Christensen（1997）は、持続的イノベーションの戦いでは常に市場シェアを取っている既存企業が有利であるのに対して、破壊的イノベーションの戦いでは既存企業は新技術に適応できず敗れる傾向にあることを指摘している。Christensen（1997）では、この現象を「イノベーターのジレンマ」と呼んでいる。このような状況に対応するためにも、知

---

[9] もともと知の探索と活用の議論は、組織学習および組織に所属する人材間の学習という文脈で解釈されていたが、近年の研究では、組織的なイノベーションの文脈で理解されることが増えている（Katila and Ahuja, 2002；Miller, Zhao and Calantone, 2006；Rosenkopf and Nerkar, 2001；Stuart and Podolny, 1996）。

[10] これをコンピテンシー・トラップ（Competency Trap）と呼ぶ。

の探索活動もまた、重要であることは、多くの既存研究が指摘している。

一方で、知の活用の議論において、しばしば確認されることは、知の活用行動を「既存の客のニーズや既存の環境にのみ対応するための行動」と解釈している既存研究の存在である。例えば、Benner and Tushman（2003）では、知の探索を「アーキテクチュアル・イノベーション」「ラディカル・イノベーション」「新規顧客に対するイノベーション（Innovation for emergent customer sets）」と定義し、知の活用を「インクリメンタル・イノベーション」「既存顧客に対するイノベーション（Innovation for current customer sets）」と定義している。また、Lubatkin, Simsek, Ling and Veiga（2006）は、主にHe and Wong（2004）とBenner and Tushman（2003）をもとに、知の探索行動と知の活用行動を測定するために、それぞれ6つの行動項目を設け、それぞれの行動について認知尺度で回答を得る定量的調査を行っている。同調査では、知の探索行動の項目を「考え得る範疇外の視点から斬新な技術的アイディアを創出する（looks for novel technological ideas by thinking "outside the box"）」「新技術を探索する能力を継続的に発揮する（bases its success on its ability to explore new technologies）」「創造した製品やサービスが企業にとってイノベーティブなものである（create products or services that are innovative to the firm）」「創造した方向性が顧客ニーズを満たしている（looks for creative ways to satisfy its customer's needs）」「新たなマーケットセグメントを生み出すために積極的に大胆な行動に出る（aggressively ventures into new market segments）」「新たな顧客層をターゲットにした積極的な行動を取る（actively targets new customer groups）」としている。その一方で、知の活用行動の項目は「品質と低コストへの改善取り組みを実施する（commits to improve quality and low cost）」「製品やサービスの信頼性を高めるための継続的な改善取り組みを実施する（continuously improves the reliability of its products and services）」「作業の自動化のレベルを高める取り組みを実施する（increases the level of automation in its operations）」「既存顧客の満足度を高めるための継続的な調査を実施する（constantly surveys existing customers' satisfaction）」「既存顧客の満足度を維持するための取り組みを実施する（fine-tunes what it offers to keep its current customers satisfied）」「既存顧客により深く入り込む姿勢を貫く（penetrates

表2-1　知の探索活動と知の活用行動の示す研究領域の整理

	新規の技術の開発	既存の技術の転用・改善
新規顧客の開拓、新市場創出	知の探索行動の領域	(A)
既存顧客および既存市場展開	(B)	知の活用行動の領域

出所：筆者作成

more deeply into its existing customer base)」である。両研究とも、活動の受け手の対象が新規顧客か既存顧客か、そして作り出される対象が新規なものか既存の延長線上のものかによって、探索行動か活用行動かを区別しようとしている。すなわち、探索行動を新規なものを新規顧客に提供する行為として、活用行動を既存の技術の延長線上のものを既存顧客に提供する行為として位置づけた上で定量研究を実施している。

　しかし、両研究の分類では、それまで蓄積された知を活用して、新たな顧客がターゲットになったり、新たな業界を開拓する現象までは説明することはできず、活用行動の一部しか説明されていないことになる。すなわち、**表2-1**の（A）と（B）の領域を説明することができないのである。

　既存の保有技術を展開することによって、新たな顧客がターゲットになったり、新たな業界を開拓する現象（表2-1の（A）の研究領域）には、例えば、東京都足立区で医療用器具の部品を手がける三祐医科工業や京都市で大型部品加工を専門とする川並鉄工、東大阪市で工業用カラーワイヤーを製造する日本化線の事例が挙げられる。三祐医科工業は、医療器具部品の製造技術を活用して、「医療器具屋さんが作った耳かき」[11]を開発した。それまでの同社の顧客は医療用器具専門の商社や問屋であったのに対して、開発した新商品の顧客ターゲットは一般消費者である。また、川並鉄工は、金属加工技術を活用して、撮影した写真を取り込み、厚さ1mmのアルミの地金に1000分の1ミリ単位のアルマイトによる削り加工を施して立体感を持たせたインテリアアート「刻鈑®(KOKUHAN)」を製作している。出来上がった製品は「アート」であり、メインの顧客ターゲットはこれまでの製造業の既存顧客とは異なっている。日本化線は、カラーワイヤーを加工する技術を活用してカラーワイヤークラフト

11　同商品は、意匠権を取得している。

「自遊自在」や「頑固自在」を製造・販売している。これらの商品の顧客ターゲットは、それまでのB2B（Busienss to Business）の事業者である顧客と異なり、一般消費者である。これらの事例は、すでに保有している知（技術）を活用しているものの、顧客ターゲットはまったく異なっている。

また、既存の顧客に対して、新たな技術を開発する現象（表2-1の（B）の研究領域）には、例えば、それまで2次元加工のシミュレーションしかできなかった企業が、既存顧客に対して3次元加工のシミュレーションを提供したり、既存顧客に対してそれまで制御系組み込みソフトウエアをもとに装置を開発していた企業が、アンドロイドのOSを使って、タブレット端末用組み込みソフトウエアを開発することが挙げられる。これらのような現象は、極めて稀な事例というわけではない。したがって、本書では、この論点に関するインプリケーションを示したい。

3.2 両利きの経営（Ambidexterity）

知の探索と知の活用の議論は、先に指摘されたように、二律背反の概念である（Levinthal and March, 1993; Rivkin and Siggelkow, 2003）。それゆえ、特に中小企業にとって厄介な課題となっているとVoss and Voss（2013）は指摘する。しかし、知の探索と活用に関する戦略上のマネジメントは極めて重要な課題である（安藤・上野, 2013）。この二律背反となる活動をなんとかして同時に行うことにより、高い成果を達成することができるとの実証研究が多数確認されることからも理解されよう（Cao, Gedajlovic and Zhang, 2009；Cottrell and Nault, 2004；Gibson and Birkinshaw, 2004；He and Wong, 2004；Lee, Lee and Lee, 2003；Lubatkin, Simsek, Ling and Veiga, 2006；Markides and Charitou, 2004；Uotila, Maula, Keil and Zhara, 2008；Zhiang, Young and Demirkan, 2007）。

知の探索と活用を両立する必要があることを強調し、この点についての研究を深めたTushman and O'Reilly（1996）は、「両利きの経営（organizational ambidexterity）」と呼んだ。以後、この言葉が定着することとなり、Academy of Management（全米経営学会）においても特集で取り上げられることも増え（O'Reilly and Tushman, 2013）、研究が蓄積されてきた。

両利きの経営の議論は、大きく3つのタイプに分類されている（O'Reilly and

Tushman, 2013）。一つ目のタイプは、連続的両利きの経営（sequential ambidexterity）である。この研究はDuncan（1976）まで遡る。通常の業務を営みながらイノベーションの取り組みを同時並行で行う両利きの経営である。このタイプは、環境の変化に適応するために企業が組織構造とプロセスを再編して組織が進化を遂げるために「連続的」であると表現されている（Tushman and Romanelli, 1985）。ただし、このタイプの両利きの経営は、大きく変化する環境に適応することは難しいという指摘もある（Tushman and O'Reilly, 1996）。したがって、比較的安定している環境に直面する業界や経営資源が少ない中小企業にとって、適合的な両利きの経営であるとされる（Chen and Katila, 2008；O'Reilly and Tushman, 2013）。筆者が実施したインタビュー調査を振り返ってみても、多くの中小企業がこの連続的な両利きの経営を実施していることが多く確認された。変化の激しい環境においては、両立が難しいとされる連続的な両利きの経営をどのように実践するのかについては、インタビュー調査分析で明らかにしていきたい。

　二つ目のタイプは、構造的両利きの経営（sructural ambidexterity）である。知の探索と知の活用は、それぞれ適した人材や組織構造、業務プロセス、組織文化、組織学習のモードが異なる（Benner and Tushman, 2003；O'Reilly and Tushman, 2013；Voss and Voss, 2013）。したがって、Bower and Christensen（1995）が主張するように、サブ組織を設けて、それぞれに適合した経営資源を配置し、別々に取り組むことで両利きの経営を追求する。このタイプは、組織に多様性を内包するために、組織構造をどのように区別するのかという課題よりも組織を統率するリーダーシップをどのように発揮するのかがより重要な課題となる（O'Reilly and Tushman, 2011；Smith and Tushman, 2005）。

　構造的な両利きの進め方としては、研究開発の部署やセンターを設けることや、社内ベンチャー制度の設置、外部パートナーとの連携、産学連携など（Kauppila, 2010）が挙げられている[12]。

　また、着手している業務の性質によって探索業務と活用業務を区別している

12　外部パートナーを探索して両利きの経営に取り組むという点からは、Chesbrough（2003；2006）やChesbrough, Vanhaverbeke and West（2006）が提唱するオープン・イノベーションのマネジメントが参考になるであろう。

という研究も確認される。例えば、澤田・中村・浅川（2010）は、大手日系企業の本社レベルの経済政策が研究所の研究開発パフォーマンスに及ぼす影響を調査した。そして、基礎研究段階では探索が重要であるのに対して、研究の下流工程においては社内に蓄積された情報をいかに活用するのかが重要となる点を指摘している。

安藤・上野（2013）では、焼津産業を事例に、活用成果を志向した組織学習サイクルにおいては、組織レベルに資源投入を行う一方で、探索成果を志向する組織学習サイクルでは主として個人レベルに最低限の資源配分を行っている。個人は、必要な不足分の資源を充当するために外部の組織資源を積極的に求めるという二重ループの組織学習メカニズムが説明されている。

Frank and Deeds（2004）は、医薬品産業における企業間の提携という事例であるものの、基礎研究など開発の川上部門の企業提携は探索型で、臨床実験などの実用化に近い段階の提携は活用型に近い点を指摘している。

しかし、構造的な両利きの経営は、経営資源量の乏しい中小企業にとっては難しい選択肢でもある（Voss and Voss, 2013）。そのため、Lubatkin, Simsek, Ling and Veiga（2006）は、中小企業が独自で取り組むよりも、知の探索は外部調達したほうが好ましいと主張する。

三つ目のタイプは、文脈的両利きの経営（Contextual ambidexterity）である。組織に所属する個人に知の探索行動と活用行動をとる権限を与え、個人の裁量権に任せることで達成する両利きの経営である。このような両利きの経営を達成するには、企業側と従業員側の間に規律と信頼、相互の良好な関係が成立していなければ難しいとされる。この規律や信頼、相互の良好な関係は、組織的な文脈の影響を色濃く受けるために、Gibson and Birkinshaw（2004）は、「文脈的両利きの経営」と名づけた。同研究では、世界中の41事業所4,195人にアンケート調査をして分析し、従業員が常に両利きを意識して仕事の時間配分をするような職場環境や文化を持っている企業ほどそのパフォーマンスが高いという研究結果を得ているのである。

文脈的両利きの経営の特徴的な点は、（部署ではなく）組織内の個人に焦点が当てられ、個人の主体性を前提にしていることである。組織が業務や組織に対する柔軟性を高め、規律を守り、信頼の程度を高めていくことのできる個人

から構成されることによって、文脈的両利きの経営が促進されるという論理である。すなわち、文脈的両利きの経営の研究を確認すると、個人の創造性や柔軟性に着目していることが確認されるのである（Gilbert, 2005；Hargadon and Sutton, 1997）。

文脈的両利きの経営の具体的な事例としては、O'Reilly and Tushman（2013）では明示されてはいないものの、従業員の労働時間（および予算）の一定量を新たな取り組みに振り分ける裁量権を与えているグーグルの「20%ルール」や3Mの「15%ルール」などが該当するといえよう。本書では、組織文化や文脈的情報がイノベーションにどのように関係するのかに関しても、明らかにしていく。

いずれのタイプの両利きの経営であったとしても、根本的な解決の鍵になっているのは、ダイナミック・ケイパビリティーではないかとO'Reilly and Tushman（2013）やTaylor and Helfat（2009）は主張している。ダイナミック・ケイパビリティーとは、急激に変化する環境に対して企業が対外的および組織内の競争力を維持するために、統合したり構築したり、再編したりする組織能力のことである（Teece, Pisano and Shuen, 1997）。この能力が組織のスキルや資産の再配分と再構築のあり方に大きな影響を及ぼし、既存の競争力をどのように活かすか、または、新たな競争力をどのように発展させていくかを決定づけるためである（O'Reilly and Tushman, 2008；2013；Taylor and Helfat, 2009）。その重要な組織能力を構成する要素について、Teece, Pisano and Shuen（1997）では、価値や文化、組織の経験、ルーティンが含まれると強調している。

以上から、両利きの経営やイノベーションを遂行する組織の議論をする場合において、組織の内部特性の側面に着目する必要があることが確認される。

4．限定合理的な組織におけるイノベーションのマネジメント

組織が直面する限定合理性

Simon（1997）は、人間の考えには合理性の限界（限定された合理性／bounded rationality）があるために、人間はそれを前提に意識的に合理的

（internally rational）であろうとする意思が働く存在であると指摘した[13]。そして、単独では合理性に限界があるという課題を解決するために、複数の人で協働する組織を形成することに言及する。

しかし、組織もまた、すべての選択肢と可能性、その結果を予見できる「経済組織」という前提ではなく、「経営組織」という前提で理解したほうが望ましいことを示唆する研究や現象が複数確認される。

まず、事前に、事後のすべての結果を予測することが難しい、そして、企業は「経営組織」として解釈すべきであることを理解することができる研究に、Levinthal and March（1993）や沼上（1999；2000）、藤本（1997）などが挙げられる。Levinthal and March（1993）は、組織が行う学習には限界があり、事前に十分に見通したり、結果を推測することが難しいという立場を明確にしている。また、沼上（1999；2000）は、すべてを理解するにはあまりにも複雑な相互依存関係が存在する複雑なシステムにおいて、当初の意図とは異なる結果が生じている「意図せざる結果」が存在することを指摘している。すなわち、予見が困難であり、結果的にしか明らかにすることが難しい論理が説明されており、組織もまた限定合理的であることを示唆している。

限定合理的組織が合理的であろうとする行為

藤本（1997）は、トヨタ自動車が事前に直面した「ある種の歴史的拘束条件（historical improperness）が結果として競争力向上に貢献したという「怪我の功名」的状況（p.52）[14]」に焦点を当て、企業特殊的能力として「事後的進化能力」を指摘している。事後的進化能力とは、「ある企業組織が固有に持つ能力であって、意図的であるか意図的でないかにかかわらず、すでに行われてしまった雑多な試行（trials）に対して、これを再解釈し、精製し直し、結果とし

---

13 新古典派経済学が人間をすべての選択肢と可能性、その結果を予見できる合理的な存在である「経済人（economic man）」と定義しているのに対して、Simon（1997）は、その経済人が最適化意思決定をできると主張する前提ではなく、人間の合理性には限界がある「経営人（administrative man）」と定義し、その経営人は限定された合理性の範囲内で合理的であろうとする満足化意思決定をする存在であると主張している。

14 具体的状況としては、「①経営資源が不足する中で生産量成長を余儀なくされたため結果的に効率的な分業関係が形成されたこと、②国内市場の成長がモデル多様化を伴わざるをえなかったために、結果的にフレキシブルな生産システムが構築されたこと、③資本の慢性的な不足が過剰技術の選択を回避する効果を導いたこと、など」が挙げられている。

て一貫した事後的合理性を持つシステムにまとめ上げてしまう力（p.350）」と定義している。

　すなわち、トヨタ自動車は、直面した課題や制約を強みに変えることができる組織能力が内在していたという指摘がなされているのである[15]。換言すると、トヨタ自動車という組織でさえも、限定合理的な存在であるものの、それを前提として合理的であろうとする判断をし続け、この立場を長期にわたって継続することにより、長い歴史を振り返ると結果として他の自動車メーカーをはるかにしのぐ圧倒的な競争力を構築したと解釈することができる。

　中小企業は、さらにこの限定合理的な制約を強く受けるといえよう。しかし、限定合理的であることを前提に、「事前に、事後のすべての結果を予測することは困難であるため、とにかく行動する、取り組んでみる」ということを重視している中小企業が少なくないことを筆者のインタビュー調査からも確認される。

　例えば、第5章で取り上げられている事例研究の一つである京都試作ネット[16]のポスターには、「瓢箪から駒」と書かれている。これが京都試作ネットのキャッチフレーズとなっている。京都試作ネットのメンバーは、共通の意識を持っている。それは、「何が成長のきっかけとなるのか、何が学びにむすびつくのかは、事前にはわからない。だから、はじめから否定せずにやってみよう」という意識や、「「仕様もない」「手間がかかる」「常識的に考えると無茶苦茶な要求」（京都試作ネットHPにおける顧客からの声）のような他社ではおおよそ請けることを阻むほど困難かつ不確実性の高い試作業務でも引き受けてみよう」という意識のことである。また、2011年にJASDAQに上場した菊池製作所は、「これまで研究開発にたくさんお金を使って失敗もたくさんしたけれど、やってみないとわからない。だから、まずは、お試しでいいから小規模でやってみることが大事」と強調する。浜松地域では、中小企業経営者が口々に

15　藤本（1997）によると、より具体的には、「意図せざる形で、（あるいは競争力向上とは異なる理由で）試行したことから迅速に学習し、そうした試行のなかに潜む競争上の優位な側面を理解し、これを公式の手続き・規則の体系として制度化し、さらにこのように制度化したシステムを部品サプライヤー・ネットワークを通じて急速に普及させていく（p.235）」ことが繰り返し観察されるという。

16　京都に拠点を構える中小企業が集まり、共同で試作業務を受注している組織である。

「やらまいか精神」を強調する。この言葉は、失敗を恐れずとにかくやってみるという意味である（水野，2005b）。

「セレンディピティ」の本質的意味

組織が限定合理的な存在であることを前提に、どのように組織のイノベーションをマネジメントするのかは、きわめて重要な課題となる。「瓢箪から駒」や「予期せぬ学び」、「怪我の功名」は、いずれも、限定合理的な組織が、偶然や奇遇をきっかけにイノベーションの成功をつかむ（榊原，2012a）現象を説明している。このことは、「セレンディピティ（serendipity）」と呼ばれることも多い[17]。もともとの語源は、おとぎ話に由来する。セレンディップ（今のスリランカ）の3人の王子が「はじめから意図してではなく、いつも偶然に、しかしうまい具合にいろんなものを発見していく」（Roberts，1989）様子をたとえて、思いがけない発見や発明をセレンディピティと呼ぶようになった。

この議論を考える上で重要な点は、2つある。第一に、セレンディピティは、単なる偶然や奇遇ではなく、それをきっかけに成功を掴むことを意味している点である（榊原，2012a）。すなわち、「ふとした偶然の出来事や奇遇だけに任せておかずに意図を持って事業ドメインを構成して、成果を挙げ、その成果を拡大していく。成果への結実とその拡大は多くの論理的思考に支えられており、それゆえビジネスにとっての論理的思考の意義は失う余地がない」（榊原，2011）のである。

したがって、榊原（2005；2012a）は、セレンディピティの議論をする際には、「新規なものに出会う」ことと「意味の洞察」とを区別する必要があることを強調する。「意味の洞察」とは、遭遇した新しいもの（新技術）がどのような意味を持っているのか、その意味を明らかにして同定し、事業活動に結びつけることである（榊原，2005）。

榊原（2005）では、イノベーションの収益化の世界的なベストプラクティスの事例として、インテルを取り上げているが、その成功事例においてさえも新技術の意味の同定が困難であったプロセスが記述されている。新技術の意味の同定の難しさが、事業化への結びつきを困難にしているというのである。新技

17　セレンディピティの議論に関する詳細は、Roberts（1989）や榊原（2012a；2012b）を参照のこと。

術の意味の同定が難しいのは、組織が限定合理的であるがゆえに、新技術の可能性や活用方法、その結果が予見しきれないという合理性の限界に直面しているからであると解釈することができよう。

　新技術を開発する「新規なものに出会う」だけでは、十分条件ではない。合理性の限界を乗り越え、新規なものの意味を同定する能力が求められる。また、既存技術であっても、新たな意味を同定することも重要である。このことは、すなわち、藤本（1997）が「雑多な試行に対して、これを再解釈し、精製し直し、結果として一貫した事後的合理性を持つ能力」であると主張する企業特殊的能力としての「事後的進化能力」が求められていることを表している。それではこの「事後的進化能力」をどのようにして構築するか。これが重要な課題となる。

　第二に、セレンディピティは、「偶然や奇遇が訪れるのを粘り強く執念を持って」（榊原, 2012a）待つことではない点である。武石・青島・軽部（2012）は、イノベーションにおいて、時として偶然が重要な役割を果たすことを指摘している。イノベーションの推進者が意図して創造的正当化を果たしたのではなく、幸運が働いて、結果としては創造的正当化が実現されたというケースである。

　しかし、同時に、「なんとしてもイノベーションを実現したい推進者としては、女神の到来をじっと待っているわけにはいかない。女神は気まぐれであり、滅多に降りてきてはくれない。結果として幸運が働いた事例を列挙したが誤解してはいけない。これらの幸運は事例の背後には、女神に出会うことがなく壁の前で朽ちてしまった無数のすべての残骸がある。偶然に頼るのではなく、偶然を少しでも必然に近づけるのが、多様な相手に向けて多様な理由を駆使して、さまざまなルートを自ら意図的、主体的に開拓していく創意工夫と努力である（p.123）」と、イノベーションを推進するためには、受動的であってはならない点を強調している。榊原（2012b）も、「新規なものに出会う」ためには、組織内外における「出会いの機会」の数と多様性を増やす取り組みが重要であるとして、能動的姿勢を強調している。

　そして、この能動的姿勢を培うために、榊原（2012b）は、「多種多様な内外要素の連結機会を増やす戦略および組織の取り組みが有効であり、さらにその

前提として、いわゆるダイバーシティ・マネジメント」が有効であること、「組織内に余剰（スラック）をつくり、好奇心を尊ぶ組織文化を育むこと」、を挙げている。

組織が直面する限定合理性の壁を超える組織のマネジメント

ここに、限定合理的な組織におけるイノベーションのマネジメントを考える一つのヒントが隠されている。それは、組織内外の多様性を増やすことによって、組織の限定合理性を低下させる合理性の限界のレベルを上げる作用が存在する可能性である。その際、日本IBMが取り組んできたダイバーシティ（正確には"Diversity and Inclusion"[18]）戦略が参考となる（Mizuno, 2012；水野, 2013a）。

日本IBMがダイバーシティに取り組んでいる理由は、市場のニーズが多様化しビジネス環境の不確実性が高まる状況下では、モノカルチャー的な企業風土では対応しきれず、組織に多様性を包含し、多様なニーズに適応する必要があるという問題認識が背景にある。日本IBMのダイバーシティ戦略は、組織のマイノリティ（組織の中の少数派）を保護するためではなく、マイノリティの視点や物の見方を事業成果や生産性の向上に役立たせるという明確な目的がある[19]。

そこで、日本IBMはまず、マイノリティの中でも高い優先順位にあった女性就労者の能力活用施策から始めたのである。そして、一定の成果が確認されている。ダイバーシティ戦略によって日本IBMが得た効果は、異なる視点や発想、ものの見方が、新たなビジネスシーズの発見に結びついたことである[20]（水野, 2013a）。換言すると、日本IBMの事例は、組織の中にマイノリティの視点を含めた多様性を包含することで、組織の限定合理的な側面を克服していると解釈できるのである。

日本IBMは大企業の事例である。しかし、大企業よりも、より限定合理的な

18　これは、組織において多様性の存在のみならず、多様性を許容・受容する意識が必要であるという意味から名づけられている。
19　したがって、同社の基本的立場は"No work, No pay"であって、従業員保護や福利厚生の観点でマイノリティ優遇策を講じているわけではない点に注意する必要がある（水野, 2013a）。
20　例えば、日本IBMの浅川知恵子氏（東京基礎研究所フェロー）は、視覚障がい者であるが、同氏は視覚障がい者や高齢者でもIT機器を操作できるホームページリーダーの開発（開発後、世界11ヶ国語版が発売された）や、マルチメディア・コンテンツにアクセスすることができる音声ブラウザーの開発を手がけ、世界的な評価を受けている。

制約を強く受ける中小企業が、多様性によってもたらされる多様な視点を組織の中にどのように包含すべきか。また、中小企業が、どのようにして限定合理的な組織の限界を克服して合理性の限界のレベルを上げ、イノベーションの実現に結びつけるのか。これらの課題は中小企業のイノベーション・マネジメントを考える上で極めて重要な課題となる。したがって、事例研究を通して、イノベーションを実現した中小企業はこれらの課題をどのように解消することができたのか、また、限定合理的な組織の壁を乗り越えることができたのか、どのようにしてその課題を克服することができたのかを考えていく。

5．中小企業のイノベーション・プロセスの視点を提供している研究

5.1 制約・逆境に打ち勝つイノベーション・マネジメント

Mizuno（2013）では、景気後退期という逆境下だからこそ可能であった企業行動や、逆境に耐えうる「備え（provision）」として組織づくりを先に行うことが、その後の組織の発展を助ける現象に着目している。1998年にJASDAQ上場を果たした協立電機は、中小企業から上場企業へと成長を遂げた企業の一例である。同企業の成長プロセスを確認すると、景気後退期において成長や次のイノベーションに向けてのきっかけづくりを行っていた。

例えば、第一の景気後退期である1990年のバブル経済崩壊期には、同社は1993年まで業績が低迷し、厳しい状況下に置かれているものの、この時期に事業拡大を念頭に開発要員を大幅に増員し、技術開発拠点を創設している。前者の意思決定の背景には、大手企業がシステムエンジニアを削減しており、当時、好況期には採用できないような優秀なソフト技術者が採用できたことが挙げられる。後者の意思決定の背景には、金利が低下したために、より低コストで資金調達をできたことが挙げられる。このように、一見、企業にとっての逆境が、結果的に組織成長のきっかけとなっていたことが明らかにされた。それが可能になったのは、平時においていつ訪れるか予見できない状況に対する「備え」を行っていたからに他ならない。したがって、企業が直面する逆境を克服し、組織の成長につなげることができるかどうかは、日頃からこの「備え」を続け

ているかどうかが鍵になると結論づけられている。

　藤本 (1997) は、トヨタ自動車が直面したさまざまな制約を結果的に強みに変えて、競争力を維持し、進化能力を高めることができた要因を「競争力に関して組織構成員が共有するある種の「日頃の心構え (preparedness)」」であると指摘している。その心構えとは、「少なくとも、組織の成員が日頃からパフォーマンス向上を指向する持続的な意識を持ち、何事か新しいことが起こったとき、とりあえず「これは我々の競争力の向上に役立たないだろうか」と考えてみる思考習慣 (p.366)」であると主張している。すなわち、藤本 (1997) もまた、日々の活動や思考習慣の積み重ねが、結果的に長期的な組織の対応力や能力を高めることに結びつくことを指摘している。「日頃の心構え」もまた、「備え」と同様、組織の内部要因の議論であることを示している。

　榊原 (2012b) では、イノベーションの文脈において「組織内に余剰（スラック）をつくり、好奇心を尊ぶ組織文化を育む」重要性を指摘している。また、福嶋 (2013) においても、技術移転が促進する要因として環境要因よりも組織の内的要因が重要であることを指摘している。

　これらの研究からは、企業の競争力やイノベーションを考える上で、組織の内部要因は重要な一つの要素となっていることがわかる。事業規模や組織規模が小さいゆえにさまざまな制約に直面する中小企業ではあるものの、組織のあり方や組織文化について着目することは、中小企業のイノベーション・マネジメントを考える上で、重要な視点となるといえよう。

5.2　ネットワークによる中小企業のイノベーション・マネジメント

　Tidd, Bessant and Pavitt (2001) は、ネットワークを構築することは特に中小企業の経営資源の課題に対して強力な解決策となる可能性をもっていることを指摘する。「どこに行けば資源が得られるか、そしてそれらをどのようにリンクさせればよいかがわかっていれば、イノベーションに必要なすべての資源（特に、専門化された知識など）を一社で保有することはない（邦訳, pp.381-382)」と、中小企業がネットワークを構築することの有効性や可能性を指摘している[21]。

　市場ニーズの多様化により、大量生産大量販売の体制ではなく、多品種少量

生産を特異とする「柔軟な専門化 (flexible specialization)」を可能とするネットワークが付加価値を生み、高い競争力を持つと主張したのはPiore and Sable (1984) である。また、Perrow (1992) も、大量生産システムの構築と維持に寄与した大企業の統治から、小回りが利き、柔軟な対応が比較的容易である中小企業による「柔軟な生産体制 (flexible production)」へと転換することの重要性を指摘している。

特に1980年代から1990年代半ばのネットワーク研究の多くは、このように取引関係や業務の分業および協業関係に焦点が当てられていた。そのため、当時のネットワーク研究は、取引や分業、協業関係を成立させるためのネットワークの構築、および継続に不可欠な重要な要素やメカニズムを明らかにしたものが多い。例えば、Granovetter (1985) は、ネットワークが分業と調整の関係基盤をつくり、個人や企業の取引関係を通じて、信頼を生み出し、一方で逸脱行為や不正行為を妨げる関係と構造を作り上げることを可能にする「社会的埋め込み (social embeddedness)」という概念を展開している。

また、Uzzi (1997) は、ニューヨークのアパレル産業を事例に、メーカーが長期的に信頼関係を基盤としたネットワークを持っていると倒産しにくい傾向にあることを検証した。Dyer and Singh (1998) は、ネットワークの継続や維持に不可欠とされる信頼や評判、関係資産特殊性、資源の相補性、効率的な統治といったメカニズムが働くのは、特殊なパートナー関係にあって共通の特異性を持つ関係性の中から生成される共同の超過利益「関係レント (relational rent)」のためであり、これらが企業間関係の比較優位を有しているからこそ企業間関係が維持されるという経済学的視点を強調している。

そのほかにも、経済的交換などの経済的行為を遂行する際に、信頼や相互理解、取引主体間の社会的関係が重要な要素となっていることを主張する研究 (e.g., Barney and Hansen, 1994; Burt, 1982, 1997; Brusco, 1982; Gulati, 1995, 1998; Kogut, 2000; Kogut, Shan and Walker, 1992; Lazerson, 1988; Nohria and Eccles, 1992; Perrow, 1986; Podolny and Page, 1998) は、決して少なくない。

---

21 ただし、同時に、ネットワーク化することの便益が自動的に得られるわけではなく、そのプロセスを成立させるためには、調整に関する多大な努力が必要とされる点にも留意すべきであるとの指摘もなされている。

関係性の構築や取引関係に焦点が当てられているネットワーク研究において、産業集積や産業クラスターの議論は、学問的相性がよかった。なぜなら、地理的近接性を持つ企業同士が分業と協業の関係を成立させたネットワークを構築することで、競争的優位性を発揮するという論理構造を持っていたためである。そのため、ある特定地域や域内産業を事例として取り上げられたネットワーク研究が蓄積されてきた（e.g., Breschi and Malerba eds, 2006；Cooke and Morgan, 1993；Cooke and Schwartz eds, 2007；Grandori eds, 1999；Nootbloom, 1999；Keeble and Wilkinson, 2000；Lazerson, 1998；Powell, Koput and Smith-Doerr, 1996；Saloner and Shepard, 1995；Saxenian, 1994；Uzzi, 1997；伊丹・松島・橘川編，1998；加藤，2009；砂川，1997；水野2004，2005a，2005b）。これらの研究の中には、域内におけるスピンオフの連鎖や知のスピルオーバーの軌跡、イノベーションの苗床となるクラスターなどに焦点が当てられた研究も少なくない[22]。

1990年代後半になると、イギリスでは、自治体がこぞって中小企業のイノベーションのための政策を導入したり（Cooke and Wills, 1999）、OECD（1996）において中小企業のパフォーマンスを高めるために企業間でネットワークを組んでコラボレーションすることの重要性を説いたりするなど、イノベーションの文脈で中小企業のネットワークや中小企業の政策の重要性を取り上げられることが増えた（Cooke and Wills, 1999）。この動きに拍車をかけたのが、Flora et al.（1997）やPortes（1998）、Woolcock（1998）であると、Cooke and Wills（1999）は主張している。また、Hoffman, Parejo, Bessant and Perren（1998）においても、イギリスの事象ではあるものの、中小企業のイノベーションの推進に関して、政策が及ぼす重要性を指摘している。これらのような学術界および国際機関の動きも背景となり、中小企業のネットワークをイノベーションの視点で取り上げられることが増えたと考えられる。

Hite and Hesterley（2001）では、ネットワークの進化や関係性の変化に着目して、ネットワークの成長過程を整理している。まず、経路依存的（path-dependence）かつ関係性に埋め込まれた（embeddedness）粘着性の高い（cohesive）アイデンティティーを持つ（identity-based）小さな規模でのソー

---

22 クラスター研究の系譜や理論の詳細については、Breschi and Malerba（2005）や福嶋（2013）を参照されたい。

シャルな関係が構築されるが、ネットワークが発展すると、ネットワークを管理する視点が必要になる。ネットワークが成長期を迎えると、他のネットワークとの構造的空隙（structural hole）を埋めてネットワークを広げるメンバーが増加するようになる（Burt, 1992）。ネットワークが拡大することによって多少距離が離れた関係（arm's length relationship）で計画的な様相（calculative）へと変化し、メンバーは、戦略的な文脈（in the strategic context of the firm）でネットワークを理解するようになるという指摘である。

そのため、Hite and Hesterley（2001）では、ネットワーク発足時のメンバーは強い紐帯（strong tie）の関係で既存の延長線上の知の活用に取り組み、ネットワークが拡大したら弱い紐帯（weak tie）による知の探索活動を進めることを推奨する。それこそが構造的空隙を埋めることによって生じるネットワーク拡大の優位性であると強調している。すなわち、Hite and Hesterley（2001）では明示的には指摘されてはいないものの、ネットワークを戦略的に拡大することが、両利きの経営を達成するイノベーションの機会を担保することになると読み取ることができる。

また、非連続的なイノベーションに対応するには、ネットワークを構築して対応することが有効であると主張するのは、Birkinshaw, Bessant and Delbridge（2007）である。22社から企業の執行部ら計73人に対するインタビュー調査を通して得た同論文の知見は、複数の企業とネットワークを組むことによって新たな洞察が得られること、産業の変化に作用する要素を理解することができることを挙げている。しかし、留意すべき点は、そのパートナーに先見性がなければならないこと、ネットワークが常に斬新かつ活動的であること、という条件が備わらなければ非連続的なイノベーションに対応することは難しいと指摘している。

Capaldo（2007）は、30年以上も継続している知識集約的な戦略的ネットワークを対象にネットワーク分析を行っている。この研究結果から、ネットワークに参画する企業は、有形資源のみならず、無形資源を戦略的に管理することを考慮する必要があることを強調する。また、ネットワークを形成するためには、ネットワークを維持するための強い関係とネットワークを拡大するための弱い関係の両方を同時に備え持つ必要があるとして[23]、ネットワークを二重構造化

（dual network）することの重要性を指摘する[24]。この点に関しては、Hite and Hesterley（2001）の主張と部分的な整合性を確認することができる。そして、ネットワークの二重構造化を継続するためには、ダイアド（dyad）レベルで信頼に基づいた強いネットワークが基盤になっていなければならないことを強調している。この点で、強いネットワークのメンバーに関しては、Birkinshaw, Bessant and Delbridge（2007）と同様に、パートナー選択は極めて重要であると指摘する。ただし、Capaldo（2007）では、パートナーは相互に異質的であるほうが好ましいとする。これは、ネットワークの議論においても、ネットワークの多様性、あるいは、多様なメンバーから形成されるネットワークの重要性を示唆しているといえよう。

　ネットワーク研究の系譜を振り返りながら、ネットワークを通じた中小企業のイノベーション研究を確認すると、いくつかの興味深い共通点が明らかとなる。

　それは、第一に、ネットワークを構造化させて、もしくは、ネットワークのタイプを事前に分化させた上で、ネットワークの構成員がイノベーション活動を使い分けることが重要であるという指摘である。ネットワークの構造を利用しながら、イノベーションのための両利きの経営を達成するという意味合いを持っていることである。すなわち、両利きの経営のための知の活用に対しては、粘着性が高く強い紐帯を持つネットワークを維持させることで達成し、知の探索に対しては、関係性に多少距離感がある弱い紐帯を持つネットワークを拡大することで達成するという文脈を共有しているのである。その点では、ネットワークを成立・維持させるための論理とネットワークを拡大させる論理が異なっていることを示唆している。前者の論理は、構成員間の関係性のかかわりが深いことが強調され、後者の論理は、構成員間の多様性が高いことが強調さ

23　Capaldo（2007）は、この着想はGranovetter（1973）から得ていることを記している。また、この着想こそが、March（1991）が両立しなければならないとする知の探索と知の活用を同時に達成する機会となると指摘している。

24　そのほかのネットワークの二重構造化を指摘している研究にPatel, Fernhaber, Mcdougall-Covin and Van Der Have（2014）が挙げられる。しかし、同研究では、ベンチャー企業のプロダクトイノベーションを分析の対象としていること、また、定量的調査を通じてローカル・ネットワークと海外ネットワークという二重のネットワークを両立させることの重要性を強調している。

れている。また、この論理は、Capaldo (2007) も明確に意識しているように Granovetter (1973) が着想の原点となっている。

　第二に、ネットワークを拡大する際の構造的空隙を埋める構成員の存在の重要性が認識されていることである。すなわち、ネットワーク構成員同士のつながりが弱くても、ネットワークの構成メンバーを増やし、多様性を確保することで、ネットワーク外部性を追求することがイノベーションを推進する上で重要になるフェーズがあるということである。「弱い紐帯の強み」(Granovetter, 1973) という一見して逆説的と判断される説明が、ネットワークとしてのイノベーション活動の文脈にも当てはまると考えられるのである。

　第三に、ネットワークにおける中心性は、強い紐帯かつ頑健性が成立していなければならないことである。すなわち、ネットワークの核となって、粘着性の高い、強い紐帯で結ばれた構成メンバーの存在が不可欠となっていることである。この関係性においては、信頼や相互理解、社会的関係が重要な要素となるという従来の研究が指摘するとおりであろう。

　第四に、特に粘着性が高く、強い紐帯で結ばれた構成メンバーに関しては、特にネットワークの構成員の選択が重要性であるという指摘である。

　何を基準に粘着性が高く強い紐帯で結ばれたネットワーク構成員を選定するのか、また、ネットワーク構成員の参画インセンティブを高めるためには何が求められるのかについては、第5章の事例研究を通して確認していく。

5.3　中小企業のイノベーションのためのCollective strategy

　粘着性の高い、強い紐帯で結ばれたネットワークの継続性という点を考えると、協同戦略パースペクティブ（Collective strategy perspective）が一つのヒントを与えることとなる[25]。この視点は、組織の集合体やグループ、ネットワークを基本的分析の単位とみなしている点に特徴を持つ（山倉, 1993）。この論理を展開している代表的な研究がAstley and Fombrun (1983) である。Astley and Fombrun (1983) は、協同戦略を環境の多様性を吸収するために組織が集合することによってシステム的な対応をとる戦略であると定義している[26]。環

---

[25] Astley and Fombrun (1983) に関するより詳細な記述は、水野 (2013b) を参照されたい。

表2-2　協同戦略の4つのパターン

	同種（communalistic）	異種（symbiotic）
直接 （direct）	同盟型協同戦略 (confederate strategies)	接合型協同戦略 (symbiotic relationship and conjugate strategies)
間接 （indirect）	集積型協同戦略 (agglomerate strategies)	有機型協同戦略 (organic strategies)

出所：Astley and Fombrun（1983）をもとに筆者が一部修正

境変化などの状況の変化に直面すると、単一組織では戦略上の弱点が露呈するが、組織間および集団的活動によってその弱点を克服しようとする戦略のことである（Dollinger, 1990）。Astley and Fombrun（1983）では、この協同のあり方を2つの軸に基づいて4つのタイプに分類している（**表2-2**）。

　一つ目の軸（表2-2の横軸）は、協同体を構成する構成員の形態・性質に関するものである。協同体の構成員が同種（commensalism）なのか異種（symbiosis）なのかである。これらを区別することにより、協同体内部の相互依存関係や協同体構成員の果たすべき機能の違いが明確になる。二つ目の軸（表2-2の縦軸）は、協同体構成員の結びつきに関するものであり、結びつきが直接（direct）か間接（indirect）かによって区別される。結びつき（tie）の程度を表すためである。同種組織間関係で直接的な結びつきがある「同盟型協同戦略」は、組織間の情報の流れを通じた戦略が展開される。カルテルや同業者間の共同購入・配送・販売・研究、ライセンス契約などがこの分類に位置づけられる。

　同種組織間関係で間接的な結びつきにとどまる「集積型協同戦略」は、人の流れを通じた戦略が展開される。協会や業界団体、業界基準の設定などがこの分類に位置づけられる。この戦略は、（契約関係や法的制裁に関する）情報のネットワークを構築したり、構成員が意思決定するための補助的な手段として機能する（Dollinger, 1990）。

　異種組織間関係で直接的な結びつきがある「接合型協同戦略」は、業務の流

26　それでも環境は変化し続けるとして、collective strategyが機能しなく場合があること、そして、この戦略が機能しなくなる条件や状況を批判的に取り上げている研究にBresser and Harl（1986）が挙げられる。

れを通じた戦略が展開される。例えば、サプライヤーとバイヤーといった垂直的関係の構築（共同研究・販売・広告・配送）や協定・契約の締結、役員の兼任などが含まれる。この戦略は、一般的に、参加は任意である。一方で、高いタスク構造であるために関係性は強い（Schopler, 1987）。この戦略の出現は、企業間の緩やかな結びつきの反復がきっかけとなることが多い（Dollinger, 1990）。

異種組織間関係で間接的な結びつきにとどまる「有機型協同戦略」は、組織間の影響力の流れを通じた戦略が展開される。例えば、地域の商工会議所や有識者会議、慈善福祉団体、中小企業支援センター、産学連携などが含まれる。この関係性は、直接的な利害関係の対立から解放される。この戦略は、ネットワークと関連付けられ、参加は任意で、タスクの構造も低いため（Schopler, 1987）、参入や退出が容易で、取引コストを低く抑えることができる。また、この戦略は、資源や情報を獲得するために組織の重要な戦略として位置づけられる。

以上の4つの協同戦略のパターンを確認すると、基本概念が組織協同体レベルにおける「相互依存（mutual interdependence）、交渉（negotiation）、妥協（compromise）、共生（symbiosis）」（山倉, 1993）であることがわかる。「組織間で互いに相互依存しながら、交渉や妥協を通じて、組織間の協力・強制を計っていく側面こそ重視されることになる（p.48）」。そのため、山倉（1993）は、協同戦略の視点を環境変動に対処するための多様な組織間協同行動を識別し、組織間システム・レベルの組織間共生・協力の解明に貢献しているとの一定の評価を示している。

しかし、Dollinger（1990）が指摘しているように、直接的な結びつきのある協同戦略パターンは、戦略的情報の欠如、信頼不信、外部圧力の増大、潜在的対立関係などの課題を内包している。すなわち、構成メンバー間にパワーの対立や利益相反を引き起こす潜在的可能性を残しているのである。この点は、特に粘着性の高い強い紐帯を持つネットワークが内包する課題でもある。Dyer and Nobeoka（2000）においても、知識共有ネットワークが有効ではあるものの、その関係を機能させることが難しい「3つのジレンマ」の存在を指摘している。3つのジレンマとは、利己主義の追求がもたらすネットワーク参加イン

センティブの低下と、自己対価なくして便益を享受しようというフリーライダー（ただ乗り）の存在、ネットワーク活動で生じるコストと如何にして知識移転の効率性を最大化するか、である。内包するこれらの課題を解決し、協同・共生・協力関係を成立・存続させるメカニズムの解明が課題となる。この点についても第5章の事例研究を通して確認していく。

6．本章のまとめ

本章では、「代表的なイノベーション・マネジメント研究（第1節）」「資源動員の創造的正当化（第2節）」「知の探索と活用／両利きの経営（第3節）」「限定合理的な組織におけるイノベーションのマネジメント（第4節）」「中小企業のイノベーション・プロセスの視点を提供している研究（第5節）」と、広範囲にわたる研究領域を確認した。本節では、これらの既存研究のレビューを通して、本研究で明らかにする点を再整理することにする。

代表的なイノベーション・マネジメント研究のレビューを通して、中小企業のイノベーションを生み続ける組織を分析する必要があることが明らかとなった。中小企業が継続的にイノベーションを実現していくためには、それぞれのフェーズにおいて、具体的にどのように実行すべきか、そして、それぞれのフェーズにおいて何が、および、どの点がブレイク・スルーの分岐点になっているのかを、事例研究を通して確認する必要があることが確認された。

資源動員の創造的正当化に関する研究のレビューを通して、中小企業の資源動員の創造的正当化の論理を解明する必要があることが明らかとなった。武石・青島・軽部（2012）が解明した資源動員の創造的正当化の論理は、大企業のイノベーションが対象となっている。中小企業は、経営者の在任期間が長く、意思決定が速い上に、イノベーションを推し進める経営者の支持者一人当たりの資源動員量が多いため、企業における資源動員の創造的正当化はそれほど難しくない一方で、資源動員量そのものが少ないという課題に直面する。したがって、大企業の資源動員の創造的正当化とは異なる論理を明確にする必要があることが確認された。

知の探索と活用、両利きの経営に関する研究のレビューを通して、既存の実

証研究で確認される知の探索と活用の研究領域が限定されていることが明らかとなった（表2-1）。また、既存の実証研究では取り上げられていない研究領域で、知の探索と活用を議論する必要があることが確認された。また、両利きの経営が3つのタイプに分類されており、中小企業の両利きの経営のあり方や実践方法について事例研究を通して確認する必要がある。

　限定合理的な組織におけるイノベーションのマネジメントに関する研究のレビューを通して、組織が限定合理的な存在であることを前提にして理解する必要があることを確認した。その際、起きた現象と行為に対する複数の結果に対して、事後的に整合性を持たせる「事後的進化能力」（藤本, 1997）をどのように構築するか、また、組織の限定合理性の度合いをどのように低下させ、あるいは、どのようにして組織に多様性を包含させるのかが、限定合理的な中小企業の組織のイノベーションをマネジメントする際に重要な課題となる。

　中小企業のイノベーション・プロセスに関する研究のレビューを通して、まず、中小企業のイノベーション・マネジメントにおける組織の内部要因を確認する必要があることが明らかとなった。より具体的には、「日頃の心構え」や「備え」、それらを支える企業文化のあり方について確認する必要がある。次に、ネットワークという戦略的手段によってイノベーション活動に取り組む場合、既存研究では、ネットワークの二重構造化や、ネットワーク成立・維持の論理とネットワーク拡大の論理との違い、ネットワーク構成員の選定の重要性が指摘されている。これらの点を事例研究で確認する必要性がある。さらに、そもそもネットワークを構築する前にしばしば課題となる構成メンバー間の利益相反を引き起こす潜在的可能性を回避させ、協同・共生・協力関係を成立・存続させるための協同戦略をどのように策定するのかについても重要な課題となっている。

第3章

中小企業の
イノベーション・マネジメント
その1　単独で取り組む

1．調査の概要

　中小企業が単独でイノベーションに取り組む事例研究は、筆者が1998年11月から2014年9月にかけて行ってきた中小企業に対する105回のインタビュー調査（複数の中小企業の経営者が参加するグループインタビューを含む）と6回の講演会、そして、それらの中小企業と取引のある特定大企業に対する14回のインタビュー調査と3回の講演会、および、中小企業支援機関への25回のインタビュー調査が基になっている。なお、インタビュー調査に関する詳細については、巻末のリストに示した[1]。しかし、筆者がインタビュー調査を実施した時点と現在の時点の所属や肩書きなどが変わっていること、また、インタビュー調査実施企業のなかには、社名等を非公開にという先方のご希望があることもあり、ご協力をいただいた企業名や担当者名は個別の事例研究での引用を除いて匿名としている。

　本調査研究の基になっているインタビュー調査に関しては、長期にわたり、非常に多くの中小企業の経営に携わる方々をはじめとして、関係する方々に貴重な時間を割いて頂いてきたことを改めて認識した次第である[2]。

　筆者がインタビュー調査を行った主な地域は、東京都（主に多摩地域や足立区、大田区など）、神奈川県、大阪府（主に東大阪市）、千葉県、茨城県（主に日立市周辺）、群馬県（主に太田市）、石川県、福島県、静岡県（主に浜松市）にわたっている。

　セミ・ストラクチャード方式で行われたインタビューの調査内容は、筆者がインタビュー・ノーツにまとめ、KJ法[3]で整理した。なお、インタビュー調査の主軸となっている主な質問項目は、**表3-1**のとおりである。

---

[1] インタビュー・リストには、インタビュー調査を実施した日時現在でのインタビューイー（インタビューを受けてくださった担当者）の肩書きが表されている。
[2] これまで筆者のインタビュー調査や研究にご協力いただいた方々に、心からお礼を申し上げたい。また、事例研究の記述の誤り・不備の責任は著者に帰する。
[3] KJ法とは、文化人類学者である川喜田二郎氏が収集した膨大なデータや記述を整理するために開発された手法である。詳細は、川喜田（1967；1970）を参照されたい。

表3-1　インタビュー調査の主な質問項目

1．企業概要
　1.1　沿革
　1.2　事業内容（売上ベース分野別比率）
　1.3　企業理念
　1.4　従業員数および内訳（正規・パート、部門別要員）
　1.5　企業の強み・競争力（製品・技術・サービス）および弱点
2．製品開発・新たな取り組みの状況
　2.1　これまでの保有技術の転用および新たな技術・部品・製品の開発
　2.2　保有技術の転用および新たな技術・部品・製品等の開発のきっかけ
　2.3　保有技術の転用および新たな技術・部品・製品等の開発の組織体制
　2.4　保有技術の転用および新たな技術・部品・製品等の開発手順
　2.5　成功例と失敗例（成功理由・失敗理由[4]）
　2.6　研究開発費率（対売上費）
　2.7　開発した技術および製品の売上、利益
　2.8　他組織（取引先、協力企業、研究所等）との共同開発
3．取引企業との関係
　3.1　納入先企業数と依存度
　3.2　納入先企業との取引経緯、価格設定、営業、顧客管理
　3.3　納入先企業との協力関係（R&Dや情報提供等）
　3.4　納入先企業との取引関係で重視すること
4．協力（下請）企業との関係
　4.1　協力企業数、委託内容、外注比率（部材費含む、対製造原価）
　4.2　協力企業の選択、取引価格決定方法、取引契約、支払条件、購買組織、協力企業を訪れる頻度、協力企業の評価方法、品質管理（納入品検査法）
5．立地・集積メリット
　5.1　現在地での開業理由
　5.2　実感している立地・集積メリット
　5.3　中小企業政策について（融資、補助金、申請案件、共同開発など）

2．イノベーション取り組みのきっかけ

　Tidd, Bessant and Pavitt（2001）では、イノベーションの実行プロセスの第一のフェーズとして、内部および外部の環境をスキャンし探索して潜在的なイノベーションの兆候を見つけ出すことを挙げている。榊原（2005；2012a）の文

4　インタビューイーの認知尺度で確認している。

脈でいうと、新規なものに出会うための中小企業の行動である。すなわち、中小企業がイノベーションを実行するための能動的行動が前提となっている。しかし、イノベーションの実行プロセスにおける第一のフェーズにおいて、中小企業の能動的行動だけがイノベーションのきっかけとなっているのであろうか、外的な要因や外部環境の変化がイノベーションのきっかけとなることはないのだろうか、そして、そもそも中小企業はイノベーションのきっかけをどのようにつかんでいるのか、について整理する必要がある。そこで、筆者が行った定性的調査をもとに、この中小企業のイノベーションのきっかけとなった出来事や状況をKJ法でまとめ整理した。すると、中小企業のイノベーションのきっかけには、大きく大別して4つのタイプが確認された。

2.1　自社・経営者が直面する課題の解決

　まず、イノベーションのきっかけを組織の内部で発見する場合が挙げられる。その場合には、自社や経営者が直面している課題が直接のきっかけになっていることが挙げられる。

　例えば、埼玉県入間市に本社を持つindustriaは、装置設計・製造や微細加工・溶接・磨きなどを受託加工している。同社は、自社ブランド製品「FILSTAR」（エレメントレス・フィルスター）」を製造販売している。この製品は、遠心分離と沈殿、ろ過の原理を活用して工作機械の削りくずを除去する装置である[5]。

　この商品が開発されることになるきっかけは、同社内にあった。工作機械を活用して微細加工を行うと、細かな削りくずが発生する。削りくずが細かくなることによって、機械のフィルターの目詰まりを発生させていた。一度、フィルターが目詰まりすると、フィルターを交換する必要がある。そのフィルターを交換するためには、工作機械を止めておかなければならない。加工が微細に

---

[5] この装置を工作機械に設置することにより、削りくずを取り除くためのフィルターの交換が不要になる。フィルターの交換が不要になるということは、ユーザーにとって大きな2つのメリットがある。一つ目のメリットは、使用済みフィルターは産業廃棄物として扱われるため、これを廃棄する手間とコストが削減されることである（もちろん、フィルター購入の費用も不要になる）。二つ目のメリットは、通常フィルターの交換時には工作機械を停止しなければならないが、フィルター交換の必要がないために停止時間の機会損失が発生しないことである。

なればなるほど、工作機械の稼働時間よりも、止めている方が長くなるという課題を抱えていた。同社が直面していたこの課題を解決するために取り組み始めたのが、製品開発のきっかけであった。

　また、愛知県名古屋市に本社を置き、海部郡蟹江町に本社工場を構える近藤機械製作所は、航空機エンジン用軸受け部品の加工や、その技術を転用した自転車用ハブ「GOKISO」の製造・販売、精密機械部品・金型・治工具の開発・設計・製造・販売を行っている。同社は、加工精度の高い工作機械を導入したものの、機械が故障したわけでもないのに加工が途中で止まってしまう問題が発生したことが、「サーモクリップ工法」の開発のきっかけとなった。

　同社が工作機械メーカーに加工が途中で止まる原因を問い合わせると、それは室温にあった。その工作機械は室温が16度以下になると止まるという設計になっていたためである。同社の工場は築50年のスレート葺き工場であったために、工場内の室温が低くなりすぎて、加工が止まってしまったのである。空調を整備して冷暖房でこの課題を解決しようとすると、年間300万円程度を要する計算になった。また、建設会社に断熱工事の相談をすると、工場の稼働を1ヶ月程度止めなければならないことや、その対策費用も決して安くはなかった。

　そのため、自社で解決策を考えた。解決策は、スレート屋根の下に断熱材を敷き、それをとりつけるための金具を開発したのである[6]。この修繕によって、同社は大きな副産物を得た。それは、築50年のスレート葺き工場内の天井から地面までの室温をプラスマイナス2度でコントロールすることができるようになったために、機械加工の精度を高めることに寄与し、0.1ミクロンレベルでの研磨に成功したのである。

　東京都八王子市に本社を置く菊池製作所[7]は、エレクトロニクス機器の試作から量産まですべてを手がける企業であったが、同社が医療業界に展開するきっかけとなったのは、創業者である菊池氏が一時、体調を崩した時であった。

6　この「サーモクリップ工法」は、平成19年度の「新連携支援事業」にも採択された。開発当初見込まれた市場規模ほどの売上は計上されていないものの、東日本大震災後、安価かつ短期間で施工できるとのことで、2014年になっても未だに多くの問い合わせがあるという。

7　2014年9月現在、菊池製作所は、JASDAQ上場企業であるが、1998年から筆者が同社を追跡しているタイミングでは、法律上は中小企業に分類されていた。

この一件を通じて、予防医療の必要性を実感し、酸素濃縮器の開発を手がけたことが、医療機器領域に事業拡大する発端になっている。

大阪府東大阪市に本社を置く山和ワイヤリングは、線材加工を特異とする。主に網棚や焼き網、建築用ネット、バックネットなど、さまざまな用途に対応した金網を製造している。同社は自社製品「缶スライダー」を製造販売しており、この製品は、東大阪ブランド[8]の一つとして認定されている。

この缶スライダー開発のきっかけも、以前、経営者がコンビニエンスストアのフランチャイズ店舗の運営を手がけていた経験に遡る。前陳列を徹底させるためにいちいち人の手を煩わさなければならない課題に対して、何らかの対策ができたらという動機がきっかけとなった。それを省力化するために、自動的に陳列する製品を製造してみようとしたのが発端である。

そのほかにも、自社の加工業務に必要な治工具を自社で開発・製作し、それを自社製品として販売したり、社内管理のために開発したソフトウエアを標準化して販売しているという事例も確認される。このように社内で直面している課題や社内での必要性が、イノベーションのきっかけになっていることが確認された。

2.2　社外からの問い合わせや要望、照会

一方で、イノベーションのきっかけが社外からもたらされる場合も少なくない。既存顧客からの問い合わせや要望、照会に対応することで技術力が向上したり、新たな製品に結びついたり、技術の用途の幅が広がったりすることも多く確認される。

筆者のインタビュー調査によると、「試作をやっていると、『こんなことできる？』といわれることが多い。もちろん、断ることはせず、『とにかくチャレンジさせてください。うまくいかなかったらお金はいただきません』と、引き受ける」という回答や、「お客さんの要望をよく聞いている。これによって自

---

[8] 東大阪商工会議所、財団法人東大阪中小企業振興会（現公益財団法人東大阪産業創造勤労者支援機構）、東大阪市工業協会、東大阪ケーブルテレビ株式会社（現ジェイコムウエスト東大阪局、東大阪市らが発起人となり設立された東大阪ブランド推進機構（http://www.higashiosakabrand.jp/about3）が、「東大阪ブランドポリシー」に則って認定する商品である。

社の技術力がブラシュアップされる」、「顧客とのやり取りから新たな事業ニーズが出てきた」、「うちは断らないから、課題を抱えた顧客の駆け込み寺のような存在になっていて、『やりませんか』『こんなことをやって欲しい』という声がかかる。（工学系・素材系の）学会からの依頼もよくある。頼まれたらやるので、重宝がられている」、「事業展開の要になったのは、『顧客の喜ぶことをしよう、顧客の声に耳を傾けてみよう』ということが実になったと思う」などの回答は枚挙に暇がない。

　事前には、もたらされた問い合わせや要望、照会が結果・成果を出すことができるかどうか予見することは難しい。それでもこのような社外からもたらされる要望に対して応える理由としては、

- 要望があるということはニーズがあるということ。闇雲に取り組むよりも効果は高いと想定されるから
- 良いテーマを与えてくれる、やりがいのある仕事、難しい仕事を出してくれるお客さんと付き合っているから
- 新たな情報源になっているから
- 何がブレイク・スルーになるか事前にはわからないから
- これまで断らずにいたら、大きな仕事が舞い込んできたことがあるから
- 同じ仕事ばかりではつまらない。もたらされる情報には面白さやワクワク感がある。「やってみる」というチャレンジ精神は大事だと思うから
- 実は、やってみると、発想の転換のきっかけとなることがあるから
- 度胸がつく、どんな仕事がきても、どんな案件でも
- 次の一手を考える機会になるから

という回答が寄せられている。

　また、京都市に拠点を置き、3次元試作を手がけているクロスエフェクトは、患者の心臓の内側までの形状や手触りまですべてを再現した「心臓シミュレーター」を開発した。この製品によって、心臓外科執刀医は、これから手術を行う心疾患患者の正確な心臓の形状を事前に知ることができるのみならず、手術の準備や事前練習が可能となるため、特に先天性小児心疾患手術の成功率の向上や手術時間の短縮が期待されている。同社がこのプロジェクトに着手するきっかけとなったのは、国立循環器病研究センターの要望を地元の支援機関で

ある公益財団法人 京都産業21の担当者が聞きつけ、先方の要望を伝えたことにあった。しかし、同社は、照会があったその時点でこのプロジェクトが、2013年グッドデザイン賞の金賞や、第5回ものづくり日本大賞における内閣総理大臣賞を受賞することになると予見していたわけではない。

　また、東京都八王子市に本社を置くエリオニクスは、電子イオン等の粒子線および光・X線等の電磁波に関する技術を応用した各種機器・システムの研究・開発・設計・製造・販売・技術提供・輸出入・保守サービス（同社HPより）を主な事業としている。ある時、同社に一つの案件が舞い込んだ。半導体を手がける企業の担当者で、0.3ミクロン以下の溝の深さを測定する装置の製造である。装置の開発に成功したものの、半導体の性質上、その装置は、半導体の用途には向かなかったことが判明した。同社は、この装置が他の事業領域に転用できないかと用途を探ると、光学関連領域の測定器として最適であることが判明した。この装置は、その後の同社の主力事業となる微細加工装置や微細計測分析装置事業への足がかりとなった。しかし、エリオニクスも、また、このプロジェクトがその後の同社の屋台骨の事業に成長することを予見していたわけではない。

　両社は、外部からの問い合わせや要望、照会に対応することで、結果として自社の新たな事業展開や技術開発に結びついていった事例である。

　以上のように、外部からもたらされた情報がイノベーションのきっかけとなり、事前には予見していなかった大きなイノベーションの実現に結びついている事例が確認されるのである。

2.3　社外への発信・対外的活動

　専門的グループ・コミュニティーに参加することや、積極的に社外に発信すること、対外的活動をすることが、イノベーションのきっかけとなっている場合も確認される。

　専門的グループやコミュニティーに参加する事例としては、たとえば、静岡県浜松市で電子応用機器・装置を製造するパルステック工業がDVD評価用光ディスクドライブ装置で業界標準を確立するきっかけは、当時の光ディスクの第一人者らが集まって行われた勉強会に参加したことが大きい。この勉強会に

第3章　中小企業のイノベーション・マネジメント　その1　単独で取り組む　71

おいて、光ディスクの評価システムのあり方や相変化ディスクのノウハウや研究の方向性を理解したことが開発に大きな影響を与えた。

　また、積極的に対外的に発信することがイノベーションに結びついた事例としては、京都のインキュベーション施設の一つである「けいはんな」に拠点を構えるプロテインウエーブが挙げられる。同社は、医薬品開発や宇宙実験に供されるたんぱく質分子の立体構造の解析や機能解析用チップを実用化している[9]。同社は、海外の学会で発表した研究結果が認められ、NASAからの仕事を受託し、研究開発を行ったこともある。

　東京都足立区に本社を構える三祐医科工業は、第三種医療器具の製造を特異としている。同社が自社製品「医療器具屋さんが作った耳かき」を開発するきっかけは、展示会にあったという。それまで同社は、引き合いがなくても展示会に出展し続けていた。その出展部品の一つに主に耳鼻科で使われる血管拡張器があった。この部品を見ると、多くの見学者が「耳かきみたい」という感想を持った。ある時、見学者に直接販売することのできる展示会に出展することになり、何か販売できる自社製品をつくってみようという社内のコンセンサスを得た。そこで思い出したのが「耳かきみたい」という見学者の感想であった。こうして、同社の自社製品「医療器具屋さんが作った耳かき」を開発することになった[10]。

　対外的活動がイノベーションのきっかけとなった事例としては、大阪府東大阪市で線材加工を特異とする山和ワイヤリングが挙げられる。同社は、出身大学の卒業生の会や青年会議所でのネットワークで出会った人々に相談したり、該当する知り合いを紹介してもらったりすることによって、新たな事業展開のきっかけをつかんでいる。特に青年会議所のメンバーは多様なバックグラウンドを有する異業種が集まる会でもあるため、多様性に富んでいることからも多

9　筆者がインタビュー調査を行った2001年1月18日現在の事業である。2014年9月現在における同社の事業内容は、1）主として医薬品開発および微小重力化での宇宙実験に供される生体高分子の立体構造／機能解析用マイクロアレイ・MEMS流体デバイス・ツールの研究開発、設計、試作、2）蛋白質科学研究用各種電子機器の開発、3）構造ゲノム科学／結晶構造解析受託研究サービス、4）医薬候補化合物の探索研究サービス、5）ライフサイエンス全般に関する研究開発、である（同社HPより）。
10　この耳かきは、マスコミなどでも取り上げられ、東急ハンズやハンズBeでの扱いもあるほどの事業に成長している。

くの刺激を受けているという。

このような積極的な社外への働きかけが、イノベーションのきっかけになっていることも少なくない。

2.4　既存事業の低迷や取引先からの受注減

これまでは、積極的にイノベーションのきっかけづくりを仕掛け、イノベーションに成功した事例がほとんどであった。しかし、中小企業の中には、やむにやまれぬ事情から、短期間で新たな事業を展開しなければならない状況下に置かれたことがきっかけとなり、結果的にイノベーションに結びついたという事例も確認されている。すなわち、Tidd, Bessant and Pavitt（2001）が指摘するイノベーションの実行プロセスにおける第一のフェーズにおいて、企業の能動的行動によってイノベーションに関する兆候を見つけ出すのみならず、外的要因の変化の対応もまたイノベーションのきっかけとなるということである。

やむにやまれぬ事情の一つ目は、景気の低迷である。多くの中小企業が直面してきた景気の低迷には、バブル経済の崩壊やITバブルの崩壊、アメリカでの同時多発テロ、リーマンショック、東日本大震災などによる需要そのものの減少が挙げられる。需要が減退し、業務量が減少すると、売上も低迷する。売上を確保する道を探らないと倒産の危機に直面するという事情である。中小企業の中には、リーマンショックによって、特定の業界の仕事量が75％減少し、売上が最大7億円だったのが2億2,000万円にまで低下したという事例も確認された。

やむにやまれぬ事情の二つ目は、業界や製品のトレンドの変化により、既存の製品や部品の需要が減少することである。同じ機種・同じ製品・同じ部品が未来永劫売れ続けると保証されているわけではない。新たな機種・新たな製品・新たな部品需要に適応しなければならないという状況に直面することも少なくない。複数の中小企業経営者から「○○が爆発的に売れて、うちも忙しかった。てんてこ舞いだった。でもね、こんなの、そう長くは続かないのですよね。案の定、○○（製品や部品）は一瞬にして注文がなくなった」という経験を聞くことも少なくない。ある特定の製品や部品に売上の多くを依存しすぎると、このような状況に陥る確率と事業リスクが高くなる。

第3章　中小企業のイノベーション・マネジメント　その1　単独で取り組む　73

　やむにやまれぬ事情の三つ目は、取引先の状況の変化や方向性の転換から受ける影響である。海外進出や事業の撤退といった取引先の戦略・事業転換や取引先の倒産などは、下請中小企業に膨大かつ深刻な影響を与える。取引先の海外展開と国内工場の閉鎖によって、それまで数十億円の売上があったある特定部品の半年後の受注がゼロになることを伝えられたという事例や、事業そのものの撤退によって、ある特定部品の受注がゼロになった事例、企業倒産によって数千万円の約束手形が紙切れとなり、連鎖倒産の危機に直面した事例など、中小企業が突然、経営危機に陥る状況に直面したという事例は、枚挙に暇がない。また、中小企業経営者としても、いつこのような危機に陥るか、事前に予見できないことも少なくない。

　しかし、「このやむにやまれぬ事情」という外的要因に直面し、中小企業経営の立て直しを迫られたことが、結果的にではあるものの、イノベーションのきっかけとなったという事例も確認されるのである[11]。

　量産工場をリストラし、売却資金を元手に新たな事業を立ち上げた事例や、量産工場のリストラを余儀なくされたものの、がんじがらめの下請生産から解放されたことで、試行錯誤して独自の合理的かつ生産効率の高い工場を作り上げた事例、倒産した発注企業経営者に取引をしていた大手メーカーを紹介してもらって営業に出向き、何とか業務の受注を受けるところから次第に事業を拡大していった事例、それまで培った技術力を転用してそれまでの業界の常識を覆す自社製品をつくるメーカーに変身を遂げた事例なども確認された[12]。

　また、これらの企業は、「やむにやまれぬ事情」に直面するまで、イノベーションのための組織的対応をとっていなかったわけではない点には留意する必要がある。量産工場の受注量が減ったり、採算ラインの維持が難しくなるなど、自社が置かれている現実を把握し、直視して、イノベーションのきっかけを探

---

[11] もちろん、このような事例の背後には、経営者の深い思慮と、決断、再起にいたるまでのさまざまな苦悩が隠されている。また、「やむにやまれぬ事情」によって、再起を果たすことができなかった事例もまた多数存在していることを忘れてはならない。
[12] このような経営危機を乗り越えてきた経験を有する中小企業経営者がしばしば口にするのは「下請業務はすべて決められているのでやらされ仕事の上、ルーチンでつまらない。従業員にとっても面白くない。だから、経営者として従業員に面白い仕事を用意してあげる必要がある」と筆者に語ることが少なくない。

したり、新たな行動を起こしていたことが確認されるのである。

例えば、量産工場の受注部品量が減ったために、労力の一部を試作業務や新規の顧客開拓に割いていた企業や、特定大企業との取引から技術的ノウハウを自社に蓄積して転用可能性を探っていた企業、地元の支援センターに相談に行って事業展開の可能性を探っていた企業、特定大企業への技術者の派遣や特定大企業のOBの再雇用を通して新たな事業展開を探ったり、新たな顧客開拓を行っていた企業などが挙げられる。

2.5 イノベーションの「きっかけ」：本節のまとめ

本節では、中小企業がイノベーションのきっかけをどこから得ているのかを特定するために、筆者のインタビュー調査をもとに4つに整理された。第一に、自社や経営者が直面している課題がイノベーションのきっかけになっている場合である。すなわち、組織の内部にイノベーションの源泉を見つけた場合である。第二に、組織外部からもたらされる情報がイノベーションのきっかけになっている場合である。その際には、既存顧客からの問い合わせや要望、第三者からの照会が直接のきっかけとなることが多く確認された。第三に、専門的グループ・コミュニティーに参加することや、社外に発信すること、対外的活動をすることが、イノベーションのきっかけになっている場合である。企業が積極的にイノベーションのきっかけをつかみに行くタイプである。第四に、やむにやまれぬ事情に直面したために、短期間で新たな事業を展開しなければならない状況下に置かれたことが、イノベーションのきっかけとなっている場合である。やむにやまれぬ事情とは、景気の低迷や、業界や製品のトレンドの変化、取引先の戦略・事業転換や取引先の倒産などである。中小企業経営は、構造的にこのような状況に陥りやすいリスクを抱えているものの、それでも、この状況から「復活」を遂げた企業も確認されている。

やむにやまれぬ状況に置かれて、意図せざる結果としてイノベーションに取り組まざるを得なかった事例が確認されるものの、このような状況を打破することができた企業は、平時からイノベーションのための組織的対応をまったくしていなかったわけではないこともまた確認された。そのような状況に陥る前から、日頃からイノベーションのきっかけづくりとなる企業行動を継続するこ

とが重要であるといえよう。また、組織内部で直面する課題への対応のみならず、イノベーションの源となり得る窓口やパイプを持つこと、積極的な対外的行動を維持することもまた、重要であることが確認された。

以上の議論に鑑みると、Tidd, Bessant and Pavitt（2001）では、イノベーションの実行プロセスの第一のフェーズとして、内部および外部の環境をスキャンして模索して、イノベーションの兆候を見つけ出すという企業の能動的行動を前提としているが、外的要因の変化もまた、イノベーションを実行するきっかけとなることがわかる。また、第二のフェーズとして、潜在的なイノベーションのシーズの中から組織がリソースを配分すべき対象を戦略的に選び出すことであると、選択の議論を行っている。しかし、中小企業のイノベーションに鑑みると、数ある兆候の中から戦略的に選び出すという選択の議論というよりも、「流入するイノベーションのチャンスをいかにしてつかむか」という議論が重要になってくることがわかる。

そのため、中小企業のイノベーション・マネジメントの初期のフェーズにおいては、「流入するイノベーションの機会をいかにしてつかむのか」が重要な視点となるであろう。したがって、イノベーションの機会をつかむための組織内部のあり方、組織的な姿勢が一つの観点として浮上してくる。

3．イノベーションに対する基本的姿勢・組織特性

イノベーションのための資源動員量が少ないという制約に直面しながらも、中小企業が単独でイノベーションをマネジメントして成果に結びつけている組織や、まだ成果にまで結びついていなかったとしてもイノベーションを遂行しようとしている組織に着目すると、組織内部で類似する点が確認される。それは、日常の業務に対する意識や新たな取り組み（チャレンジ）に対する組織風土、組織の理念や考え方などに顕著に見られた。本節では、その類似する点を「イノベーションに対する基本的姿勢・組織特性」としてまとめ、整理する。

3.1 本業で利益が出ているうちに次の事業の柱を探す

中小企業が単独でイノベーションに取り組む際に確認される一つ目の類似す

る点に、「利益が出ているうちに少しずつでも次の会社の柱となりそうな事業に投資をする」という基本的な立場が確認される。

例えば、東大阪市で工業用カラーワイヤーを製造する日本化線は、「現事業から利益を得ているうちに、また、新たな設備投資をせずにできることは何か」を考えた。そのような考えを持つに至った理由は、工業用カラーワイヤーのみに依存した事業体質では、将来の事業リスクが高く、その分散が必要であると考えたためだった。

そこで、カラーワイヤーを加工するという自社の保有技術を活かし、既存の設備を活用してできたのが、一般消費者を顧客にしたデザイン性の高いホビー用品「自遊自在」であった。カラーワイヤーのバリエーションの増加、使い方・つくり方を解説した本や雑誌の編集・制作、手づくりキットシリーズの追加、作り方講座の開設、インストラクターやマイスター制度の整備をするなどしてホビー用のカラーワイヤーの普及を促した。その意味では、同社は、カラーワイヤーのホビー市場を開拓したと言えよう。

その後、利用者から「せっかく自遊自在で作品をつくっても、(ワイヤーが柔かいために)長時間経つと変形してしまうから、より硬いワイヤーが欲しい」という声が寄せられたため、姉妹商品である「頑固自在」を商品化した。このように、同社は、工業用カラーワイヤーで利益を得ているうちに、保有技術と保有施設を活用して、カラーワイヤーのホビー市場を開拓したのである。

千葉県長生郡に本社を置く森川製作所も、業務から得た利益の一部を、次の事業のために投資をしていた企業の一つである。投資は、検査装置や超精密旋盤加工機器の購入に当てられた。これら装置の品揃えに、大手企業の担当者が驚くほどである。そして、この投資が、結果的に、同社の業務分野を半導体から光ファイバーへと事業を転換することに成功させたのである。

京都市で3次元モデリングや光造形で試作を手がけるクロスエフェクトは、量産工程ではなく試作工程で利益を出す仕組みをつくるために、地元IT企業と協同で徹底した案件ごとの時間管理とリアルタイムでの原価管理ができるソフトウエアを開発し、スマートフォンで管理するよう徹底した[13]。この仕組みを構築して導入することで、試作業務で確実に利益を計上する社内体制を構築することができた。

そして、利益の一部は、自社の保有技術をより深化させ、心疾患患者の心臓と形状も手触りも見た目も同じである心臓シミュレーターの開発や、その他の臓器開発、また、敢えて手間のかかる試作業務を引き受けることで、「受注できる業務の"ストライクゾーン"を拡大する」（クロスエフェクト代表取締役社長の竹田正俊氏）方策を採っている。

以上のように、本業で利益が出ているうちに将来の事業の種を探そうとした場合、多くの中小企業は、保有している既存技術の延長線上での事業展開、すなわち、保有技術がどの事業領域に展開できるのかの展開可能性を探ることで達成される傾向が高いことが確認される。日本化線であれば工業用カラーワイヤーの中核技術を、森川製作所であれば超精密旋盤加工の中核技術を、クロスエフェクトであれば、3次元モデリングや光造形といった試作の中核技術をもとに新たな事業を模索して展開している。すなわち、技術の活用行動が多く確認されていることがわかる。

一方で、筆者が行った調査研究からは事例の数は少ないものの、本業で利益が出ているタイミングで、技術蓄積がほとんどない領域に事業展開を果たしたケースも確認された。それは、タカノと菊池製作所、米山製作所である。

長野県上伊那郡に本社を構えるタカノは、事務用椅子、その他椅子等のオフィス家具、ばね、エクステリア製品、エレクトロニクス関連製品、健康福祉機器の製造ならびに販売（同社HP）を手がける東証一部上場企業である。しかし、同社が上場する前の成長過程であった1980年代、当時代表取締役社長であった堀井朝運氏が陣頭指揮を執って新たなる事業展開を模索していた。1980年代は、同社の中核事業であるバネや事務用椅子等の需要が高かったため、これらの技術を保有した技術者を研究開発に割くことが困難であったことから、

13　その結果、得られたメリットは、1）分単位の日報入力をスマートフォンで行うことにより、紙ベースよりも格段に精度が上がり、人的稼働がリアルタイムに把握できたこと、2）進行案件のリアルタイム原価把握が可能になり損益計算が可能となったこと、3）日次決算により、不採算案件の洗い出しと素早い経営判断を可能にしたこと、4）超短納期案件や飛び込み緊急案件を即座にスマートフォンを通じて作業員に通知することが可能になり、作業の優先順位を作業員全員で瞬時に共有できるようになったこと、5）IT活用を推し進めることで、顧客からの注目を集め、顧客数の大幅増加につながったこと、6）国内および海外向けに、使いやすい見積もり依頼フォームを設置することができ、海外顧客を開拓し継続した取引に発展したこと、が挙げられる。(http://www.meti.go.jp/policy/it_policy/it-keiei/itjirei/case2012/case_xeffect.html)

できるだけこの領域とは異なる新たな事業領域を開拓することが求められた（坂上・長内，2014）。そのため、社内の人材に留まらず、大学などの研究者を巻き込んで、新たな事業の開発が進められた。最終的に開発に成功したプロジェクトの成果は、それまで同社に蓄積された技術とは関連性が低い画像処理装置や電磁アクチュエーターであった（柳・堀井，2007；堀井，2012）。この開発の成功は、同社のその後のエレクトロニクス関連事業への足がかりとなり、今では、同社の事業を支える一つの柱となっている。

　東京都八王子市に本社を置くJASDAQ上場企業の菊池製作所もまた、上場前の成長過程で、既存技術を活用した新事業開拓にこだわらず、既存の保有技術とは大きく異なっていても、意に介さず新事業を模索した経験を持つ。例えば、同社の創業者である菊池功氏（代表取締役社長）が予防医療の必要性を感じると、当時、自社製品を持つことの必要性を認識していたこととあいまって、酸素濃縮器の取り扱いを始めた。

　これがきっかけとなり、医療事業の新たな展開へとつながっていく。そして、2013年12月には、子会社として東京理科大学発ベンチャー「イノフィス」を設立し、人工筋肉を利用した動作補助ウェア「マッスルスーツ」を開発・販売することを発表し、医療事業分野の事業拡大を目指している（http://www.nikkan.co.jp/news/nkx0720140228eaal.html）。

　東京都瑞穂町でウォータージェット受託加工を行っている米山製作所は、かつてプリント基板金型の専属下請として事業を営んでいた。1980年代は金型産業は好況に恵まれ、事業も好業績を収めていた。しかし、診断を依頼した中小企業診断士から、「あなたの会社に明日はない」との低評価を受けたことが、大きな転機となった。

　そこで、内部留保を使って、当時導入している企業が少なく、未だ競争が激しくなっていない事業領域で差別化を図ることができると判断して、ウォータージェット加工機の購入を決定した。しかし、加工機を導入しさえすれば何とかなるものでもなかった。そのため、東京都中小企業振興公社に相談に行き、その後強固なネットワークを構成する関係となる東成エレクトロビームを紹介されることとなる。これをきっかけとして、同社の躍進が始まる。ウォータージェット加工ならではの特性を活かせる素材探しや加工の最適な条件を探って

いこうなどして、他の加工機と差別化できる業務を探っていくことで、同社は発展を遂げた。

米山製作所の事例から導出される重要な示唆は、それまでの保有技術とはまったく異なる技術導入を行ったことがイノベーションを達成した解だったのではなく、技術導入後の企業行動が決定的に重要であったという点である[14]。この事実は、延岡（2006）の見解を支持している。すなわち、イノベーションや新規事業開発は、高い業績を挙げるという目的を達成させるための手段であって、新たな技術導入そのものが目的ではないという点に留意する必要がある。

いずれのパターンにおいても、利益が出ている時には、技術蓄積がほとんどない領域へ展開する機会となることを窺わせる事例である。

3.2 「チャンスをつかむ」経営者の意識

中小企業が単独でイノベーションに取り組む際に確認される二つ目の類似する点に、（「次の事業の柱」になるかどうかはわからないものの）常にアンテナを張っておき、「今」の状態に安心せず、やれることを少しずつでもやっておこうという中小企業経営者の意識が挙げられる。筆者のインタビュー調査を振り返っても、次のような声を確認することができる。

「業界の動向を知るために、研究開発の最先端のメンバーが集まる研究会に参加させてもらったり、研究所や大手企業の研究部門に積極的に通って意見交換させてもらっている」

「金型や成形技術はどんどん進化しているので、キャッチアップしなければ"ゆでガエル"になってしまう。だから、金型メーカーに技術者を送って、研修させてもらっている」

「これからの事業展開については、今やれることをやっている。種まきが必要なので」

「業務を通じて情報収集している。だから、いろんなタイプの業務を受注

---

14 同社のその後の展開の詳細については、第5章で確認する。

すると、たくさんの情報がわかる（だからこそ、多様な業種にアプローチしている）[15]」

「新しい事業を始めるきっかけがどこに転がっているのかなんてはじめからわからない。だから、勉強しに行く」

「なぜだろう？　と常に考えて、わからなかったら、問い合わせてみて、聞いてみる。そうしたら何かのヒントが得られるかもしれないから。こうしてアプローチしてみたら、実際に仕事につながったこともある。こうやって道を作っていくのだと思う」

「最先端の機器は"ニーズありき"では遅い。業界のこの先を考えて、このようなニーズが出てくるはずだと先に考えて、いろんな人と話をして判断する」

「省庁の担当部署を探し出して電話をかけたら、アポが取れた。想いを熱く語ると、聞いてくれて、人を紹介してくれた。これがきっかけとなり、たくさんの重要な情報を教わった」

「確かに、これまでたくさん失敗して無駄なお金を使ったことになる。しかし、やってみないとわからないし、失敗から学べばいい」

「利益を確実にあげるためには投資も必要だと考えている」

「失敗談もたくさんあるが、それを通してビジネスチャンスを捉えて言ったのも事実」

「一つの製品に社運をかけるのはリスクが高いから、『こっちがダメならあっちで勝負！』という形で進めていった」

「現時点ではカネにならなくても、次世代テーマに取り組むことで、将来絶対に生きると信じている」

「問題発見のためにいつもメモ帳を持ち歩く」

これらの中小企業経営者の声を確認すると、現状に留まるのではなく、問題意識や目的意識を常に持ち、勉強や日頃の情報収集、失敗を厭わず行動してみるという、いつ訪れるかどうか予見できないチャンスのタイミングをつかむた

15　（）内は筆者が補足した。

めの準備を行っていることが確認される。

3.3　業務の上流・下流に目を向ける

　中小企業が単独でイノベーションに取り組む際に確認される三つ目の類似する点に、自社が手がける業務のみならず、その前工程および後工程を考慮して業務を行っている点である。この傾向は、モノづくり中小企業の中でも、特に金型や加工工程を手がける企業に多い。例えば、東京都府中市で電子機器開発やプリント基板設計、試作実装などを手がけるプラックスは、「試作を行う際、いかにコンパクトにしていくのかが大事だけれど、念頭には量産向けのことを置いている。それは、試作で成功しても量産ベースに乗らなければ仕方がないので、日頃から量産ベースに乗りやすい設計を考えている」という。

　また、神奈川県大和市で金型から成形、検査技術まで保有するエービーは、「金型設計をするためには、成形のノウハウも必要になる。いかに効率よく製品ができるようにするのかがポイントになる。また、部分的に成形をするようになって、成形のスキルもアップした」という相乗効果を実感している。そして、同社は、玩具メーカーのデザイナーが描いたイメージスケッチを量産しやすい形で表現することで顧客の信頼を得ている。同社がそれを可能にした理由は、「金型設計の視点から見て、どのように図面を設計すれば、デザイナーの要求を満たすことができ、かつ、精度や強度を高める機能性を追求できるのかという両方の側面から製品設計をしている」ためであるという。

　東京都大田区でプラスチック用金型設計や製作、射出成形まで手がける金型メーカーは、プラスチック成型にもかかわらず、技術によって鍛造よりも強度を出すことを可能にしている。同社にそれが可能だったのは、焼入れ工程や表面処理、成型の特性まで理解しているからこそできる工夫を施しているためであるという。

　加工や金型のみならず、機械メーカーにおいても、同様の現象が確認されている。埼玉県所沢市で製菓機械の設計から開発、製造、検査、据え付け、メンテナンスサービスまで手がけるマスダック（MASDAC）は、同社で製造した製菓機械を使い、製菓のOEMを行っている。その理由は、「実際に設計・製造した機械を稼働させる経験を持つことによって、単に菓子製造機械を売るメー

カーにはわからない部分を知ることができる。そして、この経験をもとに、使いやすいよう機械設計を見直し、改良に結びつけることを可能にしている」という。

　これらの事例のように、自社が手がける業務のみならず、周辺業務にまで注意を払う、もしくは部分的に実践してみることによって、新たな着想や改善のヒントが得られ、それが新たなイノベーションに結びついていることが確認される。

3.4　挑戦し続ける組織風土[16]

　中小企業が単独でイノベーションに取り組む際に確認される四つ目の類似する点に、チャンスをつかもうとする経営者の意識のみならず、失敗を恐れず、主体性を持って何事もトライする積極的な組織風土を保有していることが挙げられる。中小企業がイノベーションに取り組むときには、「とにかくやってみる」「やらせてみる」という回答が随所にみられる。「努力しないと棚から落ちてきたぼた餅も手に入らないと思っているからやってみる」という回答や、「当たって砕けろ方式で仕事をとりに行った」などという一見、精神論を唱えているかのような回答も確認されるほどである。また、社外での活動やつながりを通して、協力者を得たり、顧客をはじめとする多様な主体の声を聞いたりして、イノベーションに反映させていることも特徴の一つである。多くの場合、このような組織風土は、経営者の起業家マインドによって形成されているように思われる。中小企業の多くのイノベーションの推進者は、経営者自身であり、経営者の旗振りでイノベーションが進められていくことが背景にある。経営者のイノベーションに対する想いや勢い、行動が中核になって、企業全体を巻き込んでいく雰囲気が見受けられるのである。したがって、中小企業のイノベーションの程度は、経営者の考えにも大きく依存しているといえよう。

16　ここで「組織文化」とせず、「組織風土」と表記した理由は、組織の中に根づいた判断や行動の枠組みとして働き、メンバーの行動を制約するほど強いものではなく、「組織や職場環境を全体として包み込むような環境（桑田・田尾, 2010）」を意図したためである。

エリオニクス[17]や住田光学ガラス[18]、パルステック工業[19]などの開発リスクが高い事業や事業化までの不確実性が高い事業を手がける企業においては、失敗を恐れず主体性を持って何事にもトライする積極的な組織風土のみならず、それ以外にも、共通する企業風土が確認される。それは、難しい案件であっても断ることなく挑戦する姿勢を従業員や技術者が共有していること、そのために従業員や技術者の主体性とやる気を重視して大きな裁量権を与えていること、失敗に対して寛容であること、が挙げられる。

例えば、エリオニクスの製品開発のポイントは、「他に抜きん出た特性（他の追随を許さぬ性能、性能が同じなら、圧倒的な低価格、まだ世にない新製品）」（同社内資料より）であって、並の製品はエリオニクスがつくる意味がないという方針を打ち出し、そのシーズを探すために、多領域への情報収集を行っている。現実的課題を抱えた顧客から開発テーマが持ち込まれることも少なくない。開発した装置に関しては、どのような用途があるのかをこれまた多領域にわたる顕在的顧客および潜在的顧客のもとに赴き、用途を見つけ出す。「つくったけれど売れなかったものはある。失敗しても、技術者が次の上のレベルを狙っていこうとするので、次の製品に活かせる部分も結構ある。だから、失敗の積み重ねは次につながっていくので、丸々無駄にはならない」と経営者は語る。

住田光学ガラスもまた、課題を抱えた顧客の駆け込み寺のような存在になっている。顧客の声や動向を確認しながら、技術者がテーマを選定する。「開発テーマの中には、10年間継続しているけれど、未だ結果が出ていない」というプロジェクトも存在するという。一方で、天然のホタル石と同じ性質を人工的に作り出すのは不可能と言われていた業界の常識を覆し、ホタロンの開発に成功した技術のもとは、以前手がけていた研究がブレイク・スルーのきっかけとなったという「たまたま」（代表取締役社長の住田利明氏）も確認される。そして、技術者に対しては「失敗しても責任の所在をぐりぐり明らかにしたり、逃げ場を失わせることはしない。失敗することも大事なことで、そこから学ぶ

---

17 エリオニクスは、電子ビーム描画装置などを測定する装置メーカーである。
18 住田光学ガラスは、光学ガラスと光ファイバーなどを製造するメーカーである。
19 パルステック工業は、光技術の評価装置などを製造する装置メーカーである。

こともある。それにがんばったのに責められると、次の挑戦をしなくなる。だから失敗しても責めない」（住田利明氏）と強調する。

　パルステック工業は、光ピックアップの評価装置や検査装置という開発テーマは決まっているものの、技術者には大きな裁量を与えている。設計から製造まで一貫して技術者が責任を負うこと、自主性に任せられていることがインセンティブとモチベーションにつながっているという。また、開発に際しては、顧客のエンジニアと同社のエンジニアとの二人三脚で進められ、顧客のニーズや要望に応じて製品を作り変えていくため、やりがいもあるという。

　このように、開発リスクが高い事業や事業化までの不確実性が高い事業を手がける企業に共通する組織風土は、イノベーションに取り組む際に組織外部の声や意見、要望を重視していること、従業員（主に技術者）の自主性とやる気を重要視していること、それゆえ、従業員に権限委譲し、失敗には寛容であることが顕著に確認された。

3.5　イノベーションの機会をつかむという視点：本節のまとめ

　本節では、中小企業がイノベーションに取り組む際の基本的姿勢や組織特性に関する類似点を整理した。一つ目の類似点として、本業で利益が出ているうちに次の事業の柱を探していることが確認された。ここでもう一点確認されたのは、本業で利益が出ているうちに将来の事業の種を探そうとした場合、多くの中小企業は、保有している既存技術の延長線上での事業展開、すなわち、保有技術がどの事業領域に転用できるのかの可能性を探ることで達成されることが多いという事実であった。

　一方で、筆者が行った調査で、技術蓄積がほとんどない事業領域に展開し、成功を遂げた事例は3つだけであった。ただし、それらの事例が成功を収めたのは、既存技術とは大きく異なる技術の導入そのものにあったというよりも、その後の企業行動が決定的に重要であったことが確認された。

　二つ目の類似点として、チャンスをつかむ意識が高い経営者の存在であった。イノベーションを推進しようとする経営者は、現状に留まるのではなく、常に問題認識や目的意識を持ち、勉強や日頃の情報収集に励んでいる様子が確認された。

三つ目の類似点として、自社が手がける業務のみならず、その前工程および後工程を考慮して業務を行っていることである。複数の事例を通して、自社が手がける業務のみならず、周辺業務にまで注意を払う、もしくは部分的に実践してみるとことによって、新たな着想や改善のヒントが得られ、それがイノベーションに結びつくことがある現象が確認された。

　四つ目の類似点として、失敗を恐れず、主体性を持って何事にもトライする積極的な組織風土を保有していることが挙げられた。経営者のイノベーションに対する想いや勢い、行動が中核になって、企業全体を巻き込んでいく雰囲気が見受けられた。

　一方で、開発リスクが高い事業や事業化までの不確実性が高い事業を手がける企業に共通するのは、失敗を恐れず主体性を持って何事にもトライする積極的な組織風土を醸成しているのみならず、難しい案件であっても断ることなく挑戦する姿勢を組織内部に醸成していること、イノベーションに取り組む際に組織外部の声や意見、要望を重視していること、従業員（主に技術者）の自主性とやる気を重要視していること、それゆえ、従業員に権限委譲し、失敗には寛容であることが顕著に確認されたのである。

　以上から、中小企業のイノベーション・マネジメントにおける重要な要素の一つは、イノベーションを実現するために必要な基本的姿勢や組織特性を組織内部に醸成することによって、事業の周辺を幅広く見渡し、イノベーションのチャンスをつかむ準備を平時から行っておく能動的な組織づくりが重要であることがわかる。したがって、Tidd, Bessant and Pavitt（2001）が指摘するイノベーティブな組織的文脈を創造し、維持するための組織的要素が重要であろうという主張が支持されたといえよう。

4．イノベーションの行動規範

　本節では、前節で確認された中小企業におけるイノベーションに対する基本的姿勢や組織特性を踏まえ、中小企業が実際にどのような行為や活動、実践を選択してイノベーションの実現に結びつけているのか、その類似する点を確認する。このイノベーションを遂行する進め方、様式のことを本項では「イノ

ベーションの行動規範」と呼ぶことにする。イノベーションの行動規範には、イノベーションを進める様式、型、および、イノベーションのスタイルを含んでいる。より具体的には、中小企業がイノベーションを興しマネジメントするために、そして、イノベーションの方向性を定めるために、中小企業がどのように考え、どのような立場を取り、日々、何を行っているのかをより具体的に整理することである。

4.1 試行錯誤

　イノベーションの行動規範として類似する一つ目の点は、事前に事後のすべての結果を予測することが難しいため、「チャンスがあればやってみる」「解が得られるまで実験を繰り返す」ことである。実際に、解が得られるまでに300回程度も実験を繰り返したという逸話や、10年以上も研究開発テーマに取り組んでいるけれど、まだ製品化できていないものもあるという回答も確認された。新たな取り組みはそれほど簡単には成功しないということを目の当たりにする。ただし、重要な点は、ただ闇雲に試行錯誤を繰り返すのではなく、失敗から失敗の要因分析や実験条件の測定を行い、知を蓄積していくこと、また、それを成功に結びつけるためには、取り組みのプロセスにおいて、要因分析や測定、蓄積された知がどのような価値を持っているのか意味づけることである。すなわち、いかに榊原（2005；2012a）が強調する「意味の洞察」を行うことができるかが肝要となる。

　例えば、航空機エンジン用軸受け部品の加工や、その技術を転用した自転車用ハブ「GOKISO」の製造・販売、精密機械部品・金型・治工具の開発・設計・製造・販売を行う近藤機械製作所は、リーマンショック後の下請業務の受注がなかった時期に、多数の試作品を作って、次の事業の柱を探っていた。同社がそれまで手がけてきた身近なテーマを選択すること[20]、そして、特異な機械加工・精密加工技術を活かすことからはじめた。自転車用ハブの技術展開は、航空機部品加工の多くの専門家の助言を得ながら、「航空機品質」にこだわり、

20　同社にとって身近なものをテーマとして選択することで、事前知識に困らないことや、発生し得る課題に対して実感を持てること、事業化できるかどうかわからない取り組みにも興味を持って取り組めるためであると考えられる。

完成した部品は従来の自転車のハブの材質や表面処理などすべてを見直した。その結果、開発された自転車のハブ部品は、従来部品とは比較にならないほどの回転性能や耐久性を高めることが可能となった。これは、航空機ジェットエンジンの軸受けの衝撃吸収の加工技術に新たな意味を同定し、事業活動に結びつけたから、すなわち、「意味の洞察」（榊原，2005；2012a）を明確にしたからに他ならない。この新たな取り組みは、最終的に、自転車用ハブの同社の自社製品ブランド「GOKISO」の事業化を可能にした。

　福岡県遠賀郡で精密金型部品の製造を行うワークスでは、顧客開拓のための営業に持参する精密なピンを作ろうと試みていた。技術力を確認してもらうことによって業務の受注に結びつけようという意図からである。しかし、その精密なピンは、簡単にできるものではなく、相当苦労したという。「どうしたらできるかな？　ああでもない、こうでもない、こうしたらできるはず……と試行錯誤した」という。突破口は、「ちょっとしたこと」にあった。道具である刃物にちょっとした加工をすることで、その精密なピンが完成した。この「ちょっとしたこと」に気づいたかどうかの結果の差は大きい。

　試行錯誤のプロセスにおいて、成功するかどうかわからないリスクの高いプロジェクトに対しては、はじめから大規模で取り組むのではなく、「お試し」として期限や予算の上限を設定しておくことで、リスクコントロールしようとする事例も確認される。

　これらの事例からも、「はじめの一歩」として、やってみることは重要であるものの、そのプロセスにおいて、蓄積された技術や部品、製品に対する「意味の洞察」（榊原，2005；2012a）を行わなければ、ただランダムに降りてくる「幸運」を待たなければならないことになりかねない点には注意が必要である。

4.2　失敗に学ぶ

　イノベーションの行動規範として類似する二つ目の点は、試行錯誤のプロセスにおいて、「失敗からいかに学ぶか」を意識し、失敗の経験を学びに転換していることである。インタビュー調査からは次のような発言が確認された。

　「『失敗は成功のもと』といわれるように、失敗の中からたくさんのノウハ

ウを学んでいった。さまざまな失敗をしてきたが、この経験から顧客へ逆にアドバイス、提案することも可能になっている」

「実験を通してたくさんの気づきを得た。たくさん実験してみて、『この製品の品質はこうあるべき』ということがわかってきた」

「5,000万円の受注なのに、結果的に7,000万円もかかってしまったとか、5,000万円の仕事が、納める段階で2億円を使っていたり…という失敗談もあるが、失敗を通じて顧客の信頼やビジネスチャンスを捉えていったのも事実」

「開発した装置の中には"はずれ""失敗"もある。ただし、失敗しても技術者が次の上のレベルを狙っていくためにしている行動なので、次の製品に活かせる部分も結構ある。2世代前の製品の時には事業化に失敗した装置のある一部の技術が、最新鋭の装置に利用されているということもある。だから失敗の積み重ねは次につながる。すべて無駄にはならない」

「実は、昔、部品の加工方式に対する理解が異なっていたために、当社が加工した部品が原因で顧客の機械の不良につながってしまったことがあった。結局、この取引で当社は負債を抱えてしまった。顧客には、損失分を月賦で返すことを約束した。この一件で、当社に対する応対が親切になった顧客企業の担当者もいた。また、この対応を認めてくれたのか、結果的に業務量が少ない時にも仕事量を確保してくれた。この経験は苦い経験だったけれど、『逃げてはいけない』『何かあったらすぐ顧客に相談する』『それを証拠に残しておく』という対応をするようになった」

一方で、企業内部のイノベーションを担う人材を育成するために、経営者が敢えてイノベーティブなマインドを持つ従業員の失敗を許容するという立場も確認される。

「従業員の事前のツメの甘さや思い込みから、おそらく失敗するだろうとは思うのだけれど、それをその従業員の成長のためだと割り切って、経営者がぐっと我慢して、やらせていることもある」

「失敗することも大事なことで、そこから学ぶこともある。第一、がん

ばったのに責められると、次の挑戦をしなくなる。だから失敗しても責めない」

「やる前から『ダメだ』と言うと、人は育たない。『失敗しても良いからやってみろ』といってやらせてみるのが上司の役割。ただし、『二度と同じ失敗を繰り返すな』『会社を潰すな』とは言った。事実、失敗することで、人材のスキルがアップするから」

以上から、失敗は失敗として受け止め、失敗をムダであると捉えるのではなく、そこからの学びがビジネスチャンスの拡大や成長、イノベーションの実現の鍵に結びついている事例を複数確認した。その学びの原点は、失敗した原因の追及や、失敗の傾向分析、失敗データの蓄積、経験知の蓄積にあるといえよう。

ただし、事例からも確認されたように、同じ失敗を繰り返さないことが肝要である点は言うまでもない。イノベーション・マネジメント、また、人材育成を考える上で、組織が「失敗」をどこまで許容できるか、そして、失敗からの学びに対してどこまで組織が寛容になれるか、が重要なことであると理解される。これらの点に鑑みても、Tidd, Bessant and Pavitt（2001）が指摘するイノベーティブな組織を構成する組織的要素が重要である点が確認される。

4.3 断らない

イノベーションの行動規範として類似する三つ目の点は、顧客や第三者からの要望や問い合わせに対して、断らないという姿勢を持っていることである。ホタロンの開発に成功した住田光学ガラスは「当社の良い点は、やってみようとする姿勢があること。とにかくやってみる」と強調する。また、プリント基板の試作を手がけるプラックスも「行動指針は、『できないと言う前にどうしたらできるかを考えよう』。だから、『こんなことできる？』と言われたら、断ることはせずに、『とにかくチャレンジさせてください。うまくいかなったらお金はいただきません』と伝える」と語る。心臓シミュレーターの開発に成功したクロスエフェクトは「心臓シミュレーター開発のオファーがあったとき、実は、最初は断った。"問題"として捉えてしまったから。しかし、難題やで

きなさそうなことを"問題"として捉えるのではなく"チャンス"として捉える必要があることをモノづくりの先輩たちから教わって、まだ、先方が心臓シミュレーターの開発に協力してくれるモノづくり企業を探していたのでそのオファーを受けた。それからは、多岐にわたる事業領域からのオファーを断ることなく実践している」とこれまでの経験を振り返る。また、近藤機械製作所のように「『やれない』とは言いたくない」と、モノづくりの敗者になりたくないというモノづくりに対する強い情熱から、どんなに難しい加工のオファーがあっても「断らない」という姿勢を貫く。

　これらの事例のように、どのような難しい業務に対しても「断らない」という企業の態度は、さまざまな正の効果を生んでいる。

　確認される第一の効果は、技術力の向上である。住田光学ガラスは、以前、歩留まりが悪く手間がかかる製品に対して、顧客からより高い要求水準が求められたことがあった。価格が既存製品の２倍になっても開発して欲しいという顧客の声に応えるべく、この難題に取り組んだ。そして、さまざまな試行錯誤の末、製品化に成功した。このような経験が、当該製品に関する高い技術力に結びついている。また、埼玉県日高市で電気・電子・電波・電力の応用機械器具関連の事業を展開するCOM電子開発は、顧客では単価が低く顧客の社内基準では（採算が合わず）請けられない業務を引き受けて欲しい旨のオファーがあり、引き受けた。この業務に案外と手間がかかったものの、この手間こそが結果的に同社のノウハウの蓄積に結びついたと強調する。クロスエフェクトは、「難しい仕事を断らずにやっていると、何とかしてやり遂げようと工夫するので、従業員に解決能力がついてくる」と、難題への取り組みが技術力・工夫する力として社内に蓄積されていくことの重要性を語っている。

　確認される第二の効果は、第一の効果と関連するが、「断らない」という企業の態度が次の仕事・受注につながり、金銭的な利益に結びついていることである。例えば、近藤機械製作所は、当初、問い合わせを受けた試作の要求精度を高めることがなかなかできないでいた。しかし、諦めることなく技術力を高めていると、要求精度を達成することができたため、先方に連絡すると、「諦めずにやっているとは思ってもみなかった」と驚かれたという。精度と品質にこだわったこの一件をきっかけに、新たな業務の受注に結びついたという。

また、同社が航空機のエンジン部品を手がけることになったきっかけは、顧客に「試しにこの素材をこの精度で削ってみることができる？」と難削財を渡されたことにあった。近藤機械製作所が、この硬い素材に対して要求どおりの寸法で加工していたことから、航空機のエンジン部品の加工を受注することになり、2011年8月にはロールスロイスの認定を取得することにつながっていったのである。前述の住田光学ガラスは、試行錯誤しながら顧客の技術的要求水準を満たしたことで、以後、40年以上も取引関係が継続しているという。

第三の効果は、新たな顧客開拓につながることである。中小企業が新たな顧客開拓をすることは容易ではない。「営業に行っても、なかなか大手企業の担当者に会って時間を割いてもらうことは難しい」という中小企業経営者の悩みを聞くことは少なくない。

しかし、潜在顧客となる担当者が技術的課題を抱えており、「あの企業だったらできるかもしれない」という紹介や評判が立てば、担当者自らが尋ねてくることになる。また、仕事を断らない立場を貫くことによって、業界の「駆け込み寺」のような存在になったり、「重宝がられる」存在となることもある。エリオニクスやクロスエフェクト、住田光学ガラス、パルステックなどは、それぞれの特異分野において、このような存在となっている。

第四の効果は、第三の効果とも密接に関連するが、情報が流入することである。そもそも、顧客からの相談は、顧客が困っていることである。この困っていることは、顧客が製品開発や研究開発でボトルネックになっている部分である。したがって、このような情報は、製品開発や研究開発の兆しを表していることが多い。また、問い合わせの段階で、なぜ問い合わせをしたのか、これまでの取り組みの経緯、担当者のぼやき、直面する課題など、さまざまな情報が付帯する。依頼を断らないことは、情報流入の窓口を確保していることにもつながるのである。

4.4 要望・ニーズを探し出す

いつも、顧客や第三者から要望や問い合わせが寄せられるとは限らない。また、たとえ今、好調な事業の柱があったとしても、同じ製品や部品が未来永劫売れ続ける保証はない。数多くの企業で、「主力部品の受注があっという間に

なくなってしまったことがあった」ということは少なくない[21]。いつ直面するかわからないこのような状況にも対応できるよう、また、顧客や第三者の要望や期待を自ら探索に行く行動をしていることが、イノベーションの行動規範として類似する四つ目の点である。

実際に顧客や納入業者らと会話をすることで、新たな発想を得たり、それが次の業務の受注や開発につなげている事例が確認される。顧客とコミュニケーションを図ることや、異業種の集まりに参加すること、展示会に行くことなどの情報収集から始まっている場合が多い。その点では、交通アクセスの良い場所に拠点を置く企業や、工場密度が高く、日常的に情報が行きかう地域に拠点を置く企業は、優位性があるといえよう。

例えば、多摩地域や大田区、東大阪市などに拠点を構える中小企業経営者は、立地のメリットを強調することが少なくない。国際学会や展示会が開催されても1時間程度の移動で参加することができ、常に新しい最前線の情報を収集することができる。東大阪市に関しては、喫茶店がコミュニケーションの場となることもあるという。それは、工場に十分なスペースがないために、経営者が「お客さん」を連れて喫茶店に行くと、また別の経営者がいたりして、そこから意見交換が始まり、ビジネスへと結びついていくこともあるという。

4.5 「営業のツール」を持つ

イノベーションの行動規範として類似する五つ目の点は、顧客のニーズを先取りするような自社製品や道具を製作し、それを営業のツールとすることである。営業のツールには自社の技術が体現されている。それを潜在的・顕在的顧客に開示することで、技術の新たな展開可能性を見出した事例が確認される。

例えば、エリオニクスは、さまざまな領域にわたる技術者や研究者と対話し、その分野の研究の発展・展開状況をもとに、必要かつ求められるようになるであろう装置の技術レベルを推測し、顧客から持ち込まれる要望や情報も総合して、最先端の機器や装置を先に開発する。その後、用途の拡大を探索したり、

---

21 爆発的なヒット商品（製品）やそれに関わる部品を手がけたことのある企業経営者は、その当時を振り返って「こんなの続くわけがないですよね」「案の定、一瞬にしてなくなりましたよ」と筆者に語る。

装置に改良を加えていく手法をとっている。このようにすることで、事前には想定していなかった業界にまで顧客ターゲットが拡大したり、事前には想定していなかった用途が見つかったりという効果を得ている[22]。

精密金型部品を製造するワークスは、「営業に行っても、何か目玉がないとろくに話も聞いてくれない。だから、たとえピンでも精密なピンを作ろうと試みた」ことで営業のツールを片手に顧客開拓をしている。そうすることによって、同社の技術力が可視化されるため、「ここまでの技術力があれば、この程度の加工はお願いできそうだ」という同社の保有技術の新たな活用方法を見出すことを可能にしている。

また、認証や認定の取得も営業のツールとして有効である。例えば、航空機の認証であるNadcapやJIS Q9100[23]などを取得している企業は、どの程度の技術力を保有しているのかある程度、認証や認定を取得する難度で推測してもらうことができる。これらの規格は審査基準が厳格で、容易に取得できる認証ではないため、認証取得企業は対外的評価が高まる。その高い技術力を活用して、どの事業領域に、どのような業界に展開可能なのかを探索する機会となることも少なくない。

こうして、保有技術を新たな事業領域に展開していくきっかけを能動的につかみに行くのである。

4.6　見本市・展示会への出展

イノベーションの行動規範として類似する六つ目の点は、国内外の見本市や展示会に出展することである。見本市や展示会に出展することは、2つの観点から重要である。それは、出展することで対外的な見解や評価、新たな事業展開の視点を得るという観点と、他の出展企業や出展品から事業のヒントを得るという観点である。これは、見本市・展示会に出展する事業機会を最大化する

---

[22] そのため、エリオニクスの本目精吾氏（取締役会長）は、「開発した最先端の機器や装置を誰にもって行くのか？　どこにリーチするのか？　が重要になる」と強調する。

[23] JIS Q9100とは、一般財団法人 日本品質保証機構がISO 9001をもとに制定した、航空宇宙特有の技術要求事項が織り込まれた世界標準の規格である。なお、同規格に関する詳細は、https://www.jqa.jp/service_list/management/service/jisq9100/　を参照されたい。

ことや、情報を収集するという点からも重要である[24]。

　例えば、第三種医療企業の製造を特異とする三祐医科工業がヒット商品となっている「医療器具屋さんが作った耳かき」を開発するきっかけとなったのは、展示会での見学者の声であった。主に耳鼻科で使われる血管拡張器を見て「耳かきみたい」という複数の意見が、開発のきっかけとなった。

　また、製菓機械の設計から開発、製造、検査、据え付け、メンテナンスサービスまで手がけるマスダック（MASDAC）は、焼き菓子の海外市場を拡大するために、積極的に海外の見本市に出展している。同社の全自動どら焼きラインを海外で販売するために、どら焼きを"Sandwich pancake"と名づけて、製造ラインの販路拡大に努めている。

　ただし、見本市・展示会は規模が大きくなればなるほど、多くの企業や団体が出展するため、存在が埋もれてしまったり、狙った特定の層にリーチしないことがある。そのような状況に陥らないために、東京都足立区でアクリル板を加工してジュエリーやインテリアの自社製品製造やファッション・コレクションの装飾の依頼などを手がける三幸は、見学者の名刺をもらう代わりに、自社製品のパスケースに見学者の名前を入れて後日無料で郵送するという方法をとった。その意図は、見本市でパンフレットを配布しても出展企業のパンフレットの中に情報が埋もれてしまう。自分の名前が入っているパスケースは捨てられず、使ってもらえる可能性が高い。そのパスケースを使うことで、同社の自社製品の宣伝にもなるということから無料配布に踏み切った。その反響は大きかったという[25]。

　見本市や展示会は、ひとつの手段である。この手段をどのように活用するか、そして、高い効果を得るためにどのような方法を取るのかが、その効果を左右していることが確認される。

24　本調査研究の企業事例の中には、見本市や展示会が最初の契機になっているものもある。
25　2013年10月16日～18日の展示会では約500名の名刺が、10月30日～11月1日の展示会では約1,000名の名刺が集まったという。発送後、受け取った見学者からお礼のメールや電話が続々と届いているという。同社は、展示会で得た情報を今後の営業に活かしていくところである。

4.7 提案すること

　イノベーションの行動規範として類似する七つ目の点は、顧客や取引先に対してさまざまな提案をしていることが挙げられる。提案の内容は、大きく4つのタイプに分類できる。

　第一のタイプの提案は、顧客が熟知していない業務の詳細や情報（技術）の非対称性があるところに対して解決策を与える提案である。より具体的には、顧客が発注した部品の使用目的や用途、使用状況を聞き出し、部品の機能性を高めるなどという提案を行うことである。例えば、「その使用状況であると、部品の素材を別の素材に変えて加工したほうが良い」「コーティングの皮膜方法を変えることによって、刃持ちが倍になる」といった提案をすることがこれに該当する。このような状況は、顧客が発注した具体的業務に対して、受注側である中小企業のほうがより多くの技術や素材に関する知識を保有しているからこそ可能になる。

　一方で、このような提案は、発注企業にとっても大きなメリットとなる。結果として、当該中小企業にとってみると、長期的取引関係の継続や業務が価格競争に陥りにくいという利点が挙げられる。そのため、自動車部品の開発・設計・製造を手がけているある中小企業は、下請ではなくこのような技術提案ができるようになるために、構造解析やシミュレーションの技術を習得したという。

　また、工作機械メーカーが新しい加工機械を開発しても、操作方法の習得に時間と手間がかかることや、加工精度を向上したり加工の最適な値や条件を見つけ出すのに時間と手間がかかること、どのような用途に活用できそうなのかが事前に十分に想定できないことから、なかなかモノづくり企業の機械の購買に結びつかないことも多い。これらの点は、工作機械メーカーでさえも察知できない領域であり、ユーザーでなければわからない。すなわち、ここにメーカーとユーザーの情報の非対称性が発生するのである。

　この点に着目したのが東京都西多摩郡瑞穂町に本社を置き、電子ビーム溶接やレーザ溶接、微細加工を特異とする東成エレクトロビームである。同社は、発売されたばかりの加工機械の第一号機をモニター価格で導入する。実績がな

い加工機械をモニター価格でメーカーが販売し、東成エレクトロビームが購入するというのは、双方にとってメリットがある。東成エレクトロビームにとっては、難しい機械の使い方を習得していち早く加工データを蓄積して先行者の優位（first-mover advantage）を確保することができる。

その一方で、同社はメーカーに対して改善点や修正点を提案すると同時に、同機械の購入を検討している企業に、加工している様子を開放して、いわゆる、工作機械メーカーのデモンストレーション・センターの役割も果たしている。東成エレクトロビームは、モニター価格で導入したユーザーとして、工作機械メーカーへの提案やフィードバック、加工機の販売促進のサポートをすると同時に、加工精度や加工領域、加工技術の深化を探りながら自社の競争力を高めて、イノベーションの機会を探っているのである。

第二のタイプの提案は、部品や製品の改良や工程の削減、手間の削減、加工コストの削減など、第一のタイプよりもより経済的かつ生産性向上に念頭を置いた提案である。具体的には、図面を見て、「この部分をこのように変えると、加工の数工程を省くことができる」という提案である。このタイプの提案を行う中小企業は、顧客の研究開発部門と直接やり取りをしたり、共同開発をしていることもある。顧客の製品の図面づくりの段階からプロジェクトに参画していることも少なくない。この場において、どのような形状にすれば不良の減少や加工コストの削減、加工効率の向上が達成できるのかの意見交換を行い、加工を担うのである。

また、顧客にとって付加価値の高い部分は顧客自らが加工するけれど、手間のかかる前工程や後工程を中小企業が引き受けることで、顧客の業務効率を向上させるという提案もこのタイプに含まれる。

第三のタイプの提案は、顧客が直面している課題（困っていること）を解決するための提案である。例えば、精密金型を製造するワークスは、成形後の製品において1ミクロンや2ミクロンの精度を追求しようとする顧客らが直面する共通の課題があることに気がついた。そこで、そのボトルネックになる部分を解決する提案をすることによって、顧客を開拓していった。また、工作機械の削りくずを除去する装置を自社ブランド「FILSTAR（エレメントレス・フィルスター）」として製造・販売を行うindustriaは、顧客も工作機械の削り

くずにより、工作機械が止まってしまう課題に直面していることに気づき、当初、自社用に開発した装置を改良し、販売する意思決定をした。

また、顧客である大手企業が、材料の購買や外注企業管理の手間の削減、またそれらにかかる間接経費を削減をしなければならないという課題に対して、東成エレクトロビームは、それらを一括して受注できる体制を構築した[26]。

第四のタイプの提案は、他業界や異なる事業領域で得た情報を踏まえて、顧客に提案するものである[27]。このタイプの提案を特異とする企業は、多岐にわたる事業領域との取引の実績[28]や関係性を構築している傾向が高い。例えば、試作の中でも3次元モデリングを特異とするクロスエフェクトは、心臓シミュレーターの開発を通して医療業界への参入を果たしたが、その後、他の臓器の開発も手がけている中で、これまでのモノづくりでの試作の経験を踏まえてさまざまな提案を行っている。肝臓に発症した癌のシミュレーター(「透明硬質肝臓モデル」)を製作する場合、癌細胞の部分に別の着色を施した。こうすることで、手術で癌細胞の取り残しがないようにすることが可能となる。

また、線材加工を特異とする山和ワイヤリングは、ロッカー部品の見積もりを出す際、それまでの線材技術を基に算出したところ、ロッカーメーカーがそれまで取引していたプレス加工の企業の価格よりも安い見積もりであったため、驚かれたという。同社がそのような安価な価格でロッカー部品を製造できたのは、以前に家電メーカーの量産部品を手がけていた際に蓄積した技術があったためであった。

京都府京都市に本社を構え、アルミの加工や切削を特異とするHILL TOP(旧 山本精工)は、医療領域に事業展開した際、顧客に対して、カプセルの充電装置の素材をステンレスからアルミへと変更することの利点を説いた[29]。ステンレスからアルミに変えることで強度が弱くなる点に関しては、表面処理の

---

[26] 東成エレクトロビームがこの体制をどのように構築したのかの軌跡については、第5章を参照されたい。
[27] いわゆる、「この業界での非常識は、異なる業界での常識」、しかし、他の視点から見るとそのような常識・非常識から学ぶことは多いということである。
[28] 中小企業の中には、特定の業界の景気変動を受けないようにあえて取引をする業界を分散させることでリスクの回避を図っている企業は少なくない。
[29] アルミを使うことのメリットとは、装置の重量が軽くなり、運びやすくなること、単価が安くなること、使いやすいことなどが挙げられる。

技術によってステンレスと同等の強度を維持できることを説明した。このような素材変更によって顧客に喜ばれ、同部品の受注量が増加した経験を持つ。

これらの事例のように、中小企業が取引先の業種や事業領域を拡大し、多様な経験や多方面にわたる知識を保有することの意味は大きい。

以上のように、顧客に対するさまざまな提案をイノベーションの取り組みに結びつけている企業の事例が確認された。その際、重要となることは、顧客の立場に立って考えてみること、現状をさらに進化させるために何ができるのかを考えてみること、顧客の課題に耳を傾け解決策を考えてみること、自社が多くの経験を蓄積していることであることが確認された。

4.8 「イノベーションの流儀」：本節のまとめ

本節では、中小企業のイノベーションの行動規範、すなわち、イノベーションを進める様式や型、スタイルを整理した。これは、イノベーションの流儀と換言することもできよう。すなわち、中小企業がイノベーションを興すために、どのような立場で何を行っているのか、イノベーションの方向性をどのように定めているのか、イノベーションの展開を具体的にどのように進めているのか、についての類似点を整理した。

第一の類似点は、成功するまでやり遂げていることである。しかし、闇雲に試行錯誤を繰り返すのではなく、取り組みのプロセスにおいて、早いタイミングで「意味の洞察」(榊原, 2005；2012a) を自ら行う、もしくは、意味を同定するための機会を外部に求めて意味の洞察に結びつける企業行動こそが重要であることが事例から確認された。

第二の類似点は、失敗の経験を学習に転換していることである。また、この失敗についての議論は、事業の観点からのみならず、従業員育成の観点からも重要な機会となっていることが確認された。失敗した原因の追及や失敗の傾向分析、測定データの蓄積、経験知を蓄積することが肝要であることも確認された。

第三の類似点は、顧客や第三者からの要望や問い合わせを断らないことである。「断らない」ことによって、技術力の向上、金銭的な利益への結実、新規顧客の開拓、情報の流入などの効果が確認されている。

第四の類似点は、顧客や第三者の要望や期待を自ら探し出していることである。経営者による主体的な行動や情報収集が、新たな発想やイノベーションの原点になることが少なくないのである。

　第五の類似点は、顧客のニーズを先取りするような自社製品や道具を製作したり、認証や認定を得たりすることを、営業のツール、コミュニケーションのきっかけとしていることである。このような手段を活用することによって、保有する技術力が可視化され、相手の意見を引き出すよう作用することが事例からも確認されている。

　第六の類似点は、国内外の見本市や展示会に出展していることである。出展することで、対外的な見解や評価、新たな事業展開の視点を得るという利点と、他の出展企業や出展品から新たな事業のヒントが得られるという利点が確認されている。ただし、特に大きな見本市や展示会に出展する場合、存在が埋もれてしまわないよう、工夫をすることも重要である。

　第七の類似点は、顧客や取引先に対してさまざまな提案をしていることである。提案のタイプには、顧客が熟知していない業務の詳細や情報・技術の非対称性がある部分に対して解決策を与える提案と、部品や製品の改良、工程の削減、手間の削減、加工コストの削減など、経済的かつ生産性の向上を念頭に置いた提案、顧客が直面する課題を解決するための提案、異なる業界や事業領域で得た経験を踏まえて行う提案である。

　これまでの議論を振り返ると、イノベーションを実現するプロセスには王道はないこと、対外的活動を進めることがイノベーションにつながる原点となること、学ぶ姿勢を持ち続けることなどが確認される。また、中小企業のイノベーションの行動規範は、中小企業が日々直面する身近なところから取り組んでいる傾向が高いことが明らかとなった。さらに、同じ事業領域においても、手がけている業務や保有技術によっては、顧客と第三者、当該中小企業の視点が異なってくる。この異なった複数の視点から一つの物事や現象を見ることで、多様な視点や考え方、多角的なものの見方が誘発される可能性がある。その意味では、多様な視点を提供してくれる第三者との関係を構築して複数の意見や提案を受けたり、提供したりすることがイノベーションを考える上で重要であることがわかる。

5．ステークホルダーとの関係

　本章では、ここまで、中小企業が単独でイノベーション・マネジメントをするケースにおいて、中小企業の組織内部に焦点を当て、イノベーションのきっかけや、イノベーションを達成した組織の類似する点を整理してきた。このプロセスで浮き彫りとなった重要な点は、前節でも確認されたように、イノベーションを実現するプロセスで第三者との関係やかかわりがイノベーションのターニングポイントになっていることである。確かに、中小企業が自らのイノベーションのテーマを設定して、イノベーションの取り組みを進めるという事例も確認されるものの、自社の保有技術をもとに、イノベーションのきっかけを外部環境に求め、探索することで発見し、イノベーションのテーマが特定される場合が少なくないことである。すなわち、中小企業は、自社の保有技術がどのように活用できるのか、そして、保有技術をもとにして事業展開できるのかの源泉を外部環境に求めることが多いことがわかる。このような指摘は、Tidd, Bessant and Pavitt（2001）でもなされている。「イノベーティブな中小企業は、さまざまな外部のイノベーションの源泉と多種多様で深いリンケージを構築していることが多い（邦訳，p.432）」のである。

　以上から、中小企業のイノベーションの実現において、自社のイノベーションや事業展開に重要な示唆を与えてくれる社外のステークホルダー（利害関係者）との関係がきわめて重要であることがわかる。中小企業のステークホルダーには、例えば、顧客や取引先、地域の他の中小企業、研究機関、支援機関、地域の自治体などが含まれる。そこで、本節では、このステークホルダーに焦点を当てて、中小企業がイノベーションの取り組みにどのように結びつけているのかを確認する。

5.1　顧客との関係

　ステークホルダーの中でも、当該中小企業に大きな影響を与えるのは顧客である。顧客の発注に応じて部品や製品を製造し、納品する。このプロセスで自社の技術は磨かれていくという側面もある。したがって、「誰を顧客にするの

か」は極めて重要な案件となる。単に業務を発注してくれる顧客であれば良いというわけではない。そこで、イノベーティブであろうとする中小企業は、自社に成長する機会を与えてくれる顧客に選ばれる存在になる、あるいは、そのような顧客を選んでいるという企業行動が確認される。

　顧客との関係を構築することが重要である理由は、これらの顧客とのやり取りが当該企業にとって学習の機会となること、質の高い要求を満たす尽力が当該企業の技術力を高め、技術の用途の拡大に結びつくことも少なくないためである。第1章で確認されたように、経営的に自立的な中小企業は、特定大企業との取引を通じて、多くの直接的および間接的効果を得ていた。中小企業にとって顧客である大企業の取引関係は、このような多くのメリットを中小企業にもたらす存在となることも少なくなかった。

　学習の機会を提供してくれたり、技術力を高める指摘をしてくれたり、直接的および間接的効果をもたらす助言をしてくれる顧客に選ばれる存在になることは極めて重要である。そのための一つの方法として、技術を可視化するための「営業のツール」を持つことは有効である。高い技術力が体現された「営業のツール」であれば、顧客が興味を示し、対話のきっかけになるためである。また、その技術の転用可能性に関するアドバイスが得られることもある。さらに、このような部品や製品が口コミで広がったり、メディアに取り上げられることによって、波及効果を生み、問い合わせの増加や取引に結びつく可能性が発生する。

　一方で、学習の機会を提供してくれたり、技術力を高める指摘をしてくれたり、直接的および間接的効果をもたらす助言をしてくれるような潜在的顧客を探し出す企業努力も求められる。精密金型を製造するワークスは、「顧客開拓に行く際、まず『ミクロン単位で加工した微細ピンがあるからPRに行かせてください』と約束を取り付ける。しかし、この技術に対する理解のない人のところには二度と行かなかった。『この技術をこういうものに活かせるのではないか？』という反応がないから。技術を見る眼を持っている潜在的な顧客なのかそうではないのか。ここが重要。やはり、技術を見る眼をもっている人のところに売り込みに行く。そして、技術を見る眼を持っている人へ営業に行くと、逆に提案を受けることがあり、こういうのがレンズの金型の仕事につながって

きた」と強調する。

　また、プラスチック金型を特異とする長津製作所は、「良いテーマを与えてくれるお客さん、やりがいのある仕事、難しい仕事を出してくれるお客さんと付き合う。これによって、自社の技術力がブラッシュアップされるから」と、やはり、イノベーションのきっかけを提供してくれる顧客との関係を構築することの重要性を示唆している。

　これらの事例のように、可視化された技術力を評価し、業務上のヒントや部品・装置等の用途拡大のアドバイスをもらえる潜在的顧客にどのようにたどり着くのか、そして、そのような潜在的顧客に選ばれることの重要性を語る企業は少なくない。

　このようなイノベーションのきっかけを提供してくれる顧客と、相互にWin-Win関係を作り出す協業および補完関係を構築することも重要である。製菓機械メーカーであるマスダックは、全国に複数の有名ブランド菓子を販売する企業との強い協業関係を構築してきた。同社は、顧客の要望に応えるために新たな製菓機械を開発したり、改善要求の声にも耳を傾け同社の機械の性質を高めてきた。また、顧客の菓子ブランドのOEM[30]を手がけることで、自社の機械の使い勝手を確認することが可能となり、衛生面での対策や使用上の注意点の発見を自らも行い、機械装置の改善や改良を行っている。このような協業関係が、他の製菓機械メーカーとの差別化に結びついているという。

　また、東京都立川市で産業用および医療用ガスを供給する市村酸素は、電子ビームを用いた精密加工を行う東成エレクトロビームと協同で、電子ビームの加工精度を高めるためのガスの配合やノウハウなどを蓄積し、活用している。そして、同社は、このデータをもとに、溶接をする際にどの加工機械でどのガスを利用したら加工精度が出るのかに関する講習会などを開催するなどして、顧客開拓に活かしている。

　イノベーションのきっかけを提供してくれる顧客と結びつくことは、単に、イノベーションの実現プロセスにおいて正の効果をもたらすのみならず、当該中小企業の組織内部に対しても正の効果を与えている。それは、顧客が、当該

30　Original equipment manufacturing（または、manufacturer）のことで、相手先（顧客）のブランド製品を受託製造することである。

中小企業の基本的姿勢やイノベーションの行動規範、従業員に影響を与えるためである。すなわち、当該中小企業が顧客に学び、組織が変わっていくという現象を生むのである。

5.2 他のステークホルダーとの関係

中小企業にとって、ステークホルダーは顧客だけに留まらない。当該中小企業が手がける業務の前工程や後工程の業者、拠点を構える地域の他の中小企業や研究機関、支援機関、自治体などもステークホルダーとなる。これらのステークホルダーとの対話や意見交換といった活動が、イノベーションのアイディアやシーズに結びつくことが少なくない。

5.2.1 加工企業と機械メーカーの関係

加工企業と機械メーカーの関係では、例えば、精密金型を製造するワークスと地元の精密旋盤加工機械メーカーとの関係が挙げられる。ワークスは、新たにガラスレンズ金型事業を立ち上げる際、ガラスレンズ金型用の専門加工機が高価であったため、地元の精密旋盤加工機械メーカーと協同で標準機械に手を加えて特殊仕様にすることで、設備投資費用を節約したいという要望を持っていた。

一方で、地元の機械メーカーは、新たな加工機械が取り扱うことのできる業務の領域を拡大したいという意図を持っていた。そこで、お互いにすり合わせしながら機械仕様を変えていき、両社のニーズが合致した精密加工機械を作り上げることに成功した。ワークスは設備投資金額を抑えるメリットがある一方で、地元の精密旋盤加工機械メーカーにとっては、機械加工の販路を広げることにつながるというメリットを達成させたのである。

また、電子ビーム溶接やレーザ溶接、微細加工を特異とする東成エレクトロビームは、加工機械の第一号機をモニター価格で導入する代わりに、使用実績のデータや使い勝手、改善点のアイディアを機械メーカーに提供している。

東成エレクトロビームにとっては、モニター価格で導入できることや、難しい機械の使い方を習得していち早く加工データを蓄積して先行者の優位を確保することができるというメリットがある。一方で、加工機械メーカーにとって

は、販売実績がない加工機械であっても、使い方の早期の習得方法に関するノウハウを取得できることや、使い勝手に関するフィードバックを受けて機械を改善することができること、また、（東成エレクトロビームが加工機械での加工の様子をデモンストレーションすることによって）同加工機械の購入を検討している企業への販売促進のサポートが得られるというメリットがある。

5.2.2 特定地域における中小企業間の関係

特定地域における中小企業間の関係では、例えば、京都機械金属中小企業青年連絡会（通称、キセイレン。以下、キセイレンと略す）が挙げられる。キセイレンとは、1982年5月に発足した、京都に拠点を構え、主に機械関連業務を手がける中小企業経営者および次期経営者の有志が集まった任意団体である。

主な活動としては、工場見学会や勉強会、交流会などが行われており、地域の中小企業の若手経営陣らがお互いに切磋琢磨する場として機能している[31]。工場見学では、メンバーの工場を見学し、意見交換をする。意見交換では、工場のレイアウトやジグの整理状況、5S（整理・整頓・清潔・清掃・躾）の状況、動線のとり方等について忌憚のない意見が交わされる。勉強会では、親から企業を受け継いだ2代目経営者や次期経営者らが共通して抱える課題にどのように対応すべきなのかを、ドラッカー（1996a, 1996b）を共通の教科書として学び、各メンバーがその理解を深め、それぞれの現場で実践する。外部講師を招いた講演会や他地域で活躍する中小企業の視察を開催する場合もある。交流会やイベントは、企画立案とさまざまな実験や体験をする場ともなっている[32]。キセイレンは、アイディアを募り、実践してみる経験を積む場となっているのである。

そして、これらの実践プロセスやそこから得た成功体験、また逆に実践の結果の失敗経験の振り返りが、その後の経営者の志向や意思決定にプラスの影響

---

31 ただし、組織が硬直的にならないように、そして、常に新陳代謝を高め、次世代リーダーがリーダーシップを発揮して組織を牽引する経験を持たせるために、メンバーは45歳になるとキセイレンの代表権を失い、キセイレンを離れる（卒業する）ルールになっている。

32 阪神・淡路大震災の際には、「阪神大震災義援仮設風呂製作・設置」の緊急対策チームを作り、被災者のためのお風呂の提供を行ったり、2014年2月21日には、モノづくりの加工技術を競う全日本製造業コマ大戦を開催したりしている。

を与えている。すなわち、これらの場が、経営者、次期経営者として成長する機会となっていることがわかる。長年、キセイレンの活動を応援し、時には助言してきた森西栄治氏（公益財団法人京都産業21　連携推進部部長、当時）は、「（キセイレンのメンバーは）経営者どうしの厳しいやり取りの中で、自分のアイディアを昇華させることで、理論や物事の整理にも役立っている。その場で認められれば自分の案に対して自信がもて、これを社内でプレゼンする際にも役立つことになる。したがって、この場が実験の場として機能する」と強調する。

　これらの場は、経営者として企業内活動に留まっているだけでは得られない見識の蓄積と経験、刺激を受ける機会となっており、それが、それぞれのメンバーの学習と、次の実践、そして、イノベーションの取り組みにつなげていることが確認される。

　このように、経営者および次期経営者という類似の状況下に置かれているために、共通の問題認識を理解することができ、また、この状況をなんとしてでも打破しようとする向上心を持った仲間が集い、実践の場を確保して、それぞれがその経験に学び、次の成長に活かすことができるステークホルダーの関係を構築することは、イノベーションのきっかけづくりにも直結する[33]。

5.2.3　中小企業と研究機関の関係

　中小企業と研究機関の関係では、静岡県浜松市周辺の中小企業[34]と静岡大学工学部の関係が挙げられる。水野（2005b）では、静岡大学工学部や同学部が設ける卒業生組織である浜松工業会の人間関係、地域企業との関係などをめぐるユニークな定性的データが挙げられている[35]。

　静岡大学工学部の前身、浜松高等工業学校は、地元産業のニーズを重視していた。それは、地元企業や産業のニーズによって、学科の増設・廃止を柔軟に行っていたことからも窺える。世界に先駆けて全電子式テレビの開発を成功さ

---

[33]　キセイレンを卒業したメンバー同士が、その後も互いに切磋琢磨を続け、協同で立ち上げた共同受注の組織体である「京都試作ネット」については、第5章で確認する。
[34]　その後、大企業へと成長を遂げた企業も含む。
[35]　詳細に関しては、水野（2005b）を参照されたい。

せた高柳健次郎氏が、NHKの研究所を兼任する際、急遽、同行する助手を育てるのが必要な場合があった。この状況には、工業技術員養成科と無線工学専修科の1年コースを開講してそれに対応した。

　また、地域企業が従業員の実務に関して、理論的な知識の習得、それを短期間で育成して欲しいというニーズに対しては、勤務時間が終わってから参加できるよう、夜間の短大コースを作って対応した。浜松工業会の名簿で確認すると、短期大学を卒業した人々の勤務先に、スズキやヤマハ、浜松ホトニクスなどの地元企業の名前をあらゆるところに見出すことができる。当時教鞭をとっていた影山静夫氏（静岡大学工学部名誉教授）によると、「短大コースの全生徒に占めるスズキやヤマハの技術者の割合は、ずば抜けて多かった」という印象を持っていたという。これらが示すように、静岡大学工学部は、常に地元企業との関係を強く意識していたことが窺える。

　静岡大学工学部で指導を受けた学生の就職後も、指導教官に技術的相談が持ちかけられ、それに対する指導が続いていたことを示す定性的データが確認されている（例えば、浜松工業会が発行する会報「佐鳴」第65号［1982年7月］、第68号［1983年12月］、第82号［1991年1月］など）。テレビの量産化とテレビ技術の確立の功労者として知られている卒業生の松下電器製作所（現 Panasonic）の久野古夫氏が、製品開発に際して、技術的問題の壁に当たった際に大学時代の恩師に何度も相談したり、必要な部品を譲ってもらったりしたと記している（「佐鳴」第82号，p.43）。そのほかにも、影山氏は筆者とのインタビューにおいて、スズキの技術者が相談にきた経験を語っている。同氏は技術的な問題点を指摘し、どの部分を改良すればその問題が解決できるかアドバイスした。スズキの技術者は指摘を受けた点を改良して開発に結びついたという逸話である。

　他の静岡大学工学部教授によると、影山氏のように、企業の技術者との接点を多く持ち、要望があれば工場へ行ってアドバイスすることで地元産業界への影響力を持つ大学教員はそれほど多くはないとの見解を示している。しかし、影山氏をはじめ、大学と地元産業界を密接につなぐ人物が存在していたことの意味は大きい。

　以上のように、ステークホルダーとしての研究機関やそのネットワークが、当時、成長過程にあった中小・中堅企業のイノベーションを支援していたこと

第3章　中小企業のイノベーション・マネジメント　その1　単独で取り組む　107

を確認することができる。

5.2.4　中小企業と支援機関・自治体の関係

　中小企業と支援機関の関係でいえば、例えば、東大阪市に拠点を構える中小企業と東大阪ブランド推進機構との関係が挙げられる。同機構では、東大阪でつくられた優れた製品・商品を「東大阪ブランド」として認定することで、製造企業の価値の向上や販路開拓に結びつけることを目的としている。「東大阪ブランド」として認定を受けた製品・商品は、販路開拓や認知度向上のため、数々の支援を受けることができる[36]。

　東京都足立区が2007年度から設けている「足立ブランド」や、公益法人大田区産業振興協会が設ける「大田区中小企業新製品・新技術コンクール」も類似の仕組みである。また、墨田区が行っている「コラボレーター」の取り組みも興味深い。中小企業の技術をどのように商品化できるのか、墨田区が認定した販路を有するデザイナーであるコラボレーターとともに中小企業とでプロジェクトを組み、商品化して販売する機会を提供している。

　中小企業が自社の保有技術をどのように事業展開するかを考える一つの方法として自社製品開発が挙げられる。しかし、このような展開を行う中小企業がしばしば直面する課題は、開発した自社製品の品質保証やPL法上の安全性の確保、販路の拡大など、少なくない。これらの課題に対する助言や支援を得られる場を自治体が提供することは、イノベーションを追求する中小企業にとっては貴重な機会が提供されていることと同義である。

36　東大阪ブランドに認定された製品・商品が受けることができるサポートの具体的内容は、次のとおりである（http://www.higashiosakabrand.jp/about3/）。
・認定製品の魅力を伝える展示会の開催・出展
・ホームページでの製品情報や企業活動内容等の発信
・パンフレット等での東大阪ブランド情報の紹介
・市役所1Fロビーでの製品の企画展示
・デザイン力向上に向けたプロジェクトの実施
・各種勉強会等の開催
・製品使用モニター制度による市場調査
・製作したノベルティグッズ等によるブランドのPR
・海外展示会出展サポート
・東大阪ブランド認定製品製造企業との情報共有・取組方針の検討
・東大阪ブランド認定製品製造企業同士の交流会等の開催

また、京都府に拠点を構える中小企業と公益財団法人京都産業21も注目すべき事例として挙げられる。京都産業21は、2001年4月に財団法人京都府中小企業振興公社と財団法人京都産業情報センター、財団法人京都産業技術振興財団が統合して発足した中小企業のための支援機関である。同財団は、京都市と全面的に協力して、中小企業の従来型の支援[37]のみならず、イノベーションのための取り組みを後押しする方策を次々に打ち出している。その一つに、京都府が100億円規模の予算を投じて創設した「連携型イノベーション研究開発事業（産学連携プロジェクト形成・シーズ育成促進事業）」が挙げられる[38]。この公募の特徴的な点は、公募条件に「事業化されること」「京都の企業が代表企業となること」「複数の組織が連携すること」を挙げていたことである（当時、公益財団法人京都産業21　連携推進部の職員であった森西栄治氏）。この補助金が一般的に公募される補助金と大きく異なる点は、（公募条件からもわかるように）到達目標として、技術開発や製品化が行われたという実用化の段階に留まるのではなく、ビジネスとして成立する事業化の段階までを求めている点である。すなわち、補助金の成果を「産業」にまで発展させ、京都経済に新産業・新事業を創出させて、地域経済の活性化を図ることを目標としているのである。

　また、同財団が中心となって、2013年度から香港において「京都物産展」を行い、出展企業を公募している[39]。この目的は、京都府内中小企業の香港をはじめとしたアジア市場の開拓を支援するためである。同財団は、このように積極的に京都府内中小企業のイノベーションおよび、海外展開を支援している。

　以上のように、中小企業にとって、支援機関や自治体による支援は、イノベーションおよび新事業の活路を見出す機会をつかむきっかけとなっていることがわかる。しかし、留意すべき点は、支援機関や自治体による支援をうけた中小企業が、支援機関や自治体に全面的に依存しているという意味ではない。

37　地元の支援機関が中小企業に対して提供する従来型の支援には、例えば、企業の販路開拓や業務マッチングの機会の提供、情報相談窓口の提供、補助金に関する情報の提供、交流会・フェアの開催、勉強会・研究会の開催などが挙げられる。
38　補助金に採択され、それを原資としてイノベーションを進める現象の詳細に関しては、第4章で取り上げる。
39　詳細は、http://www.ki21.jp/kobo/h26/bussan_hongkong/ を参照されたい。

支援を受ける中小企業は、戦略的にイノベーションを進めていく一つの有効な手段として、支援機関や自治体の制度や仕組みを活用しているのに過ぎないことに注意する必要がある。

したがって、支援機関や自治体の制度や仕組みも、中小企業に対する保護策という位置づけではなく、中小企業がイノベーションを実現し、成長・発展するチャンスをつかむ戦略的手段となるようなスキームを提供する必要があるといえよう。そうすることで、地域経済の活性化の手段となり得ることがわかる。

5.3 イノベーティブな中小企業にとっての良きステークホルダー

以上から、中小企業が単独でイノベーションを実現するプロセスにおいて、ステークホルダーが重要な役割を果たすことは決して少なくない。一方で、中小企業にとっては、イノベーションのきっかけや成長のチャンスを提供してくれるステークホルダーとつながることが重要となる。しかし、そのようなステークホルダーかどうか事前に判断することができず、事後的に判明するためにやっかいである。それぞれのステークホルダーが中小企業にどのような効果を提供しているのかを本節の記述をもとに整理すると、次のとおりである。

- 学習のきっかけ・ヒントを与えてくれる
- 技術力を高めたり、技術の用途の拡大に結びつく機会を与えてくれる
- 技術を評価し、業務上のヒントや技術の転用可能性に関するアドバイスを与えてくれる
- 難しくてもやりがいがあり、開発力に結びつく仕事を与えてくれる
- イノベーションのきっかけをつかむチャンスを与えてくれる
- 中小企業が成長するのに必要な要望に対して応えてくれる
- お互いの成長につながる関係が構築できる
- Win-Winの関係が築ける
- 顧客の声により開発に成功した技術や部品、製品が口コミで広がったり、波及効果を生み、問い合わせの増加や取引に結びつく
- 問題点を指摘し、解決の糸口を示してくれる

イノベーティブであろうとする中小企業にとっては、単なるステークホルダーではなく、イノベーションや成長のチャンスを提供してくれるステークホ

ルダーへつながることが、戦略的に重要であることがわかる。また、注目すべき点は、イノベーティブな中小企業にとっての良きステークホルダーは、ステークホルダーから一方的に与えられる存在ではなく、ステークホルダーにとっても効果をもたらしているところである。より具体的には、お互いの能力や存在価値を高め合うことができるWin-Winの関係を構築したり、ステークホルダーが求める高い要望を満たしたりしていることである。このような機会を当該中小企業に提供するステークホルダーを「筋が良いステークホルダー」と呼ぶことにする。

しかし、イノベーションや成長のチャンスを提供してくれるステークホルダーは、先述したように、事後的にしか明らかにならない。したがって、このようなステークホルダーかどうかを日常的なやりとりや関係性を通して見抜く目が求められる。また、筋が良いステークホルダーから新たなステークホルダーの紹介を受けることは、一つのきっかけとなる。Burt（1992）が指摘する構造的空隙をつなぎ、別の新たな筋が良いステークホルダーにつながる可能性を高めるためである。そして、イノベーションや成長のチャンスを提供してくれる筋が良いステークホルダーであると判断したら、その主体とつながるための継続的な企業努力が求められる。

5.4 筋が良いステークホルダーとのつながり

5.4.1 筋が良いステークホルダーとのつながりの機会の確保

本節では、これまで中小企業がいかに将来的に筋が良いステークホルダーになる主体とつながることが重要であるかを確認できた。一方で、将来的に筋が良いステークホルダーとなる主体を増やすための企業行動も重要である。また、中小企業にとっては、この筋が良いステークホルダーに選んでもらえる企業であり続けることも重要である。

新たな筋が良いステークホルダーに出会うための企業行動として、共通する境遇や経験、場を確保することが挙げられる。より具体的には、中小企業経営者の出身大学や地元の青年会議所、地域の同業種および異業種の会など、何らかの共通点を持つ主体が集う場に参加することが新たなつながりを生む可能性を拡大する。

第3章　中小企業のイノベーション・マネジメント　その1　単独で取り組む　111

　山和ワイヤリング代表取締役の山田和行氏は、地元青年会議所の活動を通して「たくさんの刺激と影響を受けた。異業種の集まりであるため、ビジネスに直結する形での参考になるというのではなく、考え方や生き方に刺激を感じる。特に、同世代というのも大きい。負けてはいられないと……」。そして、このメンバーらには、「アドバイスをもらったり、人脈を紹介してもらったり、伝手をたどる。また、青年会議所で出会った仲間の一人の会社に娘を預かってもらった（働かせてもらった）時期もある」と青年会議所での経験が間接的にビジネスにも活きていることを示唆する。

　また、静岡大学工学部の卒業生が組織する同窓会ネットワークである「浜松工業会」もその一つの機会として挙げられる。浜松工業会のネットワークは強固であることで知られている。国産テレビ第一号を製作したことで知られているシャープの笹尾三郎氏は、「競争会社に同じ立場にあるものに同窓の人がいるときは、……（中略）……互いに会社にマイナスにならない範囲で色々忌憚なく問題を語ることができました」（「佐鳴」，第68号，p.21）と述懐していることからも、卒業生間の交友関係が強固で信頼関係が成立していることを窺い知ることができる。静岡大学工学部名誉教授の影山氏は、後に浜松ホトニクス最高顧問となった卒業生が、旧通産省勤務時代、当時は知名度が高くなかった浜松ホトニクス（当時、浜松テレビ）の技術の高さや希少性、将来性を見込み、研究機関との共同研究の紹介や研究資金の確保に助言していたと振り返る。

　このような逸話はホンダの事例でも確認される。旧通産省（当時）に勤務していた静岡大学工学部の卒業生である竹島弘氏が中島飛行機に出向していた際の口利きがきっかけとなり、本田宗一郎氏の開発したピストンリングを中島飛行機に納入するようになったこと（毛利・ひきの，1992）、また、後のホンダの発展に欠かせない人物として語り継がれている副社長であった卒業生、藤沢武夫氏との出会いも、竹島氏が仲介したことがきっかけになっている（毛利・ひきの，1992）。

　主に京都で機械関連業務を手がける中小企業経営者および次期経営者の有志が集まった任意団体であるキセイレンもまた同様の場として機能している。メンバーの一人は、キセイレンの場を「同年代がこんなにがんばっているのだから僕もがんばらないといけないという焦りと刺激をうける」場であると表現し

ている。また、別のメンバーは、「父親から受け継いだ身内の会社だと見識が狭くなってしまう。だから、キセイレンは、外部との接触や刺激を受けるよい場となる。キセイレンの活動をしていると、勉強会などの場でもぼろぼろに言われる。そのため、それまでの自分が持っていた既存の常識を覆されることもよくある。また、キセイレンでの活動を通して、情報や一般知識、例えばISOに関する専門的知識、業界動向等の把握ができることが魅力的」であることや、「中小企業の息子が集まり、それぞれが確固たる信念を持っているため、納得しないと動かない。しかし、このような場での実績を積むことで従業員との関係に役立てることができる」とこの場で経験を積むことで得られるメリットを強調する。

5.4.2 筋が良いステークホルダーとつながる効果

　筋が良いステークホルダーとのつながりを確保することにより得られる効果として第一に挙げられるのは、つながりや紹介が新たなつながりを生むという作用を引き起こすことがあることである。すなわち、顧客であっても、業者であっても、他の中小企業であっても、研究機関であっても、支援機関・自治体であっても、筋が良いステークホルダーは、ネットワーク間の構造的空隙（structural hole）を埋めるブリッジ（Burt, 1992）としての役割を果たすことができ、新たな別の主体とつながる可能性を高めるのである。「紹介や知り合いの人伝手（ひとづて）で新たな人脈にたどり着き、そこから新たなイノベーションや取引につながりやすいのは、知り合いを介しているため相手の身元が保証されているとお互いが理解しているから」と中小企業経営者らが語るように、筋が良いステークホルダーは、他の新たなネットワークにつなぐブリッジとなることも少なくないのである。この時、新たな主体やネットワークと単につながることではなく、つながりの質が高いことも重要である。なぜなら、筋が良いステークホルダーは、そのつながりの質も高いと推測されるためである。

　筋が良いステークホルダーとつながりを確保することにより得られる二つ目の効果として挙げられるのは、筋が良いステークホルダーの意見やアドバイス、助言が、課題に直面する当該中小企業にとって、課題を解決するヒントをもたらす存在となる可能性が高まることである。筋が良いステークホルダーからも

たらされる多様な視点が課題の解決のきっかけを与えることが少なくない。筋が良いステークホルダーの視点は、それまでの組織の合理性の限界を越えるきっかけを与えることがあるのである。この意味では、組織に多様性をもたらし、限定合理性ゆえに発生する視野の限界の壁を突破する存在となることがわかる。

　筋が良いステークホルダーとつながりを確保することにより得られる効果として三つ目に挙げられるのは、筋が良いステークホルダーが組織内部に与える正の効果があるためである。より具体的には、筋が良いステークホルダーに学び、組織内部にその学びから得た成果を浸透させることや、基本的姿勢やイノベーションの行動規範に反映すること、従業員のモチベーションに正の影響を及ぼすことがある。すなわち、筋が良いステークホルダーから組織内部に対するポジティブなフィードバックがあるということである。

　このような筋が良いステークホルダーと結びつくためには、当該中小企業に何らかの「魅力」がなければ、そのような関係性を継続することはむずかしい。したがって、ステークホルダーにとっても、当該中小企業が、筋が良いステークホルダーにとっても、筋が良いステークホルダーとしてあり続けなければ、この循環を維持し続けることはできなくなる。

　その意味では、この循環を維持する企業行動のみならず、新たな筋が良いステークホルダーと出会う機会を意識して継続的に増やし、そして、筋が良いステークホルダーに、筋が良いステークホルダーとして認識してもらうための企業努力が不可欠となるといえよう。

5.5　筋が良いステークホルダーとつながることの本質的な意味
　　：本節のまとめ

　本節では、中小企業が単独でイノベーション・マネジメントをするケースにおいて、外部環境の中でも主に社外のステークホルダーとの関係からイノベーションを推進していた点に着目し、中小企業とさまざまなステークホルダーとの関係に焦点を当てた。

　当該中小企業のイノベーションを推進し、企業成長に結びつくような機会を提供する主体を、本節では、「筋が良いステークホルダー」と呼んでいる。筋

が良いステークホルダーには、顧客や取引業者、地域の他の中小企業、研究機関、支援機関・自治体などが含まれていた。

　筋が良いステークホルダーとつながる際に留意すべき第一の点は、当該企業が、筋が良いステークホルダーを探し出し（選択し）、一方で、そのようなステークホルダーに選ばれる主体でなければならないことである。筋が良いステークホルダーは、当該中小企業に対して、学習の機会、企業成長のきっかけ、技術力を高めるきっかけ、技術の用途拡大のきっかけ、すなわち、イノベーションの機会を提供する存在だからである。

　筋が良いステークホルダーとつながる際に留意すべき第二の点は、筋が良いステークホルダーと相互にWin-Winとなる関係を作り出す協業および補完関係を構築することである。このような関係を構築することで、長期にわたる筋が良いステークホルダーとの関係が維持されるためである。

　また、筋が良いステークホルダーを増やすための継続的な企業行動をすることも重要である。そのためには、共通する境遇や経験、出会いの場を確保することが有効である。その意味では、中小企業経営者の出身大学や地元の青年会議所、地域の同業種および異業種の会などに参加することが、筋が良いステークホルダーを増やすのに役立つことも少なくない。

　筋が良いステークホルダーとつながることによって得られる大きな効果は、3つ確認された。それらは、ネットワーク間の構造的空隙（structure hole）を埋めるブリッジ（Burt, 1992）の役割を果たすことができ、新たな主体やネットワークとつながる可能性が広がる効果と、組織に多様性をもたらし、合理性の限界を超えるきっかけとなる効果、組織が筋が良いステークホルダーに学び、その成果を浸透させることや、基本的姿勢やイノベーションの行動規範に反映すること、経営者に新しい気づきをもたらすこと、従業員のモチベーションを高めることといった、筋が良いステークホルダーから組織内部にポジティブなフィードバックがもたらされる効果である。

　その一方で、筋が良いステークホルダーに選ばれ、結びつくためには、当該中小企業に何らかの「魅力」がなければ、そのような関係性の輪に参画する目的を達成することは難しいことが確認された。

6. イノベーションの展開方法

　本節の目的は、中小企業ならではの強みを活かしたイノベーションの具体的な進め方や、保有技術をどのようにして展開しているのか、技術の方向性を打開するための方法、事業化することに焦点を当てて、イノベーションを実現した事例の整理と分類を行うことである。すなわち、中小企業が保有する技術や開発する技術を具体的にどのような方向性をもって事業展開していくのか、といった方法を整理するのである。

6.1　技術蓄積と中核技術の深化

　中小企業が実際にイノベーションを進めていく第一の分類として、すでに確立されている自社の中核技術の精度をより高め、深めていくことが確認される。例えば、精密金型加工を行うワークスは、主に半導体や自動車産業で活用される微細金型のガイドピンを製造していた。そもそもの新たな技術展開のきっかけは、特定の産業に売上のほとんどを依存してしまっていた事業リスクを分散させることであった。新たな事業開拓のための営業を続けていると、素材メーカーからデジタルカメラ用非球面レンズ金型製造の前工程の加工依頼が舞い込んだ。これが、デジタルカメラ用レンズの金型加工に展開する足がかりとなった。デジタルカメラの開発競争が激化するにつれ、レンズ用金型の加工の需要も高まっていたことに着目した同社は、レンズ用金型の製造に取り組んだ。レンズ用金型の素材は、これまで同社が手がけたことがないほど硬くて加工が難しい素材でであったものの、金型加工の開発に成功した[40]。これ以後、同社は、丸型の形状の金型の加工が可能となった。この技術蓄積によって、金型のそのもの（金型のオス）の部品のみならず、金型の受け手（金型のメス）の部品の

---

[40] この時のエピソードを、ワークスの三重野計滋氏（代表取締役社長）は次のように語る。「素材はタングステンカーバイドを使うけれど、加工していたら途中でずれてしまったり、力が加わるとすぐ折れてしまう。だから、力が加わらない方法を考えた。つまり、負荷がかからないように砥石に工夫をした。もっと力がかからない方法を考えようと思うと、砥石をいじって作るしか方法がない。だからダイヤモンドを削って形を変えて専用の工具を作ってみて…とやっているうちに、力が加わらない加工ができた」と。

加工が可能となり、金型部品をセットで受注することが可能となった。金型のオスの部品とメスの部品は、それぞれ加工工程が異なるために[41]セットで提供されることはそれほど多くないものの、同社は、両方の製造技術を保有している。これが同社の競争力となっている。顧客にとっては、一回の注文で両方の金型を注文できるという利便性を提供できる上、精度の確認まで同社が行っているために、微細加工の歪みが起きにくいという利点もある。

また、微細加工装置や計測分析装置を製造するエリオニクスは、加工や測定の要求精度が高まるのを受けて、ミクロン単位での測定からナノメートル単位で加工・測定できる技術を開発し、発売している。

ヘラ絞り加工技術[42]を保有するナガセは、ステンレスやアルミなどの一般的な素材のみならず、ヘラ絞り加工ができる素材を増やすために加工硬化が大きく、円転性の低いチタンの絞りに挑戦し、ヘラ絞り加工ができる素材の範囲を拡大させた。

電子機器の開発やプリント基板設計や実装、それらの試作を手がけるプラックスは、プリント基板のパターン設計からはじめたが、納品までの時間を短縮するために、そして、業務の付加価値を高めるために、回路設計技術の取得に努め、短納期を実現した。

これらの企業のように、保有技術をさらに深化させ、企業競争力を高めている企業群が確認される。

6.2 中核技術の用途拡大

中小企業が実際にイノベーションを進めていく第二の分類として、中核技術の用途を拡大する、あるいは、中核技術を異なる業界に展開していることが確認される。例えば、光学ガラスや関連製品を製造する住田光学ガラスは、公的な研究所から光ファイバーの製造を持ちかけられたことがきっかけとなり、光ファイバーの開発と製造に着手することにした。開発当初、光ファイバーの用

---

[41] 金型のオスの技術では、円筒研削技術が必要となるのに対して、金型のメスの技術には、内面研削技術が求められる。技術のみならず、加工工程も異なるため、別々の企業で行われることが珍しくないという。

[42] ヘラ絞り加工とは、加工する素材（金属）を回転させ、ヘラ棒を押しあてながら素材が円転する性質を利用して素材の形状を変えていく加工方法で、テコの原理を応用している。

途の探索に苦労した時期があったものの、ガスの火元を確認する用途として使われた後、パソコンのマークリーダー、さらに医療用（内視鏡）や通信用として利用されるなど少しずつ用途を拡大し、自社製品が活用される業界を開拓してきた[43]。

また、コンピュータ制御により自動化するインテリジェントFAシステム・計測制御システムを提供する協立電機は、同社の事業の成長プロセスにおいて、同社が保有する魚群探知機の技術を泥の中の位置測定に転用することができるのではないかと考え、開発に着手した。その製品が、地下の計測情報の視覚化・施工管理の効率化を可能にした製品「もぐう」であった。同製品は、シールドマシンや地下・トンネル、工事現場・工場、山岳・河川・フィールド、プラント、橋の工事の現場で活かされている[44]。このように、同社は、インテリジェントFAシステムや計測制御システムを広域にわたる業界[45]に事業展開することで、企業成長を遂げてきた。

industriaの自社ブランド製品「FILSTAR（エレメントレス・フィルスター）」は、開発当初は、工作機械の削りくずを除去する装置として開発され、モノづくりの現場で利用されてきた。しかし、その後、化学や薬品、食品業界での製造ラインの異物を除去するという用途や、金やプラチナといった貴重かつ価格が高い素材の削りくずを回収し再利用するという用途など、次々に製品の用途の機会を拡大させている。

中核技術の用途拡大や中核技術を異業種に展開することは、March（1991）の文脈では、それまで組織に蓄積された知の活用（exploitation）活動に該当する。中小企業が蓄積してきた中核技術の用途拡大や異業種展開を図ろうとする意図には、大きく2つの側面ある。第一の側面は、中核技術の現在の用途が永続するわけではないため、新たな技術用途を探す必要があるという中小企業経

---

[43] 開発した製品の用途開拓は、住田光学ガラスが行ったものもあれば、顧客や第三者からの問い合わせがあったために行ったものもある。その点では、要望・ニーズを探し出す姿勢や、要望や問い合わせを断らないというイノベーションの行動規範が重要であると言えよう。

[44] 同製品発売後の1998年2月から2013年3月までの納入実績は、793件である。内訳は、国内722件、海外71件となっている。

[45] 同社が対象とする事業分野は、自動車、エレクトロニクス、半導体、製紙、食品、薬品、化粧品、化学、流通、建設、官公庁、環境、機械、土木（同社HPより）など、多岐にわたっている。

営者の問題認識である。そのため、静岡県浜松市で省人化機械や精密機械のメーカーである榎本工業では、できるだけ取引業界を拡大して、ある特定業界に偏ることで生じる事業リスクを分散する方針を貫いている。航空機エンジン用軸受け部品の加工や、その技術を転用した自転車用ハブ「GOKISO」の製造・販売、精密機械部品・金型・治工具の開発・設計・製造・販売を行っている近藤機械製作所も、「それまで順調に受注があった業務が、一瞬にしてなくなるという事業リスクは常に存在している。以前に使われていた部品の受注が増えたと思ったら、メーカーがその生産から撤退したら部品の受注が一瞬でなくなった経験がある」と、保有技術を活用して新たな事業の模索や事業のリスク分散を常に考えておくことの重要性を強調する。

第二の側面は、組織が限定合理的であるために、その技術の転用可能性が事前には十分に理解しきれないために、まだまだ既存技術の展開可能性や、既存技術を改善して新たな事業化に結びつく余地があるという期待である。住田光学ガラスも光ファイバーの用途が最初から明確になっていたわけではなかった。少しずつ用途を拡大することで、光ファイバーが大きな事業へと拡大していくことになった。協立電機においても、魚群探知機の位置測定の技術が地下の計測情報の視覚化・施工管理の技術として転用できることをはじめから予測されていたわけではなかった。ジャイロ技術[46]を活用して位置や場所を特定することで製品化された魚群探知機の市場が飽和状態となったものの、この技術に関わっていた技術者に何とかして仕事を確保しなければならないという西雅寛氏（代表取締役社長）の問題認識から開発が始まっている。その際、技術的に困難を極めたのは、海底は2軸を測定すれば位置の特定ができたのに対し、地中の測定は3軸を測定しなければならない点にあったという。この点を解決することで、同社の保有技術を用いた新たな製品「もぐう」が開発され、新たな事業化が行われることになったのである。

以上のように、既存の中核技術をどのように展開していくのかの余地は決して小さくはない。中核技術の用途の拡大や、中核技術を活用した新たな事業化を成し遂げるために必要となるのは、従事する人材の発想力や想像力、また、

46　方位や高さ、傾きなどを計測するシステムのこと。

外部から良質な情報を集める情報収集力、多様な視点から見て判断する力であると強調する中小企業経営者は少なくない。

6.3 ニッチ市場に狙いを定める

中小企業が実際にイノベーションを進めていく第三の分類として、はじめからニッチ市場や新たな市場を創造することに狙いを定めたイノベーションを推進することが挙げられる。例えば、近藤機械製作所は、自転車のハブとして利用される自社ブランド部品「GOKISO」を発売しているが、これはごく一部の自転車を趣味とするライダーやレーサーがターゲットとなっている。一般的な自転車のハブは数千円から数万円程度で購入できるのに対し、GOKISOの標準的なハブの標準小売価格は21万円（税抜き価格）[47]と高額である（2014年10月現在）。高額である理由の一つは、GOKISOが航空機用ジェットエンジンで使用されているベアリングと同等レベルの部品を採用しており、また、ハブの素材も航空機に使用されている素材にこだわり、航空機エンジンの部品と同等レベルの品質で製造されているためである。そのため、同部品の重量は、一般的な自転車用ハブと比較すると、かなり重たくなっている[48]。自転車の軽量化を追求することで自転車のスピードの速さを競うことが「常識」となっている自転車業界において、重量の観点だけから判断するとGOKISOは「非常識」な部品である。しかし、ハブ部品は重量よりも回転性能を重視していた設計者である近藤豊氏（近藤機械製作所専務取締役）は、自らそれを数字で証明するため、試作機まで製作し、他社部品との優位性を証明した。

GOKISOは、航空機用ジェットエンジンの主軸を支えるベアリングの構造を採用することによって[49]、路面の凹凸やライダーの体重によって発生する衝撃を吸収させて自転車のリムの回転の妨げになるシャフトやベアリングにかかる

---

[47] 車輪のフロント用およびリア用を含んでいる。
[48] 標準モデルのフロントハブの重量が240g、リアハブの重量が455gとなっている。「軽さが性能」といわれている自転車業界最高級ハブの重量は、フロントハブが128g、リアハブが258gとなっていることからも、GOKISOの重量のほうが他社の2倍の重量であることがわかる。
[49] 航空機用ジェットエンジンの主軸を支えるベアリングは、エンジンの振動の低減やバードストライク（鳥がエンジンに吸い込まれる現象）によるエンジン破損を防止するために、ベアリング本体に弾力性を持たせて衝撃を吸収する構造を採用している（同社HP）。

振動や摩擦、衝撃の負荷を軽減することによって、耐久性が増すという効果のみならず、極めて高い回転効率を実現させて、優れた自転車の加速を実現させている[50]。GOKISOを製造・販売する近藤製作所の近藤信夫氏（代表取締役社長）は、ニッチ市場を狙う理由を「1,000万円でも利益が出れば良いという市場を狙っている。小さな、オンリーワンの市場を。中小企業なので。大きな市場に進出しても、大手企業と同じようには戦えないので」と語る。

また、微細加工装置や計測分析装置を製造するエリオニクスもまた、「オンリーワン」かつニッチ市場を狙う戦略を打ち出す企業の一つである。同社の本目精吾氏（取締役会長）は、「電子線を加速して電圧でビームを作り出す超精細電子線描画装置の価格は、2億円から3億円はする。安いものでも5,000万円はする製品。ただし、市場はまだ小さい。だからこそ、大手企業が参入してこない市場。この製品に関しては、国内では80％のシェアを占めていて、海外では50％のシェアを占めている。こういう市場で戦えば良いと思っている」と、中小企業がニッチ市場で高いシェアを維持する戦略の重要性を強調する。

京都市に拠点を置き、中物および大物の金属機械加工を手がける川並鉄工は、金属造形のブランド「METAL SPICE」を展開している。このブランドでは、3次元切削加工技術を応用して、金属をデザイン性の高い作品に加工している。具体的な作品としては、ジャケットがハンガーにかかっている様子や紐靴を脱いだ状態をアルミの削り出しで表現した立体的な造形や、撮影した写真を取り込み厚さ1mmのアルミの地金に1000分の1ミリ単位のアルマイトによる削り加工を施して立体感を持たせた金属製障壁画「刻鈑®（KOKUHAN）」[51]、厚さ1ミリのアルミ製のパネルをパズルのように組み合わせてアートパネルを作る「PUZZDECO・パズデコ」などが挙げられる。これらもニッチ市場を狙った作品となっている。また、同社がブランドとして展開し、製作するこれらの作品は、美術品としての評判も高い。

50　GOKISOは0.5gの力を加えただけでもホイールが回り始める。GOKISOのユーザーは「GOKISOを履いていると、あまりにも回転効率が高いため、自転車集団の中にいるとブレーキをかけなければ衝突してしまうほど」と語る。また、「自転車ライダー仲間の一人がGOKISOを履いたら、他のメンバーがそのスピードについていけなくなって、結局、クラブメート28人すべてがGOKISOを買った」というエピソードもある。

51　「刻鈑®（KOKUHAN）」は、2013年に商標・意匠登録が完了している。

産業用カラーワイヤーを加工する技術を活用して、個人用趣味向けの商品「自遊自在」や「頑固自在」を製造・販売している日本化線は、カラーワイヤークラフトという市場を作り出した。カラーワイヤーの普及を促すために、ワークショップやワイヤーアート教室、デモンストレーションの場を設けることや、専用のペンチやカッター、ニッパーを推奨すること、カラーワイヤーを使って作品をつくる解説本を出版すること、マイスターやインストラクター制度を設けることなど、独自で作り出した新たな市場のマネジメントを行っている。

ニッチ市場や新たな市場を創造するニッチ市場を狙う中小企業経営者が共通して口にすることは、「市場規模が大きい場合には、大手企業が参入し、中小企業では太刀打ちできない。だから、小さくても確実に利益を確保できることができる場を探して事業化する必要がある」と指摘している点である。事実、複数の大企業の研究開発担当者は、「大企業が狙う市場は100億円規模と想定される市場である。これ以上の市場規模でなければ、企業として採算が取れない上、そもそも、会社の承認が得られない」と口を揃える。したがって、中小企業が中核技術をもとに、どのようなニッチの事業領域を探し当て、開拓するかは、中小企業であるから有効な戦略の一つであるといえよう。中小企業が保有する中核技術をもとにニッチかつ新たな市場を狙って、イノベーションを実現し、事業展開を図っていくという戦略においても、中小企業に求められるのは、従事する人材の発想力や創造力、また、多様な視点から判断する力であることが重要であると言えよう。

6.4 試作を手がける

中小企業が実際にイノベーションを進めていく第四の分類として、試作を手がけるプロセスを通して、イノベーションを推進することが挙げられる。試作のプロセスでは、何度も実験や検証を繰り返して、納品時には、顧客が満足する価値を提供することが求められる。3次元試作を手がけるクロスエフェクトの竹田正俊氏（代表取締役社長）は、「試作は、だれもやったことがない、答えがないものを仕事として受けている。それにもかかわらず、予算と納期だけが決められている仕事」であると表現する。

しかし、試作を手がける企業は、試作業務ならではのメリットも強調する。

それは、「試作はたくさんの数を実践するため、会社内に知恵やノウハウが溜まる」ことや、「自社でやってみようと思うとすべての開発費を自社で負担しなければならないが、確かに試作のような特注品は利益率が低いものの、本来自社で負担すべき開発費用の一部をまかなうことができる」こと、「毎日同じ決められた業務ばかりだったり、顧客が提供する図面に基づいて仕様どおりに仕上げる業務ばかりだと刺激がなくてつまらないが、その試作が最先端の研究開発の一翼を担っていたりすると、従業員の意識と能力が向上する効果が確認される。確かに、そのような業務は、多大な労力を要するものの、企業内の開発能力や提案力が向上し、また、担当者にとっては世の中で注目されるテーマに取り組んでいることや難しい業務をやり遂げた時の達成感は大きい」こと、「試作を始めたばかりのときは、『やったことがない。どうしたらいいのだろう』という壁に直面していたが、その時、先輩や周りの人に聞いて知恵をもらいながらなんとかやっているうちに、今はどんな試作がきても怖気づくことはなくなった。どうしたらできるのかを皆が考えるようになった」ことなど、試作業務を行うことから得られるメリットや、その経験がイノベーションを推進する原点となっていることを強調している。

6.5　自社製品（B2B）を開発する

　中小企業が実際にイノベーションを進めていく第五の分類として、B2B（Business to Business）、すなわち、企業を販売の対象にした自社製品を開発することで、イノベーションを推進することが挙げられる。企業を販売の対象とした製品を開発する際、3つに大別される。それは、第一に大きく顧客から要望が寄せられ、それに応える形で開発に取り組み販売するタイプ、第二に自社が直面する課題を解決するために保有する技術を基に開発に取り組み、その後に発売するタイプ、第三に事業のリスク分散や事業の立て直し、安定的事業収益を上げるために研究開発の一環として自発的に取り組むタイプが確認されている。

　第一のタイプには、例えば、住田光学ガラスが挙げられる。「課題を抱えた顧客や大学の駆け込み寺みたいな存在になっている」「学会からの依頼もよくある」と住田利明氏（代表取締役社長）が語るように、研究開発のテーマが顧

客のニーズから始まることが少なくない[52]。それがきっかけとなって、研究開発が行われ、製品化を経て、その後の同社の屋台骨となっている事業に光ファイバー事業が挙げられる。ただし、外部化からのニーズがきっかけとなって開発に着手した光ファイバー事業であっても、この開発が最初から大きな事業の柱に成長したわけではなく、少しずつ技術の用途を拡大した結果であったことは、上述したとおりである。

エリオニクスもまた、顧客のニーズが研究開発のきっかけとなっていることは少なくない。ただし、エリオニクスの事例で注目すべきは、顧客のニーズを聞くことによって開発に着手し、事業化した製品が、結果的に別の業界で使われることや、顧客のニーズや研究開発の進捗状況を聞きながら「近い将来、このような目的やニーズが出てくるはずだ」と判断して製品開発に取り入れることである。前者には、もともと半導体業界の顧客ニーズに対応するために開発に着手したが、主要な顧客はCDやDVDなどの光業界になったという測定器の事例がある。また、同社にとってこの開発がより重要な意味を持ったのは、半導体よりも測定の単位がより細かいナノレベルの測定装置を開発するきっかけとなったことであった。後者には、「今後半導体の寸法より一桁小さい超精細な加工装置が必要になるであろう、それにより、光通信やメモリーの大容量化が可能になるであろう」という仮説に基づいてこの研究テーマの開発に着手し、製品化に成功した事例がある。

以上からも、顧客や外部からのニーズをきっかけに研究開発に着手したとしても、そのニーズを満たすことだけに留まることなく、それがどのように活用できるのか、また、さらに別の用途や業界にどのように展開できそうなのかを常に念頭に置きながら開発することが肝要であると理解される。この点からは、顧客や社外からもたらされたニーズが、イノベーションの一つのきっかけになると認識すべきであろう。

---

[52] ただし、同社の研究テーマの中には、研究者が取り組みたいと手を挙げたことから始まるものも少なくない。そのため、住田光学ガラスのホームページには、「「仕事はおしつけられてするのではなく、自分の意志で取り組む、そこから卓抜した発想力や開発力、それに責任感が培われる。」このような考えのもとSUMITAの社員は、10年以上かけて一つの製品開発に没頭する研究者、自分で納得がいくまで製品をチェックする頑固者、ちょっとしたヒントから画期的な製品を生み出す開発マニアなど、個性あふれるさまざまなタイプの社員がいます」と記されている。

自社が直面する課題を解決するために保有する技術を基に開発に取り組み、企業向け製品として発売するという第二のタイプには、例えば、工作機械の削りくずを除去する装置「FILSTAR（エレメントレス・フィルスター）」を開発したindustriaが挙げられる。同製品の開発のきっかけは、工作機械のフィルターの目詰まりでフィルターを交換する際、工作機械を止めなければならないことの事業の機会ロスの発生、および、従業員の負担が大きいという課題を発生させていたことにあった。同社が自社用に開発することができたのは、バルブ製造の技術や、水および油をコントロールするノウハウ、金属の密着性などの保有技術を活用したためであった。これを製品として外部向けに開発・販売したのが、「FILSTAR（エレメントレス・フィルスター）」であった。

　また、近藤機械製作所が「サーモクリップ工法」を開発するきっかけとなったのは、工場内の温度差が大きく、加工精度を高めるために新たに導入した工作機械が止まってしまうというという課題を解決する必要があったことにある。近藤機械製作所は建設業者ではないために、建築業界の知識に乏しかったこと、そして、工法を実際に施工したのが地元の建設業者であったことが背景となり、事業化に関しては、同じ地元の建設業者と共同で行った。販路開拓の方法としては展示会に出展するなどして受注に結びついている。この事業は2014年7月現在においても、この技術の導入に対する問い合わせが続いている。その他にも、自社用に開発した治工具やソフトウエアなどを標準化して販売する事例も存在している。

　事業のリスク分散や事業の立て直し、安定的事業収益を上げるために研究開発の一環としてイノベーションに取り組む第三のタイプは、一般的に、かつ、数多く確認される。そして、共通する点は、事業化までに至る確率がそれほど高くない点である。企業経営者の多くが、「プロダクト・アウト型の開発はうまく行かないことが多い」と振り返るように、単純に技術ありきの発想から取り組まれた「社内にこのような技術が蓄積されているので、この技術を使って何か開発してみよう」というタイプのイノベーションの成功率は、決して高くはない。

　一橋大学イノベーション研究センター編（2001）が指摘するように「新しい技術の登場、市場からの誘いがあって、イノベーションが起こる。注意しなく

てはいけないのは、技術も市場もイノベーションの必要条件、きっかけ、誘因とはなるが、それ単独では十分条件とはならない（p.76）」「市場と技術はさながらはさみ刃のようなもので、ひとつだけでは用をなさない。市場と技術がうまくかみあって、相互に刺激しあいながらイノベーションが成立する（p.77）」のである。同様の指摘は、Tidd, Bessant and Pavitt（2001）でもなされている。「＜プッシュ＞の力が支配的になることもあれば、＜プル＞が支配的になることもあるが、イノベーションを成功させるためには、これらの間の相互作用が必要とされる（p.54）」のである。すなわち、自社に蓄積された中核技術を活用することを一方で考えつつ、他方で世の中で求められる、そして、これから求められるであろうシーズとすり合わせる行動が求められているといえよう。

　住田光学ガラスの研究開発の発想は、「光学ガラスで、こんなことができたら面白い」「今持っている技術の一歩先の技術を手に入れるためには…」「人間にも、地球にも優しい光学ガラスとは」（同社HP）からスタートするという。そして、研究活動のことを「放し飼いのニワトリ」と表現している[53, 54]。しかし、同社の技術者はまったく好き勝手に研究テーマを選定しているわけではない。第一に、営業や取引先のニーズを知るために、技術者が、営業担当者と同行営業をしたり、学会などの場に参加したり、展示会の場に足を運んだりすることも少なくない。このように、蓄積された中核技術を活用することを考えつつ、他方で取引先や顧客先のニーズ、学会の情報などをすり合わせて研究活動を進めていることが確認されるためである。第二に、技術者にはそれまで同社で培ってきた研究実績が蓄積され、学会発表等の研究報告の機会を積み重ねる

---

[53] 同社は、ニワトリの「ナゼ太郎」というキャラクターを創作し、同社のマスコットとしている。同社のHPには、「「ナゼ太郎」は庭で放し飼いにされて育ったニワトリです。狭い養鶏場のゲージの中にいては見えないモノを見つめて「自由に、自在に、しなやかに」これがSUMITAの理念です」と記載されている。

[54] 日東電工では、先行研究に関して、2年という期限があるが、技術者が将来会社のために貢献できるであろう新しいテーマを自由に決められることにしている。そのチームマネジメントの基本的立場は、最低限のルールで自由に取り組ませること、必要だという道具を与えること、隣や周りのプロジェクトが見えること、誰が参加してもよいこと、その場に参加したい人が増えるようにすること、（2年間は）「管理」をしないこと、温かい目で見守ること、冗長的にならないようにタームごとに報告の場を設けること、である。日本能率協会コンサルティングは、このような技術者のマネジメントを「技術者の砂場のマネジメント」と呼んでいる。

ことで専門性も高まっていく。したがって、光学ガラスという技術領域から大きく離れたテーマを選択する可能性はそれほど大きくないためである。

　B2Bの自社製品を開発し、事業化するときに、しばしば確認される注目すべき現象は、研究開発のための費用負担が財務状況を悪化させ、企業経営も決して楽ではない状態であったとしても、製品として完成後すぐに上市せず、一定期間、有償もしくは無償で貸し出してデータ収集や改善点の収集をすることからはじめている企業が確認されることである。例えば、industriaは、開発に成功した装置を無償で大手自動車メーカーに納め、設置費用も同社が負担して8ヶ月にわたってデータを収集し、改善点を探った。実際に、設置して稼働させてみることで、耐久精度や品質保証の設定基準などをより明確にした。そして、このテスト結果が製品の改善に役立てられ、また、営業時には、大手自動車メーカーでテストしたことによる製品への信頼性が支持されたという。

　また、小型バイオマスガス化発電設備を開発したベンチャー企業のマイクロエナジーも、「製品化してからテスト用に、データを取らせてもらうために無償で3台置かせてもらった。稼働状況を見ながらデータを取って、小型化と無人化、遠隔操作で連続運転がどこまで保証できるのかの試運転をしているところ」と上市する前に実際に稼働させ、データを収集することの重要性を強調する。

　菊池製作所が開発したパラレルメカニズムの技術を用いた3次元曲げ加工機についても、モニター価格で販売する代わりに、稼働状況のデータ提供や改善に関するアドバイスをもらう約束を取り付けているという。

　以上のように、B2Bを対象にした自社製品の開発であるといっても、その製品の事業化を軌道に乗せるまでには、長い道程が必要であることを示している。それでも中小企業がB2Bの自社製品の開発に取り組む理由は、大きく3つに大別できる。

　第一に、下請業務だけでは経営が安定化しないという事情のためである。複数の中小企業経営者は、「下請では食べていけない。そもそも、下請は、依頼がなければ仕事はない。仕事が来るのを待っていたらだめ。それを強く実感するのは景気が悪くなる時」「下請企業は仕事が来なくなったら終わり。売上の多くを依存していたある特定大企業との取引が突然なくなるという話も少なく

ない。『寄らば大樹（特定大企業）の影』という時代ではない。『仕事をつくる』『仕事をとってくる』というのは経営者の役割」「特定大企業が仕事を減らすと経営を圧迫する。会社を存続させるためには、自社の力を磨くしかない。自社製品はその一つの取り組み」などと語る。「そもそも業務を発注してくれる企業の存在がなければ仕事がない」という不安定な状況を回避するための経営行動であるといえよう。

第二に、技術力を可視化する手段として考えられていることである。「高い加工技術」「〇ミクロン・〇ナノの精密加工」を実際に物理的なものとして形に表現することで、ビジネスチャンスとなることも少なくない。また、技術力が可視化されることで、その技術力を活かした提案が得られるという副次的効果が得られることもある。

第三に、自社の技術の転用可能性を探る機会として捉えられていることである。クロスエフェクトの竹田正俊氏（代表取締役社長）は、「自分たちが狙っているストライクゾーン（受注することができる業務の範囲）がいかに小さいかを認識する必要がある。ストライクゾーンが小さくて、このスポットに合致する仕事は実際の世の中には少ない。だからストライクゾーンを広くする努力が必要」と強調するように、自社製品の開発を考えることは、自社の保有技術の転用可能性を探る機会ともなっているのである。

6.6　自社製品（B2C）を開発する

中小企業が実際にイノベーションを進めていく第六の分類として、B2C（Business to Consumer）、すなわち、一般消費者を販売の対象にした自社製品を開発することで、イノベーションを実現していることが挙げられる。しかし、一般的な中小企業にとって、開発した自社製品をターゲットとなる一般消費者に的確に到達することは容易ではない。なぜなら、B2B取引が多いタイプの中小企業にとっては、一般消費者に届くまでの販路を確保することが困難な上[55]、そもそも製品そのものの知名度も低く、一般消費者の購入にまで結びつけることが難しいためである[56]。日本化線が開発した個人用趣味向け商品の「自遊自在」「頑固自在」でさえも、「ワイヤークラフト」という市場を一から開拓してきているものの、同社の売上に占める比率は、従来からの工業用カ

ラーワイヤーの製造販売事業のほうが多いという。

　知名度が低いという課題を克服し、大量の一般消費者の購入に結びつけたり、反響があったとしても、その状況に十全に対応できない事態が発生することがある。例えば、三祐医科工業が製造・販売するＢ２Ｃ商品である「医療器具屋さんが作った耳かき」は、発売後、複数のマスメディアに紹介されることによって[57]、爆発的なヒット商品となり、総合専門小売店で販売されている。しかし、三祐医科工業の小林保彦氏（代表取締役社長）は、「テレビで紹介されると、ものすごい反響があった。電話回線がふさがり、電話が鳴り止まない。あまりにかかってくる電話が多いので、子機が一台壊れてしまったほど。サーバーもダウンした」と当時の様子を振り返るように、問い合わせ等が殺到すると中小企業では対応しきれなくなってしまう[58]。また、愛知県で鋳物から最終加工まで手がける愛知ドビーは、同社が保有する鋳物技術を転用し、鍋と蓋の密閉性が極めて高い鋳物ホーロー鍋の開発[59]に成功したが、殺到する注文に対して、納期が15ヶ月だったこともあった[60, 61]。

55　そのため、自治体や支援機関が、一般消費者の購買が見込める製品を開発した企業に対して、販路や一般消費者との接点を有する専門小売企業の協力を得て代理で販売を担う機会を提供する場を設けたり、販売場所そのものを提供するなどして、中小企業が開発した製品の情報が一般消費者に届く仕組みを提供したり、技術やアイディアが突出した新商品を表彰したりすることがある。表彰制度には、例えば、東大阪ブランド推進機構が設ける「東大阪ブランド」や東京都足立区が認定する「足立ブランド」、TASKプロジェクト（台東区、荒川区、足立区、墨田区、葛飾区が共同で行う産業活性化プロジェクト）の「TASKものづくり大賞」「TASKものづくり優秀賞」「TASKものづくり奨励賞」などが挙げられる。

56　ただし、近年、ネットショップの台頭で、低価格でインターネット上の仮想店舗を設けることができるようになった。その意味では、インターネットプロバイダーの提供するインターネット上の仮想店舗の場が、中小企業に一般消費者に販売する手段を確保したといえよう。

57　2008年ごろには、地域の情報雑誌や情報番組などで取り上げられていたが、その後、全国区のテレビ番組であるテレビ東京の「ガイアの夜明け」（2012年11月20日放送）やTBSの「マツコの知らない世界」（2013年2月15日放送）、大阪朝日放送「ちちんぷいぷい」（2013年9月17日放送）、テレビ朝日「若大将のゆうゆう散歩」（2014年2月20日放送）などに取り上げられた。

58　そのほかにも、同社が流通を十全に整備するのに3年を要したことや、Ｂ２Ｃに対応するための顧客対応に苦労した経験を持つこと、営業・顧客対応窓口のスペースがないために、応接間を活用していることなどからも、それまでと異なる業務や手続き、手間が発生する。これらに対して迅速かつ万全な対応を早期に確立することは簡単ではない。

59　この鋳物ホーロー鍋は、鍋と蓋の密着性が高いために、（水分を入れなくても）食材から出る水分や油分で調理でき、食材のうま味を最大限に引き出すところが他のホーロー鍋（ストウブやル・クルーゼなど）とは、一線を画した製品となっている。

60　2012年10月26日付け日本経済新聞地方経済面中部版より。

また、自社製品を保有することによって、部品の製造企業が最終製品製造というメーカーになることを意味するため、それまでの取引の性質や商慣習も大きく異なり、その事業展開に苦慮することが少なくない。例えば、部品を製造していた中小企業であれば、最終製品に対する製造責任を保証するための知識やスキルを保有しなければならない。万が一、製品に不具合が発生し、欠陥が明らかとなった場合には、回収・点検・修理などの莫大な費用を負担する義務もある。近藤機械製作所の自転車用ハブの自社製品GOKISOは、ニッチ市場をターゲットにしているとはいえ、利用者は一般消費者である。GOKISOの販売に際して、万が一という事態が起こらないように、航空機用エンジン部品の製造に関するアドバイスを得ていた元大手重工メーカー出身のアドバイザーが、発売前に耐久試験を行い、試験結果のデータを蓄積しておくことの重要性を指摘した。その指摘を受け、同社は、耐久試験のみならず、騒音試験、振動試験などを実施し、データを蓄積した。近藤信夫氏（代表取締役社長）は、「10万キロ測ろうと思ったら、100kmで10時間連続して回したとしても100日かかる。でも、そんなことを繰り返した」と語る。これらの実験を通して、データが蓄積できたということのみならず、「自転車のタイヤやハブは、かくあるべき」という目標値が明確になったと、発売前に試験を行って得た学びを語る。

　以上のように、部品の製造事業を展開していたモノづくり中小企業が、メーカーとしての事業を新たに展開させることは簡単ではない。その上、その事業から利益を挙げることも決して簡単ではない。それでも中小企業がＢ２Ｃ向けの自社製品を開発しようというインセンティブとなっているのは、次の４つの理由が存在するからである。

　第一に、部品メーカーでは普段聞くことができない利用者の生の声が直接聞くことができることである。Ｂ２Ｂの事業の顧客は法人である。特に部品メーカーは、実際のユーザーの声を反映した部品製造や利便性に関する感想を聞くことは稀である[62]。ましてや、ユーザーが製品に組み込まれた一部品の良し悪しや使用感を実感することも多くはない。しかし、自社製品を開発することで、ユーザーに実感してもらうことができる。

61　なお、同社はその後、増産体制を整備して、2014年10月15日現在、納期は３ヶ月まで短縮されている（同社のHPより）。

三祐医科工業は、自社製品「医療器具屋さんが作った耳かき」の販売をしたことによる効果を実感する。同社の小林保彦氏は、Ｂ２Ｃビジネスを「利用者の話が直接聞けて、それを受けて何回も改良を重ねることができる点にやりがいがある」「Ｂ２Ｂの仕事の場合は、顧客から連絡が入ってきたときは、ほぼ100％クレーム。だから、顧客から連絡が入ると、ドキッとする。しかし、Ｂ２Ｃの仕事は、利用者の反応がわかる。時には、お叱りの電話があったりもするが、それは、手違いがあったとき」と語る。
　また、近藤機械製作所の近藤信夫氏もまた、「自社製品のユーザーから直接声が聞こえること、また、そのユーザーから感謝の声が寄せられること、そして、自社製品GOKISOのファンが増えていることなどを実感することで、仕事のやりがいが高まった」と強調する。そして、この効果は、社長のみならず、従業員もまた同様であると語る。この点が二つ目のインセンティブである。
　Ｂ２Ｃビジネスが、従業員に対して正の効果をもたらすことが少なくない。近藤氏は、「自社製品を持つメーカーになってみて大きく変わったと思うのは、社員自らが戦略を練って販売するということであった。実際の自転車の展示会等で直接顧客と接し、顧客から感謝されたり、『すごい！』と評価されたりすることで、社員全員がモノづくりに携わることの喜びを味わえた。それによって、社員の仕事に対する姿勢も大きく変化し、本来の仕事の質もさらに向上させることに結びついた」という。また、近藤氏は「今では自転車に乗る社員も全体の半数以上となり、社内の雰囲気も明るくなったことが一番の喜びである」と筆者に語っている。そして、「GOKISOの求人広告を出すと、求人応募も増えた」と、GOKISOの開発が、従業員の働く姿勢を変えるのみならず、就職希望者までも呼び寄せたことをうかがい知ることができる。三祐医科工業の小林保彦氏は、「『医療器具屋さんが作った耳かき』の商品は、従業員が手づくりしている。任されて手づくりした商品が店頭に並び、マスコミの反響もあるわけだから、社員も誇りを持ってモノづくりに携わっている」と、部品製造に

62　この点に着目して、直接取引のある顧客である自転車メーカーのみならず、その川下に位置し間接的顧客となる小売店や実際のユーザーと直接会い、要望を聞いて研究開発に繁栄させたり、部品の性質の良さを営業したりすることで、自転車部品の市場シェアを高めていった企業に、シマノが挙げられる（一条・徳岡，2007；慶応義塾大学ビジネス・スクール，2008）。

関わっていただけでは得られなかった効果を語る。

　第三に、自社製品は、自社の保有技術を可視化する手段となることである。これは、Ｂ２Ｂビジネスにおける自社製品の選択でも同様に確認したことである。企業は限定合理的な存在であるために、保有技術の転用可能性について、事前に十全に理解しているわけではない。したがって、事後的にその可能性を探ることになる。保有技術を形にするという自社製品の取り組みは、その一つの解となるのである。

　第四に、将来の道を探る一つの手段として位置づけられることである。第三とも関連する議論であるが、企業は保有技術の転用可能性をはじめから十全に理解できているわけではない。そのため、自社製品を開発するプロセスで、将来の事業の柱や事業の展開可能性を探っているのである。

6.7　イノベーションを実現する具体的方法：本節のまとめ

　本節では、中小企業が実際にどのようにイノベーションを進め、技術や製品の方向性を打開し、そして、事業化を推し進めているのかに焦点を当て、イノベーションを実現するための方法の整理と分類を行った。中小企業が単独で行うイノベーションのパターンには、保有技術を蓄積し、その技術を深化して精度を上げていくパターン、中核技術の用途の拡大を探るパターン、保有技術が転用できるニッチ市場に狙いを定めて高いシェアおよび利益を追求するパターン、試作品を手がける中で中核技術の進化と転用可能性の機会をつかむパターン、企業向け自社製品を開発するパターン、一般消費者向け自社製品を開発するパターンに大別された。

　その際、一点目に留意すべき点は、多くの中小企業は、中核技術をどのように展開させるのかが中心的課題になっていたものの、単純に技術ありきのプロダクト・アウト型のイノベーションで成功したわけではないことである。中核技術を事業展開の中心に置きながらも、外部環境の顧客のニーズや要望、業界のトレンドなどを確認しながらイノベーションを進めていた。

　技術を深化させる場合においては、産業で求められている精度に対応するための深化であった。既存顧客に対してより精度の高い新たな技術を開発して提供していた中小企業が確認された。また、中核技術の用途を拡大させる場合に

おいては、それまで顧客の対象となっていなかった異なる事業領域において、中核技術がどのような目的に活用でき、どのように転用できるのかを探った上で展開していた。さらには、自社製品を開発する場合には、開発を終えてもすぐに上市するのではなく、一定期間、稼働させてデータを収集したり改善点を探ったりする機会を設けたり、顧客の声を聞きながら製品に改善を加えて、顧客ニーズに合わせていた現象が確認された。

これらのように、既存の保有技術を中核にしながらも、技術の具体的展開に関しては、Tidd, Bessant and Pavitt（2001）が指摘しているように「自社に蓄積された中核技術を活用することを一方で考えつつ、他方で世の中で求められる、そして、これから求められるであろうシーズとすり合わせる行動」を実践していることが確認されたのである。

二点目に留意すべき点は、いずれのタイプのイノベーションの展開においても、共通している点は、それまでとは異なるまったく新たな顧客に対して新たな技術の開発に挑戦するというよりも、むしろ、自社の中核となっている技術の新たな展開・活用の可能性を探りながら[63]、また、自社の既存顧客から寄せられる問い合わせや要望に関連した新たな技術を開発することによって成功しているケースが圧倒的に多いということである。

前者の点からは、すでに中核技術が確立されている中小企業のイノベーションはMarch（1991）の知の活用（exploitation）が該当していることが確認される。ただし、確かに中小企業は、既存技術を活用して新たな価値を生み出す知の活用をしているものの、その価値を生み出す対象としているのは、新たな顧客ターゲットや新たな業界である点に注意する必要がある[64]。この点に鑑みると、中小企業という組織は限定合理的であるものの、意図的に合理的であろうとする行動として、事後的に技術の新たな意味づけを行い、新たな事業領域を見出すという、榊原（2005；2012a）の文脈で表すと「意味の洞察」を継続的に行っていると解釈することができる。したがって、知の活用行動であっても、既存

---

[63] ナインシグマ・ジャパンが主催するグローバル・オープン・イノベーション・フォーラムにおいて、東レや日東電工も、中核技術をどのように発展させていくべきかが重要であるとして、前者は繊維技術を、後者は溶工技術と粘着技術を中核技術として、素材開発においても、この中核技術の強みを最大限に活かすという立場を明確に示している。

の顧客に対して既存の技術の延長線上の改善や改良を加えるタイプの知の活用行動ではないという点に留意する必要がある。

　後者の点からは、既存の顧客に対して、新たな技術を開発してその結果生み出された新たな価値を提供することが該当する。このタイプのイノベーションは、新たな技術を生み出す活動であるために、March（1991）の知の探索（exploration）として位置づけられよう。ただし、新たな技術の探索活動であっても、既存顧客の視点を基点としている点に注意する必要がある。すなわち、知の探索行動であっても、まったく新たな顧客に対してまったく新たな技術を提供するタイプの知の探索行動ではないという点に留意する必要がある。

　これらの点は、中小企業の技術展開を考える上で、重要な視点を提供していると言えよう。

7．中小企業が単独でイノベーション・マネジメントする際の論点

　本節では、中小企業が単独でイノベーションを実践する場合において、確認された類似する点を通して、イノベーションの取り組みに一定以上の成果を出している中小企業が日々、どのようにイノベーションをマネジメントしているのかの論点を整理する。

7.1　イノベーションのきっかけ

　中小企業のイノベーションのきっかけが何であったのかについては、積極的かつ日常的な取り組みがイノベーションの直接的なきっかけになったという場合と、既存事業の低迷や業務の減少といった「止むに止まれぬ事情」に直面したことがイノベーションの直接的なきっかけになったという場合とが確認された。もちろん、自社独自が直面する課題の解決方法を探ったり、自社の周辺に

---

[64] このように考えると、一つ浮かび上がる疑問は、exploitationをどのように訳すのかということである。例えば、入山（2012）は、exploitationを「知の深化」と訳している。しかし、「深化」は、知（技術）の蓄積は説明できても、知の転用は日本語の単語の意味には含まれない。しかし、March（1991）の文脈では、exploitationには、知の転用の意味も含まれている。知の深化と訳すことでMarch（1991）が意図するより狭義の範囲の知しか含まれなくなってしまう。したがって、March（1991）のexploitationは「知の活用」と訳すほうが望ましい。

目を向けることでイノベーションに取り組むという前者の取り組みが、イノベーションを推し進め、成功させるために重要な企業行動であることは言うまでもない。きっかけをうまく掴み、そのチャンスをイノベーションの成果に結びつけることは、企業経営にとっても理想的な帰結である。

しかし、それは結果的にわかったことであって、予め、イノベーションの成功が約束されていたというわけではない点には注意を要する。また、「単に運がよかった」というストーリーとして結論づけてもいけない。きっかけを探り、マネジメントしてイノベーションの成果に結びつけるまでのプロセスを確認する必要がある。イノベーションのきっかけを考えるにあたり、積極的かつ日常的、能動的取り組みが重要であることは疑う余地はない。

「止むに止まれぬ事情」からイノベーションに取り組まざるを得なかったという後者の場合は、直面した危機や逆境が結果的にではあるが、ビジネスチャンスへと転換していたことがわかる。後者の特徴的な点は、悪化した企業経営を立て直すために、極めて短期間での事業の立て直しが求められることである。

ただし、このような逆境に直面し、危機を乗り越えた中小企業を確認すると、それまで、また平時から何も対策を打っていなかったわけではない点に注意を要する。業務の改善や事業変革の重要性を認識し、それぞれの企業のペースでは進歩していたのである。事実関係を整理すると、たまたまイノベーションのきっかけが直面した環境の変化であったのに過ぎなかったとの因果が導出された。

したがって、後者に該当する中小企業においても、第3節以降に確認されたイノベーションを進めるための基本的姿勢や組織特性、そして、イノベーションの行動規範で確認された特徴を共有している点には留意しなければならない。

7.2 単独でイノベーションをマネジメントする組織的特徴と企業像

イノベーションをマネジメントし、一定の成果に結びつけることができた中小企業のインタビュー・ノーツを項目ごとに並べ直してみると、「甘え」や「依存」という言葉とは対極的な中小企業像が浮かび上がった。そして、企業像の特徴をKJ法を活用し、特徴をさらに細分化させていった。すると、単独でイノベーションをマネジメントする組織の特性に類似する点が確認された。

第3章　中小企業のイノベーション・マネジメント　その1　単独で取り組む　135

それを本章では、「基本的姿勢・組織特性」「イノベーションの行動規範」「ステークホルダーとの関係」に分類して整理した。

「基本的姿勢・組織特性」と「イノベーションの行動規範」に関する分析の単位は、単独企業の組織内部である。すなわち、単独の中小企業の組織内部に関するイノベーション・マネジメントのポイントである。中小企業の組織内部に関するイノベーション・マネジメントのあり方に類似点が確認された。基本的姿勢・組織特性として、確認されたのは、企業や事業を発展させていくために必要な問題認識や目的意識を有し、イノベーションのシーズを常に探索していることである。その探索活動の場は、当該企業がそれまで手がけたことがない未知の領域であるケースは少なく、多くのケースは、保有技術領域や業務領域の周辺、もしくは、既存顧客のニーズをターゲットとしていたことも大きな特徴の一つである。より具体的には、既存顧客に対して新たな技術を提供することと、既存技術を別の業務領域に展開し新規の顧客を開拓することである。

このようにして探し当てられたイノベーションの潜在的可能性を持つシーズは、Tidd, Bessant and Pavitt (2001) の文脈では、選定のプロセスを経る。しかし、モノづくり中小企業の場合には、この選定プロセスを経ずに、シーズの実現に挑戦してみるという実践につなげていることが少なくない。その実践を支えている精神が「失敗を厭わず、行動してみる」「主体性を持って何事もトライする積極的な組織風土」なのである。イノベーションに対して受身の姿勢ではなく、能動的な姿勢でイノベーションに取り組んでいることが確認される。

企業内部のイノベーション・マネジメント行う行動様式やスタイルにも類似する点が確認される。それを本章では「イノベーションの行動規範」と表現した。「イノベーションの行動規範」としての行動様式には、試行錯誤すること、失敗に学ぶこと、断らない姿勢を持つこと、要望・ニーズを探索すること、営業のツールを開発すること、見本市・展示会に出展すること、顧客や取引先に対して提案すること、が確認された。

能動の姿勢でイノベーションに取り組むという基本的姿勢を持った上で、組織内部の行動様式としては、はじめから断ることをせず、どうしたら達成可能かを考え、成功するまでやり遂げることや、失敗の経験を学習の機会に転換することが挙げられる。すなわち、イノベーティブな組織づくりが重要なのであ

る。

　また、組織外部に働きかける行動様式としては、顧客ニーズを探り、技術を可視化して訴求力を高め、積極的に組織外部に出て、多様な主体との相互作用の機会を数多く確保していることが挙げられる。

　このような、組織外部に多様な主体との相互作用の機会を確保することによって、新たに、かつ、当該中小企業にとって成長の糧の機会を提供してくれる「ステークホルダーとの関係」構築に結びつけている点も顕著である。ステークホルダーとは、顧客はもちろんのこと、取引先や特定地域における中小企業、研究機関、支援機関・自治体などが対象となっている。

　当該中小企業にとってイノベーションの実現や成長の機会を提供してくれる主体のことを本章では「筋が良いステークホルダー」と呼んでいる。筋が良いステークホルダーといかに出会い、関係を構築するのかが、中小企業のイノベーションを考える上で殊のほか重要なことである。なぜなら、中小企業は、イノベーションのきっかけを企業外部から得ていることが多いためである。そのため、当該中小企業においても、筋が良いステークホルダーにとって、いかに関係を継続するほど価値のある存在でいられ続けられるのかが重要になる。

7.3　具体的なイノベーションの実践

　中小企業のイノベーションにかかる組織のマネジメントを踏まえた上で、実際に、中小企業がどのようにイノベーションに取り組んでいるのかが一つの論点として挙げられる。具体的な実践方法として、保有技術の蓄積と中核技術の専門性や精度をより深化させることや、中核技術の用途を拡大すること、ニッチ市場に狙いを定めて展開すること、試作業務を手がけること、対企業向けの自社製品を開発すること、対一般消費者向けの自社製品を開発することが確認された。

　これらの中小企業のイノベーションの実践において、類似する点は、まったく新たな技術開発をまったく新たな顧客に対してイノベーションを実現させるというよりも、むしろ、既存の中核技術や既存の顧客を中核に置いたイノベーションの展開を行っていることが圧倒的に多いことである。すでに構築された中核技術をさらに蓄積し、中核技術の専門性や精度をより深化させることに

よって、既存顧客に対して新たな価値を提供するという側面と、技術的精度を高めることで他業界の新たな顧客に対して価値を提供するという側面が存在することを確認している。また、前者を行っているつもりでも結果的に後者を達成した事例も存在した。エリオニクスは加工する精密度の単位を既存顧客の要望に応じてミクロンからナノレベルに引き上げたが、この技術は、これまで顧客であった半導体業界から光業界にまで顧客ターゲットを拡大するように作用した。

　ただし、留意すべき点は、中核技術の深化や転用を行っているといっても、単純に技術ありきのプロダクト・アウト型イノベーションを進めているわけではないことである。中核技術を事業展開の中心に置きながらも、外部環境のニーズや要望、業界のトレンドを確認しながら実践している。したがって、その情報源となる筋が良いステークホルダーとの関係を構築しておくことがいかに中小企業のイノベーションを考える上で重要であるのかが理解できる。

　また、B2Bであれ、B2Cであれ、部品の製造から最終製品メーカーになることでイノベーションを達成する企業に共通するのは、製品に対する最終責任を負うようになることである。そのため、メーカーとなったモノづくり中小企業は、開発した自社製品を上市する前に、顧客ターゲットとなる層に貸し出して実際に稼動させてデータを収集し、改善に役立てたり、独自で実験や試験等を行うことで、安全性や耐久性を確保する。取引の性質や商慣習が異なる新たな事業領域に展開しようとすると、新たな取り組みが必要となるのである。それでもこの事業領域に展開しようとする企業のインセンティブとして、下請業務が不安定であるために事業のリスクヘッジを図らなければならないこと、技術を可視化して技術の訴求力を高める必要があること、技術の転用可能性を探る機会となること、特にB2Cビジネスの場合にはユーザーの声が直接聞けること、自社製品が社外で評価されることにより従業員のやる気が向上すること、などが確認された。

8. 本章のまとめと知見

8.1 組織内部と組織外部のイノベーション・マネジメント：本章のまとめ

　本章では、中小企業が単独でイノベーションに取り組んでいる事例をもとに、特徴や類似点を組織内部のマネジメントと組織外部のマネジメントに区別して整理した。まず、組織内部のイノベーションのマネジメントとして、当該中小企業がイノベーションに取り組む直接的なきっかけがどこにあったのかを整理した。それは、自社や経営者が直面している課題に対応するため、組織外部からもたらされる顧客からの問い合わせや要望、照会に対応するため、社外への発信や対外活動を通して得るため、それまでの受注量の現象や打ち切りのため、であった。

　二つ目に、組織内部のイノベーション・マネジメントにおいて、類似する組織行動の基本姿勢や組織特性が確認された。それは、本業で利益が出ているうちに次の事業の柱を探すためのイノベーションへの積極的な投資をしていること、日頃からイノベーションに結びつくかもしれない種を探すチャンスをつかむ意識が高いこと、当該中小企業が手がける業務の上流および下流工程に目を向けていること、主体性を持って何事もトライするという外交的な組織風土を有していることという類似点である。

　以上のような基本的姿勢や組織特性を踏まえ、イノベーションの様式やスタイルの類似点を確認した。それには、イノベーションの種を見つけると試行錯誤して取り組むこと、失敗から学んでいること、要望や問い合わせに対して断らないという姿勢を持っていること、自らが顧客や第三者の要望や期待を探索に行く企業行動をしていること、当該中小企業の技術を可視化した部品や製品を営業のツールとして持っていること、見本市や展示会に出展していること、顧客などからの要望や問い合わせ、照会に対して提案で返すこと、が含まれていた。

　組織外部のイノベーションのマネジメントとしては、ステークホルダーとの関係構築が重要な鍵となっていた。なぜなら、中小企業が自らのイノベーショ

ンのテーマを設定してイノベーションの取り組みを進めたというよりも、外部環境を探索することでイノベーションのテーマを特定していることが多いためである。

このような中小企業にイノベーションや新たな事業展開につながる重要な示唆を与えてくれる対象を「筋が良いステークホルダー」と呼んだ。筋が良いステークホルダーには、顧客のみならず、取引先企業、特定地域における中小企業、研究機関、支援機関・自治体などが挙げられる。これらの筋が良いステークホルダーとの関係を構築し、長期にわたるWin-Winの関係を維持することは、中小企業のイノベーションを遂行する上で、極めて重要な要素となる。

8.2　中小企業が単独でイノベーションを遂行する調査研究から得られた知見

中小企業がイノベーション・マネジメントする際の大きな課題は、イノベーションのための資源動員の量が少ないという制約に常に直面していること、また、組織の合理性に限界があるため、中核技術の新たな事業領域への展開可能性を十分に認識しきれないことや、事前にイノベーションの種がどこにあるのかわからないことである。

この状況に対応するために、組織内部のイノベーション・マネジメントとして重要であったのは、まず、イノベーションに取り組む基本的姿勢を醸成することである。積極的な投資やチャンスをつかむための姿勢を持ち続けること、そして、企業行動を日頃から実践することが極めて重要であることが確認された。なぜなら、これらの行動が、新規かつ新奇なものに出会う機会を生み、そして、既存資源がどのような意味を持つのか同定する機会につながるためだからである。これは、榊原（2005：2012a）で議論されているセレンディピティの第一要件と第二要件を表している。第一要件の「新規なものに出会う」ことは、偶然や奇遇が訪れるのを粘り強く執念を持って待つことではないと（榊原, 2012a）強調されているように、新規なものに出会うための日常的な姿勢と能動的な行動が求められる。第二要件の「意味の洞察」は、遭遇した新しいものがどのような意味を持っているのか、その意味を明らかにして同定し、事業活動に結びつけると（榊原, 2012a）強調されているように、現象や資源を多様な視点から判断するために必要な日常的な姿勢と能動的な行動が求められる。た

だし、榊原（2012a）では、意味の同定は遭遇した新しいものに限定されて議論が展開されているが、新規なもののみならず、既存のものに関する意味の同定も重要となってくる。

　その新規なものに出会う、また、意味を同定するためには、利益が出ているうちに次のイノベーションのための積極的な投資をする、チャンスをつかむ意識を高く持つ、業務の上流および下流工程に目を向けてすべきことを考える、主体性を持って何事にもトライするという外交的な組織風土を持つ、といったイノベーションに取り組む基本的姿勢や組織特性であることが理解できるのである。イノベーションに取り組む基本的姿勢や組織特性が醸成されているからこそ、組織内外におけるイノベーションの兆候（Tidd, Bessantt and Pavitt, 2001）をつかむことができるといえよう。したがって、中小企業のイノベーションの実現、また、中小企業のイノベーション・マネジメントを遂行するにあたっては、イノベーションのきっかけをつかむための組織づくりが肝要であるといえよう。

　次に重要な点は、この基本的姿勢や組織特性が、舞い込んだ依頼を断らない、また、失敗してもそこから学ぶ、成功するまでやり続けるというイノベーションの行動規範に結びつくことである。すなわち、基本的姿勢を醸成することによって、イノベーションを実現させるための企業の次の能動的行動と実践に結びつけているのである。

　これらの点を勘案すると、組織内部のイノベーション・マネジメントにおいて重要なことは、組織内部でイノベーションの機会・きっかけを作り続ける組織づくりにあるといえよう。そして、この能動的な経営の方向性が、組織外部のイノベーション・マネジメントに影響を与えている。なぜなら、イノベーションの種となる外部からもたらされる開発テーマを断ることをせず、失敗しても成功するまでやり遂げる姿勢が、当該企業にとって将来的に筋が良いステークホルダーになる主体との出会いの可能性を高めるためである。

　良いつながりからは良い情報がもたらされることも少なくない。エリオニクスや住田光学ガラスは、「課題を抱えた担当者らの駆け込み寺」と表現しているが、これがきっかけとなって、その後の事業化に成功し、新たな事業の展開に結びついていることを振り返っても、筋が良いステークホルダーと出会うこ

とはきわめて重要であることが確認される。

　ここからも、実際に筋が良いステークホルダーとつながることによって、組織に3つの大きな効果をもたらすことがわかる。一つ目の効果は、筋の良いステークホルダーが組織の外部関係の構造的空隙を埋めるブリッジとしての機能を果たし、筋が良いステークホルダーと出会うことをきっかけに、その良いつながりが、さらに良いつながりへとつながっていく循環を生むことの効果である。

　二つ目の効果は、筋が良いステークホルダーとつながり、相互にWin-Winとなる関係を作りだす協業および補完関係を構築することで、限定合理的であった組織に外部の新たな視点を付加し、組織の多様性を高めることである。これは、榊原（2012b）が指摘していることそのものである。榊原（2012b）は、「多種多様な内外要素の連結機会を増やす戦略および組織の取り組みが有効であり、さらにその前提として、いわゆるダイバーシティ・マネジメントが有効である」と指摘しているのである。この点は、Wang, Wang and Horng（2010）においても、知識の多様性（diversity of knowledge sources）や知識の獲得（knowledge acquisition）、研究開発投資（R&D investment）が中小企業のイノベーションの成果にプラスの影響を及ぼしていることを定量分析で実証している[65]。

　これらの研究からも、筋が良いステークホルダーとの協業および補完関係が、組織の視点や行動規範に多様性をもたらすことによって、それまで組織を覆っていた合理性の限界の枠を破り、合理性の限界のレベルを高めるよう作用していると解釈することができる。合理性のレベルが上がることによって、それまでよりもより合理的な判断や意思決定が可能となる。このように、筋が良いステークホルダーからもたらされる効果は大きいのである。

　さらに、この既存の組織の合理性の限界のレベルを越えることが重要なのは、多様な判断基準を包含することで判断する視野が広がり、視点や着眼点が増えるために、技術や事業の展開可能性を考える視点も増える結果、「意味の洞察」（榊原，2005；2012a）の力が向上する効果を生むことが想定されるためである。

　意味の洞察力が向上することによって、複数の出来事や結果の意味を結びつ

---

[65] 同研究の実証研究は、台湾の自動車メーカーを対象にして行われている。

け、整合性を持たせることができるようになるため、藤本（1997）が主張する事後的進化能力の向上に結びつく効果も期待される。藤本（1997）は、事後的進化能力を「ある企業組織が固有に持つ能力であって、意図的か意図的でないかにはかかわらず、すでに行われてしまった雑多な試行（trials）に対して、これを再解釈し、精製し直し、結果として一貫した事後的合理性を持つシステムにまとめ上げてしまう力（p.350）」としている。すでに行われてしまった雑多な試行を再解釈し、精製し直し、システムとしてまとめ上げる力は、榊原（2005）が定義する「意味の洞察」、すなわち、遭遇した新しいもの、および、既存のものがどのような意味を持っているのか、その意味を明らかにして同定し、事業活動に結びつけることに他ならない。その結果、イノベーションを実現する成功率を高めるという論理が成立するのである。

　三つ目の効果は、筋が良いステークホルダーから組織内部にポジティブなフィードバックがもたらされることである。すなわち、組織が、筋が良いステークホルダーに学び、組織内部にその学びから得た成果を浸透させることや、基本的姿勢やイノベーションの行動規範に反映すること、経営者に新しい気づきをもたらすこと、従業員のモチベーションを高めることをもたらす可能性が高まるのである。

　以上の論理を図示したものが図3-1である。図3-1には、中小企業が単独でイノベーションを生み続ける組織であり続けるためのヒントが隠されている。第一に、中小企業が単独でイノベーション・マネジメントをしたとしても、当該中小企業だけの力でイノベーションを実現することは少なく、一見、逆説的ではあるが、筋が良いステークホルダーとの関係性の構築が中小企業のイノベーション・マネジメントを考える上での鍵となるということである。

　第二に、中小企業が単独でイノベーションを実現する論理が重要であることである。その論理とは、まず、「組織内部のイノベーション・マネジメント」において、組織がイノベーションを実現するための組織づくりがきわめて重要なことであった。イノベーションを実現するための基本的な姿勢（「基本的姿勢・組織特性」）を組織内で醸成した上で、実際にイノベーションに成果をもたらすための態度や具体的行動を継続して進めることで（「イノベーションの行動規範」）、イノベーションの兆候を見逃さない組織づくりが実現するのであ

図3-1 中小企業が単独で取り組みイノベーションを実現する論理

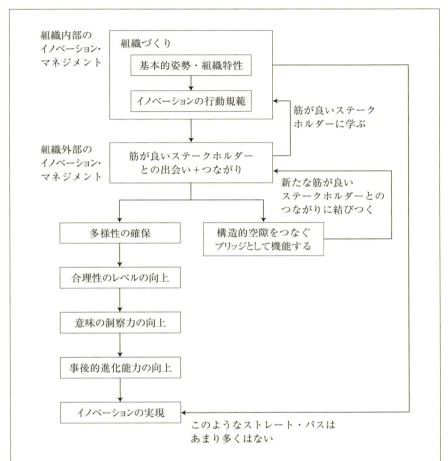

る。より具体的には、依頼を断らないことや、失敗に学ぶ姿勢、試行錯誤しながら成功するまで諦めない姿勢などが挙げられる。

このような組織行動を継続することによって、組織外部の筋が良いステークホルダーとつながるきっかけに結びつき、この筋が良いステークホルダーとのつながりは、業務以外にも、多くの副産物が寄せられる可能性を持つ。

第一に、立場が異なる筋が良いステークホルダーから寄せられる意見や業務

内容は、当該中小企業にとっては、異なる視点からの指摘であり、結果として組織内に情報や視点の多様性を増やすことになる点である（「多様性の確保」）。多様性を組織に包含することによって、組織が多くの可能性を想定したり、その行為がどのような結果をもたらすことになるのかの予見する能力を向上することができるようになり、特に限定合理性の制約を強く受ける中小企業にとっては、組織の合理性のレベルが向上することになる（「合理性のレベルの向上」）。多様性を組織に包含することによって、ある現象や事象、技術に対する意味の同定や転用・利用可能性が広がり、自社の保有技術をどのように展開することができるか、また、どのような事業に展開する可能性を持っているのかといった判断力の向上が期待される（「意味の洞察力の向上」）。このような意識や行動を日常的に繰り返し取ることによって、組織の対応力も向上する。そして、長期的に「雑多な試行（trials）に対して、これを再解釈し、精製し直し、結果として一貫した事後的合理性を持つシステムにまとめ上げてしまう」（藤本, 1997）力に結びついていく（「事後的進化能力の向上」）。こうして、中小企業のイノベーションをマネジメントする組織の能力が向上し、結果としてイノベーションから成果が得られ、イノベーションの取り組みの事業化の成功、すなわち、イノベーションを実現する確率を高めるという論理が導きだされる。

　第二に、筋が良いステークホルダーからの学びが組織内部にポジティブなフィードバックとして反映されることである。組織が、筋が良いステークホルダーから学ぶためである。

　第三に、筋が良いステークホルダーは、別の筋が良いステークホルダーとつながっている確率が高く、その意味では、筋が良いステークホルダーとつながっている別のネットワークとの構造的空隙を埋めるブリッジ（Burt, 1992）としての機能を果たす効果が期待されるのである。

　しかし、注意すべきことは、「意味の洞察力」のプロセスにおいて、既存の技術の展開可能性や既存顧客に対する新たな技術提供の両方のみを追求することによって、「知の近視眼化」というに状況に陥り、コンピテンシー・トラップを誘発する（入山, 2012）可能性を高めてしまうという指摘である。

　だからこそ、財務状況が良い利益が出ているタイミングにおいて、まったく新たな技術の探索を新たな顧客に対して行うというトライアルをするというの

は一つの解決策となることもある。ただし、このようなタイプのイノベーションに取り組むことは、不確実性が高いためにイノベーションの成功率は高くはないこと、そして、短期的な成果を出すことに対する焦りは禁物であることも認識しておくべきである。

第4章

中小企業のイノベーション・マネジメント
その2　外部資金を獲得する

1．調査の概要

　第1章の図1-2（29ページ）で確認されたように、イノベーションのための資源動員量が少ない中小企業が直面する課題の中でも大きな課題は金銭的負担である。すなわち、イノベーションのための研究・開発資金をどこから調達するのかが大きな課題となる。前章では、その金銭的負担は、日々の業務の利益や内部留保から拠出していたり、業務プロセスを通じてイノベーションの遂行に取り組んでいたが、このような中小企業は全国規模でみた場合、決して多いとはいえない。

　そこで、その資金的課題を克服するための方法として、外部から資金を調達することが挙げられる。企業外部から資金を調達する方法としては、金融機関からの融資やベンチャー・キャピタルからの出資、補助金などの競争資金を獲得することなどが挙げられる。

　しかし、本章では、イノベーションを遂行するための資源動員量を確保する手段として、補助金や助成金といった競争資金を獲得した企業事例に焦点を当てる。その理由は、金融機関の融資は返済義務を負うために、開発・事業化リスクの高いイノベーションのために融資を受けることはそれほど多くはないと想定されること[1]、また、ベンチャー・キャピタルからの出資に関しては、一般的な中小企業にとってなじみが薄いこと、さらには、開発に失敗した時には、ベンチャー・キャピタルによる買収のリスクが高まるために中小企業経営者は躊躇する傾向があること、一方で、獲得した競争資金による研究蓄積が必要であること、のためである。

　イノベーションのための資源動員量が少ない中小企業が外部資金を獲得して

---

[1] しかし、地域の支援機関が、中小企業と地元の金融機関の情報の非対称性を取り除き、両者を結びつけるブリッジ（Burt, 1992）としての役割を果たして、両者をマッチングして（運転資金ではなく）中小企業の新たな取り組みに対して通常よりも好条件で資金を融資する事例も存在している。しかし、この点については、中小企業と地元の金融機関のみならず、支援機関との関係も分析の対象として加味しなければならないことから、本章の分析の対象からは除外することとする。ただし、この研究テーマそのものは興味深く、かつ、重要な研究テーマでもあるため、別の機会に取り組んでみたい。

イノベーションに取り組む事例研究は、筆者が2005年3月、2006年3月、2007年3月、2013年11月～2014年1月の4期間に実施した計30回のインタビュー調査がもとになっている[2]。インタビュー方式は、セミ・ストラクチャード方式で実施した。延べインタビュー時間は108時間であり、インタビューの詳細は、中小企業が11、大企業が18、その他（研究機関）が1となっている。

インタビュー調査対象数が限定的であるために、本調査研究は、予備的考察に留まる点には注意を要するものの、一定のインプリケーションを導き出すことができる。また、補論として、外部資金を獲得することによってイノベーションのための資源動員の創造的正当化を果たした大企業の事例との違いについても理解することとする。セミ・ストラクチャード方式で行われたインタビューの調査内容は、筆者がインタビュー・ノーツにまとめ、KJ法で整理したインタビュー調査の主軸となっている主な質問項目は**表4-1**のとおりである。

表4-1　インタビュー調査の主な質問項目

```
1．企業概要
   1.1　沿革
   1.2　事業概要
   1.3　従業員数および内訳（正規・パート、部門別要員）
   1.4　企業の強み・競争力（製品・技術・サービス）および弱点
2．補助金に採択された研究開発テーマについて
   2.1　研究開発テーマの概要
   2.2　研究開発テーマの応募理由
   2.3　研究開発テーマの到達目標
   2.4　研究開発テーマの企業内での位置づけ
3．補助金に採択された研究開発テーマの取り組み状況
   3.1　研究開発テーマの取り組み体制（応募前・採択中・期間終了後）
   3.2　研究開発テーマの資金調達および費用負担（応募前・採択中・期間終了後）
   3.3　研究開発テーマの進捗管理
4．補助金に採択された成果・効果
   4.1　補助金に採択されたことで得られた効果
   4.2　研究開発テーマの達成状況（収益の状況）
```

---

[2] これまで筆者のインタビュー調査や研究にご協力いただいた方々に、ここに記してお礼を申し上げたい。

表4-2　外部資金を獲得した企業事例の一覧表

企業規模（数）	応募理由		採択の効果		費用負担			実用化	事業化
	資金不足	開発リスクが高い	対外的評価の向上	組織内評価の向上	事前に費用負担有	期間中の事業負担有	期間終了後に負担有	実用化の成功	黒字化していない
中小企業（11）	6	3	10	1	8	8	10	10	8
大企業（18）	10	10	13	6	10	16	8	15	13
その他（1）			1		1	1	1		
合計（30）	16	13	24	7	19	25	19	25	21

　インタビュー調査研究の大まかな概要をまとめたものが**表4-2**である。同表は、インタビュー調査を実施する際、ご協力いただいたインタビューイーの回答に共通して確認された項目を整理したものである。表4-2は、競争的な外部資金に申請した理由と、採択されたことの効果、外部資金を獲得するに必要であった費用負担、外部資金を獲得して部品や製品の開発に成功したかどうか、すなわち、実用化を達成したかどうか、実用化の後、事業として成立するほどの収益が得られたかどうか、についてまとめた一覧表である。

　イノベーションのための資源動員量が少ないという中小企業が直面する課題に対し、資源動員の中でも金銭的側面が大きくボトルネックになっているのであれば、この課題が解決されれば、中小企業のイノベーション・マネジメントの抜本的な課題が解決されることになる。そして、中小企業のイノベーション・マネジメントをうまく機能させることができる。本当にイノベーションの遂行に関わる資金的課題さえ解決されれば、中小企業のイノベーション・マネジメントがうまくいくのか、予備的考察には留まるものの、本調査研究を通じて、この点を明らかにする。

2．補助金の申請理由

　まず、中小企業のイノベーションの議論において、「資金的課題がイノベーションを遂行する阻害要因となっているのかどうか」を確認するために、中小

企業が補助金に申請した理由を確認した。その理由は、大きく3つに大別される。

2.1 資金不足

中小企業が補助金に申請した最も多かった理由が、イノベーションのための資金が確保できなかったという理由である。開発への取り組みの企業内の意欲や市場ニーズがあることを認識しながらも、開発のために投入する自己資金が足りないために、補助金の申請を行ったというケースである。このケースに該当する企業の多くは、「採択されなければ資金的確保が困難で取り組むことができなかったか、資金投入量が少ないために開発のスピードが遅くなっていた」と回答する。

また、イノベーションのために導入すべき設備や装置などの初期コストが高すぎるために自己資本でまかなうことが難しく、そのままでは開発そのものを断念せざるを得ないテーマに取り組むために補助金に申請するというケースも確認される。

以上の点を確認すると、中小企業のイノベーション・マネジメントにおいて、資金的課題がボトルネックとなっているという状況を部分的に確認することができる。

一方で、外部の研究機関から開発依頼が持ち込まれた案件で当該企業が興味をもってはいるものの当該企業の中心的開発テーマではないことや、外部の研究機関とのそれまでの関係から断ることができないことから自社での資金的確保が難しく、補助金に応募したというケースも確認された。これらの理由から補助金に申請する当該企業は、短期間での事業化を目指すというよりも、長期に自社が取り組む開発テーマの一つとして位置づけているためであるという傾向も同時に確認される。

2.2 高い開発リスク

補助金に申請した第二の理由が、開発リスクが高く、事業化に失敗する可能性があるからという理由である。「すぐに事業化が可能な開発案件は、短期的に収益が見込めるために、自社で取り組む。しかし、長期的に重要な開発テー

マではあるものの、開発リスクが高い場合には、公募目的と合致する補助金を探してみる」との立場を示す中小企業経営者は少なくない[3]。また、導入設備の大型化などにより、イノベーションに取り組む初期費用が高い場合には、開発リスクもまた大きくなるという状況に直面する。さらに、解明できた物理的メカニズムを組み込んだ製品化を行う場合には、開発コストの負担のみならず、技術の転用先を探索したり、市場を作っていくことから行わなければならず、投資負担が重たくなり、資金回収までに時間を要することもあるため、補助金制度を利用するケースも確認される。

2.3　将来のための投資

補助金に申請した第三の理由が、将来的な事業の柱となる開発テーマに取り組む必要があるという認識を持っていることである。このタイプの直近の開発テーマではないものの、長期的には取り組むべきという開発テーマを申請する傾向が確認される。また、このような開発テーマは、申請前にもある程度の自己投資を行い、事前に当該開発テーマに関する研究蓄積を行っている傾向も確認される。

2.4　長期的成長を見据えたイノベーションのための企業行動
　　：本節のまとめ

本節では、補助金に申請した中小企業の理由をまとめた。その理由には主に３つのタイプが確認された。第一にイノベーションのための開発資金が不足していること、第二に開発リスクが高く事業化までの期間が長いこと、第三に将来の事業に対する投資の必要性を認識していること、であることが確認された。補助金に申請した理由として資金不足を挙げるケースにおいて、やはり、中小企業はイノベーションを遂行するための資金的資源動員量が少ないという実態に直面しているケースが少なくないことを示唆する状況が確認されたのである。

また、補助金に申請した理由として、開発リスクが高く、事業化して資金回収するまでの時間が長いことや、将来の事業に対する何らかの投資の必要性を

---

[3] ただし、採択されなければこのようなテーマに取り組むことはできないことになる。

挙げていることから、補助金に申請する中小企業は、イノベーションの基本的姿勢を持ち、イノベーションの行動規範を実践する攻めの経営を行っている結果であると判断される。

そして、本節において指摘しておくべき重要な点は、補助金を申請する開発テーマに共通して確認されたことが、短期的な事業化のためというより、長期的成長や事業化を遂げるためのものであったことである。

3．補助金採択のメリット

補助金は申請しても、採択されなければ開発資金を獲得することはできない。また、その採択率も決して高いわけではない上に、申請に際しては、応募書類への記入や必要書類の準備などで手間がかかることや、その手続きも煩雑であることが少なくない。しかし、採択されることによって、イノベーションのための資金的資源動員量が確保されることのみならず、採択されたことの効果が確認されている。

3.1　外部評価の向上

補助金が採択されたことの効果として第一に採択企業が実感していることは、対外的評価が向上したことである。ほとんどの中小企業が認識している効果である。採択企業に確認すると、「技術レベルが助成事業に採択されるほど高度であるというお墨付きになっているために、顧客開拓、特に公的機関に営業に行く際に話がスムーズに進みやすい」ことや「補助金に採択されたことが『国が支援した事業』という証となって、ベンチャー・キャピタルのお墨付きを得て、新たな出資を得ることができた」こと、「開発投資にかかる総額の3分の2が補助される補助金だったので、残りの3分の1は自社負担をしなければならかった。この負担額は、補助金に採択されたことが会社の信頼となって、支援機関が仲介役となってくれて、結果的に、金融機関からは無利子で融資を受けることができた」ことなど、補助金に採択されたことの効果を実感している。

3.2 技術知の蓄積

　補助金が採択されたことの効果として第二に採択企業が実感していることは、開発過程で、自社が負担していたらできなかったであろうほどの回数の試行錯誤や実験を繰り返し行うことができ、それによって、多くの技術知が蓄積されたことである。採択企業に確認すると、「補助金をもらっていたからこそ、いろいろな素材でテストして、評価することができた。これら一つ一つの情報が自社の財産として蓄積された」ことや、「補助金を受けて何度もトライすることで、当社の試作能力が上がって、これが差別化になっている」こと、「開発する過程でいろいろ試してみたので、開発した素材の技術が別の分野に転用できそうだということがわかってきた」こと、「補助金を得て開発した製品が収益に結びつかず、事業化に失敗したものもある。しかし、この製品化のために蓄積した技術が別の製品で生きたりする。だから、事業化に失敗したと入っても、まったくムダにはなっていないことを実感している」ことなど、補助金に採択されたことで、通常より多くの実験やテストを行うことができ、それが成果に結びついていることを実感している。

3.3 補助金に採択されることの効果：本節のまとめ

　中小企業は対外的な「信頼」や「取引実績」がないために、営業をしても顧客開拓に結びつかないことがしばしば指摘されている。しかし、補助金に採択されることによって、この制約を克服することが可能であることが確認された。取引の開始のみならず、ベンチャー・キャピタルからの出資、金融機関からの無利子での融資を得ることができたのも補助金に採択されたからであったという中小企業は複数確認された。補助金に採択されることで企業名が広く知れ渡ることになる効果も確認されている。また、補助金に採択され、開発のための資金を得たことによって、多くの実験や試行を行うことによって、技術知が蓄積されたという効果も確認された。

　中小企業が補助金に採択されることで、組織内部の評価の向上という効果はほとんど確認されていないのに対して、大企業のケースでは、組織内の評価が向上したことを効果としてあげる比率が高い（表4-2）。この差異は、中小企

業の場合には、そもそも申請時に、組織内の合意を得ないまま申請をすることはほとんどないこと、そして、イノベーションの推進者が中小企業の意思決定権と代表権を保有している代表取締役社長であるということが背景として挙げられよう[4]。

4．実用化と事業化の違い

　中小企業がイノベーションのための資金的資源動員量の確保を補助金によって獲得し、イノベーションを遂行して素材や部品、製品の開発に成功したとしても、そこから収益を確保したかどうかはまた別の議論となる。前者は「実用化」であり、後者は「事業化」である。

　表4-2を確認すると、助成金に採択されたほとんどの中小企業で実用化、すなわち、素材や部品、製品開発には成功しているものの、多くの企業で開発された素材や部品、製品の事業化、すなわち、事業の黒字化が達成されていないことが明らかになっている。そこで、本節では、実用化に成功してもなかなか事業化に結びついていない要因を整理する。

4.1 「長期的ビジョン」

　補助金を獲得し、イノベーションのための資源動員の原資を確保して取り組み、実用化をしても事業化に結びつきにくい第一の要因として、そもそも申請した目的が短期的な事業化にあるのではなく長期的に取り組むべき開発テーマであるため、そもそも短期的に事業化することが難しいことが挙げられる。採択企業が挙げた補助金採択の効果の一つとして、技術知が蓄積できたことが挙げられていることからも、短期的事業化を第一の目的としていないことが背景にあると推定される。

　また、補助金の種類の中には、事業化によって黒字化した場合に、利益に応じて補助金の一定額を返還する義務を課しているものもある。このような場合には、そもそも当該事業を黒字化するというインセンティブは働きにくくなる。

---

[4] 大企業のケースにおいて、補助金が採択されることによって組織内の評価が高まるということを効果の一つとして挙げられている比率が高い理由に関しては、補論で取り上げる。

岡室（2009）は、定量的調査を通して、研究開発の商業的成功に与える重要な決定要因を8つ導き出している。それは、「活発な自社研究開発」「多くの企業との連携」「取引先との連携」「大学や公的研究機関と連携しないこと」「公的な補助金を受けないこと」「過去の共同研究開発の経験」「プロジェクトの比重の高さ」「参加企業の中間的成果を発展させるプロジェクトであるかどうか」である。ここでも指摘されているように、公的な補助金を受けることと商業的成功の決定要因との関係に負の相関が確認されている。

この研究結果は相関関係を表しているものの、公的な補助金を受けることが商業的成功の決定要因となりにくい因果としては、補助金の申請の目的が短期的な事業化にあるのではなく長期的な開発テーマとして位置づけられているため、そもそも事業化に対するインセンティブがそれほど高くないからこそ、公的な補助金を受けても商業的成功の決定要因になりにくいという論理が導出される。

4.2 「高価格」

補助金を獲得した後、実用化できても事業化に結びつきにくい第二の要因として、実用化された価格が既存素材や部品、製品と比較すると割高であるケースがあることが挙げられる。開発された素材や部品、製品の技術や品質そのものは高いものの、市場適正価格を大幅に上回るために、顧客の購買に結びつかない場合が少なくない。採択企業に確認すると、「原価積み上げ方式で価格を決定しているため、従来製品の10倍になってしまった」ことや、「技術に成功しても普及していない原因の一つには、素材価格が一気に10倍になってしまった」こと、「開発した装置システムは、省エネ効果が得られてかつ高性能なので、計算上は3年で回収できることになっている。しかし、顧客はイニシャルコストが高いからと、なかなか採用してもらえない」こと、「高い機能を提供する素材が完成しても、それが普及するかどうかはまた別の話なので、販売に苦労している」こと、「実用化された製品は、従来の方式に比べると単価あたりの価格が10倍と、コスト高が問題となっている」など、技術ありきのプロダクト・アウト型イノベーションで実用化を進めることの危険性を浮き彫りにしている。

特に、補助金を受けてイノベーションを遂行する際、補助金終了後の評価基準は、実用化されたかどうかに焦点が当てられることが多い[5]。しかし、実用化を補助金終了時のゴールとして設定することは、このように、上市する際に考慮すべきことが後回しになってしまうという危惧も包含している。

4.3 「オーバースペック」

補助金を獲得した後、実用化できても事業化に結びつきにくい第三の要因として、二つ目の要因とも関連するが、市場ニーズが求めている以上の機能や性能を提供している、いわゆる、素材や部品、製品がオーバースペックであることが挙げられる。確かに、優れた素材や部品、製品ではあるものの、それが顧客の必要度の認識を超えてしまっている場合である。

採択企業に確認すると、「装置が大掛かりなものになってしまった。いくら性能が1桁違うと言っても、市場ニーズとはかけ離れてしまったものがアウトプットとしてできてしまった」ことや、「従来の装置は重りが40kgであったのに対して、技術的には高度かつ性能も高いものができたが、新しい装置の重りは、従来の装置の4倍必要になってしまった」ことなど、技術ありきのプロダクト・アウト型イノベーションで開発を進めることの弊害を示している。

4.4 「採算性」

補助金を獲得した後、事業化に結びつきにくい第四の要因として、二点目と三点目の要因とも関連するが、複数の理由から、採算性を取る事業として展開することが難しい点である。採択企業に確認すると、「補助金期間の終了前に実用化は達成できたものの、実際にそれを販売するまでには、まだまだ改良をしなければ、売り物にはならない。だから、最初に試しに買ってくれるという顧客に、試運転のデータを提供してもらうというコンセンサスのもと、モニター価格で販売したものの、カスタマイズして引き渡した時には、売価の3倍

---

[5] 一方で、企業の評価基準は、上市後に黒字を計上したかどうか、すなわち、事業化できることが基準となる。実用化した後の上市までには、実験やテスト、動作確認のみならず、販売方法の検討やメンテナンス体制の整備など、実際に販売するまでに整備・確認すべきことが多く残されているのである。

以上かかってしまった」ことや、「実用化に成功した製品が必ずしも採算が取れる事業になっているとは言い難い」こと、「実用化には成功したものの、やはりそのまま上市できるほどのものとしては出来上がっていない。だから、実用化と事業化は議論のレベルが違うことに注意して取り組まなければならない。しかし、結果的に、実用化したものに改良を加えて事業化できそうな気配が見えつつある。それでも、顧客との調整や仕様変更に伴う人件費や材料加工費が利益を圧迫しているという実態が一方で発生している」こと、「実用化して販売して売上として計上してはいるものの、まだ補助してもらった額を返すまでには至っていない」ことなど、イノベーションのための資金的資源動員量を外部資金で確保したにもかかわらず、事業化までの道のりが長いことを示している。

ただし、一部の採択企業では、実用化したそのものを販売しても事業化に結びつきにくいことから、実用化した製品そのものを販売するのみならず、部品や中間財に分解して販売したり、簡略化した製品化をすることによって、事業化を試みている事例も確認される。

例えば、「実用化した装置セットは上市したけれど売れていない。しかし、その中間財に関しては引き合いが多くあり、若干の利益を得る事業になってきている」ことや、「性能が1桁高い製品を上市したものの、ニーズとはかけ離れたオーバースペックになってしまったため、装置の設計変更を行って、既存製品と補助金を使って開発した新製品の中間のものを作ることによって、多様なニーズに応えられるようにした」ことなど、事業化する仕組みを工夫している採択企業も確認される。

4.5 「安全性の確保」

補助金を獲得した後、事業化に結びつきにくい第五の要因として、製品が実用化レベルで達成できたとしても、最終製品に対する製造責任を果たすために十全たる安全性を確保してからしか上市できないことが挙げられる。実用化に成功した採択企業はこの点を強調する。

たとえば、「実用化はできたが、それをそのまま売り出すのかといえば話は違ってくる。売り出すまでには、顧客と測定精度の値をすり合わせて仕様レベ

ルを個別に達成しなければならない」ことや、「試作機、実用化はできたけれど、製品としてマーケットに出すレベルまでにはいっていない。まだまだテストをしたり改良したりしなければ、売り物にはならない」こと、「実用化してもそのまますぐ市場に出せない。だから、まず、顧客ターゲットになりそうな企業に頼んで無償で納めさせてもらい、設置費用も当社が負担してデータを取らせてもらったり、改善についてのアイディアをもらったりした」こと、「実用化はできたが、すぐに市場に投入できるわけではない。品質や耐久テストなど市場導入の前にクリアしておかなければならない課題が山ほどある。だから、顧客に無償でおかせてもらって稼働してデータを取っている。実用化した製品を設置しても、メンテナンスやデータ収集などに人件費がかかっているため、まだ投資を回収するにいたっていない」ことなど、実用化してもそれを上市して事業化を達成するまでには、長い道のりであることが理解される。

4.6 事業化することの難しさ：本節のまとめ

　補助金制度が示す到達目標が実用化段階であるのに対して、採択企業の到達目標は、事業化でなければならない。しかし、表4-2からは、事業化を達成している採択企業は多くはない。本節では、その要因を整理した。
　それをまとめると、次の通りである。
- 申請した目的が短期的な事業化にあるのではなく長期的に取り組むべき開発テーマであるため、そもそも短期的に事業化することが難しいこと
- 事業化によって黒字化した場合に、利益に応じて補助金の一定額を返還する義務を課しているような場合には、そもそも当該事業を黒字化するというインセンティブが働きにくいこと
- 補助金の申請に関しては保有技術ありきのプロダクト・アウト型イノベーションで実用化が進められる傾向が高いため、実用化された成果は高価格やオーバースペックになる傾向を誘発してしまうこと
- 実用化された素材や部品、製品が高価格やオーバースペックであるがゆえ、実用化に成功しても顧客ニーズからかけ離れたものになってしまい、事業化に結びつきにくいこと
- 実用化された素材や部品、製品を上市するためには、最終製品に対する製

造責任を果たし、十全たる安全性を確保しなければならないために、事業化までに取り組まなければならないハードルがたくさん存在すること

以上から、実用化と事業化が指し示す意味は大きく異なっており、採択企業はこれらの点に留意する、または、この点を理解した上でこのタイプのイノベーションに取り組む必要があることが理解される。

また、本調査研究の結果から、逆説的にではあるが、岡室（2009）で指摘されている「公的な補助金を受けることと商業的成功の決定要因との関係に負の相関がある」という研究結果を支持していることが確認された。

岡室（2009）が指摘する「公的な補助金を受けることが商業的成功の決定要因となりにくい」理由は、補助金の申請の目的が短期的な事業化にあるのではなく長期的な開発テーマとして位置づけられていることや、実用化の成果が高価格やオーバースペックになる傾向が高いこと、実用化に成功しても事業化に結びつきにくいこと、などの要因が背景に存在しているためであるという因果があるといえよう。

5．採択企業の費用負担

補助金を獲得し、イノベーションのための資源動員の原資を確保して取り組んだ場合において、自社負担がまったくないかといえば、多くの採択企業においてそうではない。表4-2を確認しても、補助金採択前に自社での開発に資金を拠出していた中小企業が8社、補助金採択期間中に、補助金を得ているにもかかわらず金銭的な自社負担をしていた中小企業が8社、補助金採択期間終了後に金銭的な自社負担を行った中小企業が10社確認されている。そこで、本節では、補助金に採択された中小企業がどのタイミングでどのような金銭的負担を行っていたのかを、補助金採択前、採択期間中、期間終了後に分類して整理する。

5.1　採択前の費用負担

まず、補助金を獲得することができ、それをイノベーションのための資源動員の原資として確保した企業が、それまでまったく自社負担をしていなかった

かと言うと、多くの場合において、その言明は正しくない。表4-2を確認しても、多くの採択企業が、補助金に採択されるまでには、第3章で取り上げた中小企業のように、計上した利益や内部留保からイノベーションのための資源動員を行っていたようであることがわかる。

第2節で取り上げた補助金の申請理由を振り返ってみても、自社の保有技術とまったく異なる開発やテーマに取り組むために申請しているのではなく、長期的に自社が取り組むべき開発テーマであることや、次の開発段階に移行するためには導入すべき設備や装置などの初期コストが高いこと、自社で行っているだけではイノベーションのための費用負担が重過ぎること、などの理由から申請していた。これらの点からも、採択企業は、補助金に応募する前に、イノベーションのための取り組みをしていたことが確認される。

採択企業に確認すると、「採択されたこの補助金に応募する2年くらい前から自己投資を進めていた」ことや、「顧客の要望があったので、細々とは取り組んでいた」こと、「既に実験室レベルでは成功していた。しかし、この素材を量産して販売しようとすると、素材製造時に、いかにムラを発生させずに均質的な素材に形成するのかが課題になってくる。このレベルになると、当社の投資予算をはるかに超えてしまう」こと、「生産量を増やそうとすると加工工程が変わってくるため、設備投資する必要がある。今までは自社で設備してきたけれど、そろそろしんどくなってきた。製造装置を大きくすればするほど投資金額が大きくなるので、自社で負担するには限界があった」こと、「理論的には正しいという結果が得られていて、この研究が評価されて学会賞や官公庁の賞を受賞するほどの研究だった。そして、実用化されれば社会的ニーズも高いといわれていた。しかし、その研究結果を組み込んだ製品をつくろうとしても、そこまでの資金がないのでできなかった」ことを強調する。

単独でイノベーションを遂行しようとしていても、採択企業が補助金に採択される前に投入できたのは、限られた資源動員量に過ぎず、イノベーションを継続する限界があった状況に直面していたことが確認される。

以上から、確かに補助金に採択されることで、イノベーションのための資金的な資源動員の量を確保して、イノベーションの取り組みを進めてきてはいるものの、多くの採択企業が採択前にも単独でイノベーションのための資源動員

を行っていたことが明らかとなった。したがって、補助金に申請する前に、イノベーションの基本的姿勢を持ち、イノベーションの行動規範を実践する組織内部のイノベーション・マネジメントを行っていたことは確認される。

5.2 採択期間中の費用負担

　補助金を獲得することができ、それをイノベーションのための資源動員の原資として確保した企業が採択期間中においても、自社負担をしている場合が少なくない。その一つの理由は、補助金自体が全額補助ではない場合が少なくないためである。開発総額の3分の1や2分の1、3分の2が補助額という公募があるためである。このような補助金に応募する場合には、事前に十分な資金計画を立てておく必要があることを示唆している。

　また、補助金を活用して購入した設備や装置の利用や用途に制限が設けられることがあり、一部でも補助金で購入することによって、たとえ自己資金が部分的に投入されていたとしても他の用途に使うことが許されない場合もある。このような場合には、最初からすべての自己資金で設備や装置を購入するかどうかの判断を迫られることになる。

　さらに、多くの採択企業が共通してもつ見解は、事務処理や書類管理といった間接部門の業務が飛躍的に増えるために、間接部門の部署の業務が逼迫してしまうことである。業務管理のみならず、発注の際には相見積もりを取ることを義務づけている場合もあるために、該当業者を探し出すなどの手間を要することも少なくないという。このような間接業務の増加は、採択企業の人件費負担が増加することを意味している。

　そして、留意しておくべき点は、研究開発業務は、当初の計画通りや思い通りに進まないことも少なくないことである。このような事態が発生した時には、採択企業が追加的に資金を用意する必要が生じる。実際に、当初の計画より大幅に開発費用が膨らんでしまったり、開発の方向性に修正が生じたために、「足が出た」と回答した採択企業も確認された。

　以上からも、補助金はイノベーションのための資金的な資源動員の量を確保する手段として有効ではあるものの、補助金を獲得すれば自社でイノベーションのための資金的な資源動員量を用意しなくても良いということではない点に

注意する必要がある。

5.3 採択期間終了後の費用負担

表4-2から、ほとんどの採択企業が補助金期間終了後に自社での費用負担をしていることが確認される。その背景の一つには、開発に成功して実用化できたとしても、そこから事業化に成功するまでには長い道のりが残されていることが挙げられる。

前節では、実用化に成功しても、事業化に結びつけることは簡単なことではない点を指摘したが、この事業化に結びつけるために、採択企業が自社での追加的な費用負担をするのである。素材や部品、製品が実用化されても、上市するまでに最終製品に対する製造責任を果たさなければならず、採択企業はそのため、顧客ターゲットになりそうな企業に頼んで無償で納め、設置費用まで負担して稼働データを収集し、上市のための改善に結びつけていた。このような対策に要する費用も少なくない。

また、実用化した技術を上市することに対して費用負担するのみならず、その技術を転用して部品や中間財、そして、簡略化した製品化をするために費用負担している採択企業も確認される。実用化した製品がオーバースペックかつ高価格であったため、装置の設計変更を行って、既存製品と補助金を使って開発した新製品の中間のものを作るために費用負担して、多様なニーズに応えられるようにした事例も確認されている。

5.4 補助金活用時の費用負担：本節のまとめ

補助金を獲得することができ、それをイノベーションのための資源動員の原資として確保したとしても、すべての資金的資源動員が確保されたわけではなく、採択企業にも金銭的負担が生じていた。そこで、本節では、補助金の採択企業が、どのタイミングでどのような金銭的負担を行っていたのかを、補助金採択前、採択期間中、期間終了後に分類して整理した。

補助金採択前において、多くの採択企業が、補助金に応募する前に、イノベーションのための取り組み、すなわち、組織内部のイノベーション・マネジメントに取り組んでいたことが確認された。ただし、当該企業が単独でイノ

ベーションを遂行しようとしていても、補助金に採択される前に投入できたのは、限られた資源動員量に過ぎず、イノベーションを継続する限界があったために補助金に応募し、より多くの資金的資源動員量を確保していた企業行動が確認されたのである。

　採択期間中においては、開発で必要としている全額が補助されるわけではないこと、補助金を活用して購入した設備や装置の利用や用途に制限があること、間接部門の事務および管理業務が飛躍的に増えるため人件費負担が増えること、当初の計画通りに開発が進まないような事態が発生した時には、採択企業が追加的に資金を用意する必要が生じること、などから、採択企業は、採択期間中においても費用負担をしていたことが確認された。

　補助金期間終了後には、ほとんどの採択企業が費用負担を行っていた。それは、実用化の成功を事業化の成功に結びつけるため、すなわち上市するまでに最終製品に対する製造責任を果たすための費用と、開発した技術を転用して部品や中間財、そして、簡略化した製品化するための費用であった。

　以上から、補助金を獲得することができ、それをイノベーションのための資源動員の原資として確保したとしても、補助金申請前、補助期間中、補助期間終了後において、自己資金がまったく必要としないわけではなく、資金面での資源動員の量を確保しておく必要があることが明らかとなったのである。

6．本章の論点

　本章の議論から、3つの論点が導出される。第一の論点は、採択企業の技術展開に関してである。外部資金を獲得してイノベーションを遂行する際には、達成目的と終了期日が予め明確にされていること、また、採択企業の既存技術の延長線上で選択されたテーマであることが確認された。すなわち、補助金を獲得してイノベーションのための資金的資源動員量を確保することによって、テクノロジー・プッシュ型かつプロダクト・アウト型のイノベーションが進められる傾向が高くなることである。これは、March（1991）の「知の活用」に焦点が置かれやすいことを意味している。このような傾向を誘発する背景として、研究開発テーマを設定した上で申請する必要があること、また、補助金の

期間が限られていることが挙げられる。補助金のプロジェクトとして採択されると、限られた時間のなかで評価基準となっている実用化が求められるためである。これらの点が、実用化に成功しても事業化に成功することを難しくする、および、事業化までの時間に多くを要する原因の一つとなっていると理解される。

　第二の論点は、実用化と事業化である。テクノロジー・プッシュ型のイノベーションは、実用化には成功しやすいものの、結果的に、技術者がしばしば陥りがちな原価積み上げ方式の価格設定や製品のオーバースペックという状況を誘発し、顧客ニーズから乖離してしまうことが少なくない。したがって、複数の採択企業で、事業化に苦慮している状況を誘発してしまうことが確認された。このような状況を誘発させないためには、補助金に申請する前から、どのように、そして、どの段階で顧客ニーズとすり合わせ、事業化に結びつけるのかという課題を解決するかの対策を行う必要があることが明らかとなった。

　また、補助金の制度の中には、事業化により発生した利益に応じて補助金の一定額を返還する義務を課しているものがある。このような制度の場合には、そもそも当該事業を黒字化するというインセンティブが働きにくくなることが想定され、事業化が阻害されるかもしれないという負の状況を誘発する恐れがある点に注意する必要がある。

　第三の論点は、イノベーションのための資源動員の確保についてである。補助金を獲得してイノベーションのための資金的資源動員の原資を確保することは、資源動員の確保という点からは有効であるものの、中小企業のイノベーションの実現を考える際の抜本的解決方法であると考えてはならないという点に留意する必要がある。

　確かに、補助金に採択されることによって、得られる効果は大きい。例えば、開発予算を確保することや、対外的な技術的・組織的評価が高まること、実験を繰り返すことによって知の蓄積が深まること、知の蓄積が次の製品に転用する可能性を生むこと、などが挙げられる。

　しかし一方で、管理費用をはじめとした間接経費がかさむことや、書類作成等にかかる手間を要すること、資金に利用条件や制約があるため、自社にも費用負担が求められること、補助金の到達目標が実用化であるため、その先の事

業化までは自社責任で進めることが求められること、など採択企業がすべきことが残されている。これらの負荷に対する取り組みが、イノベーションの成果を大きく左右することになる。補助金は、中小企業のイノベーションを実現するための「万能薬」と位置づけること、および解釈してはならないことが明らかとなった。

7．本章のまとめと知見

7.1 補助金を獲得してイノベーションに取り組む中小企業の共通点：本章のまとめ

　本章では、インタビュー調査対象数が限定的であるために予備的考察に留まるものの、イノベーションのための資源動員量が少ない中小企業が資本的資源動員量を確保するために、補助金を獲得した事例研究を行った。

　採択企業が補助金に申請した理由を確認すると、最も多かったのが、イノベーションのための資金不足であった。補助金が、イノベーションのための資源動員量を確保する一つの手段となっていたことがうかがえる。また、開発リスクが高く、投資負担が重く回収までに時間を要する案件に対して申請するという理由や、直近の開発テーマではなく長期的に取り組むべきであると認識しているテーマに対して申請するという理由が確認された。

　次に、補助金が採択されたことの効果を確認した。第一に、対外的評価が向上したことが確認された。中小企業が顧客開拓する際には、実績や信頼がないためになかなか取引に結びつきにくい。それを解決するための一つの手段として機能していることが確認された。また、採択企業が実感している効果としては、自社が負担していたらできなかったであろう回数の試行錯誤や実験を繰り返し行うなどして、多くの技術知や実験結果が蓄積されたことであった。

　さらに、補助金を獲得し、イノベーションを遂行して開発に成功し、実用化させたとしても、それを上市させて利益に結びつける事業化を達成させることは難しい点に着目した。その理由には、第一に申請した目的が長期に取り組むべき開発テーマであるために、そもそも短期間で事業化することは困難である

第4章 中小企業のイノベーション・マネジメント その2 外部資金を獲得する　167

こと、第二に事業化に成功すると返還義務が生じる場合があり、そもそも事業を黒字にするインセンティブが働きにくいこと、第三に補助金の申請が保有技術をもとにして展開されることが多いため、プロダクト・アウト型のイノベーションに陥りやすく、実用化された際には高価格かつオーバースペックという状況を誘発しやすいこと、第四に実用化されたアウトプットに対する製造責任を獲得しなければならず、事業化までに取り組むべき要素が多いこと、が確認された。

　最後に、採択企業の費用負担について確認した。多くの採択企業は、補助金申請前、採択期間中、補助金終了後すべてにおいて、自社でも費用負担を行っていたことが明らかとなった。

　以上の議論から、2点のことが確認される。第一に、採択企業は、イノベーションのための基本的姿勢を醸成し、イノベーションの行動規範を貫いており、それをさらに推進するために補助金に申請していることである。第二に、補助金を獲得することができ、それをイノベーションのための資源動員の原資として確保したとしても、すべての資金的資源動員が確保されたと認識することは危険な認識であることが確認されたことである。これに関連して、特に補助金終了後においては、実用化の成功を事業化の成功に結びつけるための費用負担の必要性が高いことも明らかとなった。

7.2　中小企業が外部資金を獲得してイノベーションを遂行する調査研究から得られた知見

　予備的考察ではあるものの、本章から導出された3つの論点、そして、イノベーションの実現を高める論理の流れと照らし合わせると、中小企業が外部資金を獲得してイノベーションを遂行する調査研究を通して得られた知見が明らかとなる。それは、補助金を獲得することでイノベーションのための資金的資源動員量を確保するためには、組織内部のイノベーション・マネジメントを実践していなければ難しいこと、そして、イノベーションのための資金的資源動員量を確保することだけが、中小企業のイノベーションを実現する可能性を高める抜本的解決方法になるわけではないこと、外部資金を獲得してイノベーションに取り組む際にも、組織外部のイノベーション・マネジメントは必要不

可欠であることである。

　補助金採択企業が陥りがちな罠は、イノベーションに対する基本的姿勢や特性を保有し、イノベーションの行動規範を実践して、組織づくりをしていたとしても、補助金に申請するためには、事前に研究テーマや到達目標を設定しておかなければならないこと、そして、補助金そのものの到達目標は、イノベーションの事業化ではなくイノベーションの実用化の段階であることが多いために、イノベーションの実現に対して近視眼（イノベーション実現の近視眼）に陥ってしまう状況を誘発してしまうことである。本来、イノベーションの実現は、事業化によって経済成果を得なければ実現したとは言えない。しかし、設定している到達目標が実用化に留まることによって、顧客ニーズから離れた成果しか得られず、事業化に苦慮する事例が少なくなかったのである。

　このような罠に陥ると、組織外部のイノベーション・マネジメントの要となる当該企業にとって将来的に筋が良いステークホルダーになる主体との出会いやつながりから得られる多様な視点や、合理性のレベルの向上、意味の洞察力、事後的進化能力の向上という論理の流れに結びつかず、事業化に苦慮する状況を生むことになってしまう（図4-1を参照のこと）。その結果、実用化に成功することができても、そこから収益を生む事業として展開する事業化の段階に失敗する負の連鎖を生む可能性を高めてしまっているのである。岡室（2009）が指摘する「公的な補助金を受けることと商業的成功の決定要因との関係に負の相関がある」という研究結果の背景には、採択企業が往々にしてイノベーションの実現に近視眼となる罠に陥る傾向が高いためであると推察される。

　したがって、採択企業は、このようなイノベーション実現の近視眼という罠に陥らないためにも、申請段階から事業化を意識した到達目標を設定すること、また、意識してステークホルダーと接し、将来的に筋が良いステークホルダーになるだろう主体と出会い、つながりを保つための企業行動を積極的にとって

6　この観点から、京都府が100億円規模の予算を投じて創設した「連携型イノベーション研究開発事業（産学連携プロジェクト形成・シーズ育成促進事業）」の制度は、採択企業がこの罠に陥らない仕組みを提供しているといえよう。なぜなら、同補助金の公募の条件として、「事業化されること」「京都の企業が代表企業となること」「複数の組織が連携すること」を挙げており（森西栄治氏）、到達目標を「ビジネスとして成立する事業化の段階」に設定しているためである。事業化を到達目標として設定することによって、申請する企業は必然的にステークホルダーに目を向けることになる。

組織外部のイノベーション・マネジメントを一方で継続しておく必要があるといえよう[6]。

図4-1　中小企業が外部資金を獲得してイノベーションを実現することが難しい論理

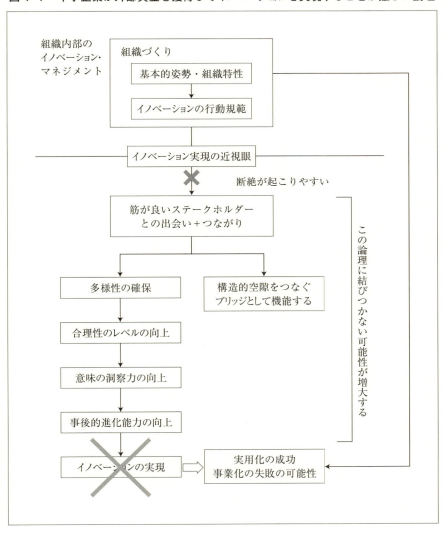

補論

外部資金を獲得してイノベーションを遂行する大企業のケース

1. 調査の概要

　本研究は、中小企業がイノベーションを遂行するために外部資金を獲得した研究と並行して行われたものである。期間は、第4章と同様に、2005年3月、2006年3月、2007年3月、2013年11月～2014年1月にかけて行っている。インタビュー調査実施方法としては、セミ・ストラクチャード・インタビューを採用し、インタビューの調査内容は、筆者がインタビュー・ノーツにまとめ、KJ法で整理した。インタビュー調査結果は**表i-1**のとおりである。本調査研究においても、予備的考察に留まるものの、細かな記述から、一定のインプリケーションが導出できる。

表i-1　外部資金を獲得した大企業事例の一覧表

企業規模（数）	応募理由		採択の効果		費用負担			実用化	事業化
	資金不足	開発リスクが高い	対外的評価の向上	組織内評価の向上	事前に費用負担有	期間中の事業負担有	期間終了後に負担有	実用化の成功	黒字化していない
大企業（18）	10	10	13	6	10	16	8	15	13

2. 補助金の申請理由

　大企業が補助金を申請する理由を大別すると4つに分類できる。それは、第一に開発テーマ自体が当該企業に認めてもらえなかった、あるいは、認めてもらえないだろうという理由から、第二に開発テーマを当該企業に認めてもらっているものの、当該部署の開発予算の関係で計上できないという理由から、第

三に短期的な収益が見込めない研究テーマであるという理由から、第四に着手する開発テーマの開発リスクや事業化リスクが高いという理由から、であることが確認された。次項以降でそれぞれの詳細を確認する。

2.1　開発費用を確保する必要性

　大企業の開発テーマの中には、企業の方針として取り組むべき開発テーマと、部署や技術者が独自で取り組んでみたい開発テーマがある。前者は、すでに企業の「お墨付き」を得ているため、研究予算が配分されて、業務として優先的に取り組む必要がある。

　しかし、後者の場合には、研究予算が配分される企業は、大企業といえどもそれほど多くが配分されるわけではない場合が多い。「大企業でも、予算が配分されずに埋もれてしまう研究プロジェクトはたくさんある」という率直な見解を示すインタビューイーも複数確認されている[7]。

　また、環境やエネルギー問題への対策などの社会的に重要な課題であっても、その実用化が企業の直接の利益に結びつくわけではないという開発テーマに対しては、実際に社内の抵抗があったという事例や、「ラボ段階では性能がわかっていたので、実機で試験をしようと担当部署に持っていくと、収益が直ぐに出ないからと研究資金を出すことを拒まれたことがあった」という事例、「開発した技術がそのまま製品として売り出せるタイプのテーマではなかったこと、開発した技術は既存装置の一部に組み込まれて機能の向上に役立ち、装置改良したりするに留まることから[8]、会社の利益に結びつかない開発テーマだとして、社内の風当たりは強かったし、会社としても負担しにくい部分だった」という事例などが確認された。

　これらの事例に共通している点は、短期的な収益を生み出す開発テーマではないと所属する組織に判断されていたこと、また、当初は企業の開発投資への理解と資源動員への合意を得ることができなかったものの、補助金に採択され

---

[7] 一般的な傾向として、景気の悪化や企業業績が悪化した際にこのような認識を持つ技術者が確認される。
[8] 新機能を追加したわけでもなく、新しいバージョンとして売るほどの大きな改良でもないために、すでに上市した製品にちょっとした改良を加えたところで、販売価格を高くすることができるわけでもないからである。

ることで、事後的に組織的に開発テーマが正当化されていること、であった。

2.2　開発予算の不足

　企業の方針として取り組むべき開発テーマであっても、開発の初期段階で一定の成果を得て、次の段階になると、しばしば直面する壁が確認される。それは、量産化や事業化を念頭においた多額の設備投資が必要となり、ここで新たなイノベーションのための資源動員をするかどうかの判断に直面することである。

　例えば、「若手グループからの上申を受けて事業部で検討して2年にわたって年間100万円程度の予算を確保してきた。しかし、その後、規模が拡大すると、実用化に向けた設備や装置、場所のための予算措置が必要となった」ことや、「社長が視察して『面白そうだ』と研究の了承を得て、社内にも『面白そうなプロジェクト』という評判が定着してきたものの、自作の装置を作りたいと思ったら、これまでの予算を大幅に上回る資金が必要になってくる」ことなど、実用化に向けたイノベーションのための資源動員をすべきかどうかの判断が迫られるのである。そのタイミングで、補助金を得てプロジェクトを進めることは、その後の企業経営者の意思決定を動かす一つの転機となっていることが確認される。

2.3　短期的な収益が見込めない

　短期的な収益の見込みのない開発テーマに対するイノベーションのための資源動員をするかどうかの分岐点においても、補助金を獲得することによって、開発テーマを継続する要因となることも少なくない。技術者においても、その点を十分に理解しているために、このタイミングで外部に補助金のような研究資金を求める行動をとる傾向が確認される。インタビューイーからは、「会社としてもすぐに収益が出ない事業に関しては、当然のことながら、研究資金の捻出に慎重にならざるを得ないので、我々は外部に研究資金を求めるしかない」ことや、「すぐ収益に結びつかない研究には、補助事業を利用することが多い」こと、「事前に誰が受益者になるか、どの程度の利益が得られるのかがわからない段階で会社が開発費用を負担することはないので、外部資金を取り

第4章　中小企業のイノベーション・マネジメント　その2　外部資金を獲得する　173

にいかなければ、プロジェクトは消滅してしまうことになっていただろう」との見解が確認された。

2.4　開発にかかる高いリスク

組織は限定合理的であるために、事前にすべての可能性を予見できるわけではない。そのため、技術的な研究開発には開発と事業化のリスクがつきまとう。このリスクヘッジのひとつの手段として、補助金を獲得することで、失敗した時のリスク軽減を図る行動に出る場合が確認される。例えば、「技術的に数百万通りの可能性が考えられるため、技術者としては、ある特定のパターンに絞って開発を行わざるを得ない。しかし、会社は、このような開発リスクの高いテーマに関してはできるだけやらない方向をとりたいようであることがわかる。だからこそ、外部から補助金などの競争的な外部資金を獲得して、開発リスクを減らす努力をしている」ことや、「この業界は開発サイクルが非常に短く、それに伴い、装置や機械も速いペースで設備しなければ開発競争に勝てない。その上、開発にかかるリスクも高い。このような状況では、企業がすべてのリスクをとって開発することは難しい。だからこそ、補助金に申請した」こと、「社内や業界内で『開発リスクが高い』と一般的に認識されているような開発テーマには会社は着手しようとしない。しかし、実際に開発ができる可能性がありそうなものであれば、応募してみる」こと、「会社はリスクが高い開発テーマに着手することには躊躇するが、失敗しても利益が上がらなかったら返還する義務がないのであれば会社が負うリスクは軽減されるので、補助金に応募した」ことなどが確認される。

2.5　大企業の事情：本節のまとめ

本節では、大企業が補助金を申請する理由を確認した。その理由として、開発テーマが所属企業に認めてもらえなかったこと、所属企業に開発テーマの重要性を認めてもらいつつも、当該部署の開発予算の関係で計上できないということ、短期的な収益が見込めない研究テーマであること、開発テーマの開発リスクや事業化リスクが高いことなどを挙げている。

これらの点から理解できることは、第一に大企業のイノベーション・マネジ

メントのプロセスにおいて、Tidd, Bessasnt and Pavitt, 2001）で指摘している第二フェーズ、すなわち、潜在的なイノベーションのシーズの中から組織がリソースを配分すべき対象を戦略的に選定する段階で数多くの研究テーマがスクリーニングされ、スクリーニングでふるい落とされた案件において、補助金に応募するという選択肢が残されていること、第二に武石・青島・軽部（2012）で指摘されているように、イノベーションの推進者の開発テーマが、大企業における開発テーマを選定するスクリーニングプロセスを経て、当該開発テーマに関する資源動員が正当化されることが容易ではないことを窺い知ることができる。

インタビュー調査において、「大企業でも、予算が配分されずに埋もれてしまう研究プロジェクトはたくさんある」という率直な見解が示されていたことからも、大企業においては、開発テーマを選定してもらう段階、すなわち、資源動員を正当化してもらう段階を乗り越えることが、開発テーマを継続できるかどうかの重要な分岐点となっていることを示している。

3．補助金採択のメリット

大企業の申請した補助金が採択された主なメリットを確認すると、3つに大別できる。それは、第一に対外的評価が得られたこと、第二に社内の理解が得られたり、補助金に採択された当該部署に対する評価が向上したこと、第三に補助金での開発が別の技術や製品に転用することができたこと、である。中小企業が補助金に採択されたことのメリットと比較すると、社内の理解が得られたり当該部署に対する評価が向上したという回答の比率が高いことが確認される。また、単に「技術の蓄積」に役立ったというよりも、より一歩進めて、実際に技術転用、他製品への技術転用していることも中小企業が実感しているメリットと異なる点となっている。

3.1　対外的評価の向上

申請した補助金が採択された第一のメリットは、中小企業のケースでも確認されたのと同様、外部評価が高まったことである。当該企業に対する技術はも

ちろんのこと、知名度の向上や、問い合わせなども増加しているという効果を実感している。インタビューイーの中には「金額の大きな補助金に採択されたということの社会的ステータスを実感している」ことや、「自社の技術に政府のお墨付きがつくので、業界や顧客からの評価が高まっている」こと、「学会での発表や展示会に出展すると、ものすごい数の引き合いがある。もちろん、その中にはライバル会社も少なくない」など、業界の注目を浴びていることを実感する回答が得られている。

また、テレビや専門誌などのマスメディアに取り上げられることによって、本来であれば、企業が取り上げてもらう場合には当該企業が金銭を支払って広告として放映したり掲載したりする必要がある費用を節約できるという金銭面での効果も確認されている[9]。

3.2 社内の理解・部署の評価の向上

申請した補助金が採択された第二のメリットは、開発案件に対する社内の理解が得られ、プロジェクトに研究員が増員されたり、開発予算が追加されたり、新たな承認が得られたりするという直接的効果や、間接的効果、当該部署の評価が向上するという効果である。具体的な回答としては、「補助金に採択されても自社で負担しなければならない部分が必ずある。だからこそ、社内でプロジェクトを引き受けてくれる部署がないと実質的に継続することは難しい。しかし、『補助金に採択されたら』ということを条件に引き受けてくれる部署があった」ことや、「研究を始めたときには細々と2人でやっていた。その後、面白そうな研究テーマだということで参加した研究員が2人増えた。補助金に採択され、成果が見え始めると、会社は研究員を増員してくれたので、今やプロジェクトに関わる研究員が11名に増えた」ことなどが確認された。

また、対外的な評価が向上したり、当該開発テーマが業界で話題に上ることによって間接的に社内の理解や評価が高まるという効果も確認されている。例えば、「当初、この開発テーマについて、直接会社の利益に結びつくわけではないからと、社内の風当たりは強かった。しかし、補助金に採択されて、その

---

9 このようにマスメディアに取り上げられることの効果測定を実際に行っている企業も少なくない。

装置の対外的評判が高く、テクノロジーフェアに出展して黒山の人だかりができる様子を見た経営者は、『これほどまでに市場ニーズがあるのであれば、どんどん進めなさい』という方針に変わり、補助金終了後も追加的に開発費用を負担してくれた。このトップの承認と方針転換をきっかけに、生産現場で徐々に受け入れられるようになってきた」ことや、「当初、この開発テーマは社内的に開発リスクが高いといわれていた。なぜなら、技術的に本質的な課題があったために、開発のリスクが高いであろうと思われていたから。しかし、この大型補助金に採択されると、会長まで話が届いて、『この技術は採択された開発テーマのもので進めよ』という承認が得られた」ことなどが挙げられる。

　これらの効果は、中小企業の事例ではほとんど確認されていない効果である。企業規模が大きいことによって、研究・開発要員が多いことによって、開発テーマが大量に、また、多岐にわたって提示されるために、どの開発テーマに対して資源動員を正当化するのかのスクリーニングプロセスが複雑かつ困難になっているという大企業の実情を如実に表しているといえよう。

3.3　技術の転用

　申請した補助金が採択された第三のメリットは、補助金が採択されて進められた開発テーマの一部の技術を転用して別の製品化につながる効果である。このような効果がもたらされた事例の多くに、二つの共通点が確認される。第一の共通点は、補助金の申請の段階や開発プロセスにおいて、当該開発テーマのみならず、開発する技術にどのような市場ニーズや用途があり、どのレベルの技術開発ができたら市場規模がどれほどの大きさになるのかを予め見据えた上で、開発に取り組んでいることである。開発当初から、技術がどのような事業領域に転用できるのかその可能性を探っているのである。

　第二の共通点は、第一の共通点とも類似するが、大学や研究機関といった外部の専門家から技術転用に関する知識やアドバイスを受けながら開発する技術の転用可能性を探っていることである。すべてを自社で行おうとするのではなく、第三者の客観的な視点や意見を収集した上で開発した技術の展開可能性を模索していたことが確認された。

3.4 社内の資源動員を正当化する手段となり得る補助金：本節のまとめ

本節では、補助金が採択されたことにより大企業が認識しているメリットや効果を確認した。まず、中小企業の回答と同様、対外的評価が高まったという効果を実感していることが確認された。補助金の採択率はまちまちであるが、申請すれば通るものではなく、国や自治体による然るべき審査プロセスを経るため、その審査プロセスに通過して採択されたという事実が、「国や自治体に評価された」ということを意味していた。

次に、開発テーマに関して社内の理解が得られたり、補助金に採択された当該部署に対する評価が向上したことが確認された。この点は中小企業の回答と大きく異なっていた。その理由として、企業規模が大きいと、研究・開発要員も多く、その結果、開発テーマが大量に、また、多岐の分野にわたって提示されるために、どの開発テーマに対して資源動員を正当化するのかのスクリーニングプロセスが複雑かつ困難になる。こうして、大企業においては資源動員の正当化がなされない開発テーマが増加するのである。

さらに、補助金が採択されて進められた開発テーマの一部の技術を転用して別の製品化につながる効果が確認された。これは、補助金に採択された開発テーマを実施する際、大学や研究機関といった外部の専門家から技術転用に関する知識やアドバイスを受けながら開発する技術の転用可能性を探っていることや、その転用可能性を大学や研究機関に求め、第三者の客観的な視点や意見を収集した上で開発した技術の展開可能性を模索していたためであった。

以上から、2つの重要な点が導出される。第一点目は、補助金に採択されることは、まさしく、武石・青島・軽部（2012）が指摘するイノベーションの推進者がイノベーションのために必要な資源動員を正当化してもらうために行う「理由の固有性そのものの重要性・必要性を説得して理解を深めてもらう」手段として作用していることが確認されるのである。補助金に採択されて企業経営者の承認が得られ、事業の方向性が当該開発テーマに有利に働くような方向に転換したという回答のように、補助金の採択が資源動員のための理由の固有性に対する理解を促したと解釈できるのである。この点からは、大企業のイノベーション推進者が補助金に申請する理由には、金銭的理由というよりも、む

しろ、所属企業に開発テーマの承認をしてもらうための手段であるという意味合いが高いことが確認される。

　第二点目は、補助金に採択されても、実用化を到達目標として設定するのではなく、特に組織内部に対しては、事業化を到達目標として掲げるべきであるという点である。この点に関しては、中小企業を対象とした調査結果と同様の結果であった。しかし、中小企業の調査結果に至るまでの文脈と大企業の文脈とが大きく異なる点は、採択後における社内の理解、より具体的には、配分される資源動員量の増加を見込むために、何らかの形での事業化を達成することを示す必要があるという判断が背景にあるということである。この点に関しては、次節「実用化と事業化」と関連している。

4．実用化と事業化の違い

　補助金に採択された一部の大企業では、大学や研究機関などの外部の専門家から技術移転に関する知識やアドバイスを受けることで、開発テーマの実用化のみならず、事業化に念頭を置いて、技術転用の可能性を探りながら開発を進めていたことが明らかとなった。しかし、そのような成功を収めた大企業ばかりではない。補助金を採択した中小企業が直面する課題と同様に、大企業においてもしばしば確認される課題の一つに、技術開発に成功し、実用化段階までは到達したものの、その製品や事業から利益を得る事業化段階になるまでに苦慮するという課題である。

　そこで、本節では、実用化に成功しても事業化に結びつきにくい要因を整理する。

4.1　「高価格」

　補助金に採択された大企業が実用化に成功しながらも、事業化に課題を抱える要因の一つは、開発した製品の価格が高止まりしていることである。技術的には既存製品よりもはるかに勝っているにもかかわらず、また、問い合わせも多く、反響が高いにもかかわらず、それが販売に結びついていないことが少なくない。製品価格のみならず、導入する際の初期費用、ランニングコストなど

が高止まりしているために、販売に結びつかないという回答も確認された。より具体的には「開発したシステムを普及させることが難しいのは、どうしても初期費用が上がってしまうことに起因する。その初期費用を回収するのにおおむね4～5年を要しているために購入に二の足を踏む。購入する側に立って考えると、その状況は理解できる。技術的にはいいという評価をもらいながらも、いざ購入の段階となると、結果的に初期コストが高いということで導入を見送るということも少なくない」こと、「開発した装置から作り出される素材の耐久性が既存素材の10倍であること、かつ、省エネであるけれど、結局、ランニングコスト面も含めると、収支がトントンになってしまっているため、新規に購入する意思決定に結びつかない」こと、「技術開発に成功したことによって、新たな製品を製造することができたものの、製造原価が通常の倍かかってしまう上、製造工程が異なるために単価がさらに上がってしまう。それでも量産できれば製品単価が低下すると思われるが、現段階では、そこまでの受注量は期待できない」ことなどの回答が得られている。

ただし、開発テーマの実用化に成功したものの、高価格であるため販売に結びつかないという事態を放置しているわけではない。当該大企業が事業化するために、他の装置・製品開発に技術転用することや、新たな販路を拡大すること、半製品・部品に切り分けて販売すること、製品の一部を標準化や小型化することで低価格の装置・製品を製造し、販売すること、海外の展示会に展開すること、装置・製品の新市場を模索することなどを行って、継続的に技術の利用・転用可能性を探っていたことも同時に確認された。

4.2 「採算性」

実用化に成功しつつも、事業化に課題を抱える二つ目の要因は、一点目と関連するが、事業化によって採算性を高めることが難しいことである。実用化できても、採算を取る事業にするためには、価格以外にも解決すべき課題があるということを実感するという回答が複数確認されている。より具体的には、「小ロットであるために手間がかかる。その上、売上に占める比率も低いために現実的に当該製品の製造にそれほどの手間をかけていられない」ことや、「これまでの実績もあるため、事業として手がけたいという思いはあるものの、

人件費などを含めた諸経費を考えると赤字になってしまう」こと、「開発したの製造装置で当初の目的の製品を作ろうとすると、1個当たりの製造単価が高くなってしまうために採算を取ることは難しいものの、1個当たりの価格単価が高い別の製品を作るために利用すると採算が取れることがわかってきた。だから、今、この新たな製品を作りやすくするための改良を行っている」こと、「開発した機械の量産体制も整備して生産能力があるにもかかわらず、製品の販売量が少ないために設備の余剰が生じているため、採算が取れておらず、結果、赤字事業となってしまっている」こと、などが挙げられる。

4.3　「安全性の確保」

　実用化に成功しつつも、事業化に課題を抱える三つ目の要因は、開発した製品や装置の安全性を100％確保することが難しいことである。製品や装置の販売には、製造物責任法（PL法）で定められた製造責任を果たさなければならない。インタビューイーは、「安定した品質が100％確認できない限り、販売には慎重になる。したがって、製品化に成功はしたが、現段階で、販売見込みは立っていない。もちろん、品質を100％確認するために、自社で自己資金を投入して販売を目指している」と回答している。

4.4　事業化の難しさ：本節のまとめ

　本節では、補助金を採択した中小企業が直面する課題と同様に、大企業においてもしばしば確認される課題の一つである事業化に結びつきにくい要因を整理した。それは、開発した製品や装置の価格が高止まりしていること、採算性を高めるのが難しいこと、安全性を100％確認することが難しいこと、が挙げられた。やはり、中小企業の場合と同様に、開発された製品や装置が高価格であること、採算ベースに乗せることが難しいこと、安全性の確保を十分確保するための措置を取らなければならないために、事業化が遅れるという点が確認された。

　しかし、事業化の難しさに直面しながらも、補助金に採択された大企業が、手をこまねいているわけではなかったことも同時に確認された。補助金に採択された大企業が事業化に向けて取っている具体的な対策としては、他の装置・

製品開発に技術転用することや、新たな販路を拡大すること、半製品・部品に切り分けて販売すること、製品の一部を標準化や小型化することで低価格の装置・製品を製造し販売すること、海外の展示会に出展すること、装置・製品の新市場を模索することなどを行って、継続的に技術の利用・転用可能性を探っていたこと、などが挙げられた。

前節では、大企業のイノベーションの推進者が補助金を申請する一つの大きな理由に（金銭的理由というよりも）開発テーマの承認を得るという意味合いが高いことを確認したが、開発テーマが補助金に採択されることによって、組織に理由の固有性そのものの重要性・必要性を承認してもらったこと、そして、採択後における社内の理解、より具体的には、配分される資源動員量の増加を見込むために、何らかの形での事業化を達成することを示す必要があることが背景にあるため、何らかの結果を明示する必要がある。そのため、実用化された成果を、技術転用や販路の拡大、半製品や部品に切り分けた事業展開、装置や製品の標準化・小型化をするなどして、事業化するプレッシャーは、中小企業のそれよりも大きいと想定される。

5. 費用負担

補助金に採択されてイノベーションのための資源動員を行っている大企業においても、何らかの形で自社負担をしていることが確認される。表 i-1 を見ると、補助金採択前に自社での開発に資金を拠出していた大企業は18社中10社、補助金を得ている間に自社で金銭的な負担を行っていた大企業が16社、補助金期間終了後においても継続的に自己負担をしている大企業が8社となっている。そこで、本節では、補助金に採択された大企業の自己負担の状況を、補助金に採択された中小企業の場合と同様に、補助金採択前、採択期間中、採択期間終了後に分類して整理する。

5.1 採択前の費用負担

補助金採択前に自社での開発に資金を拠出していた企業は半数程度となっている。もともと予算や人員を小規模で手がけていた開発テーマで、方向性や実

用化の目処がついている案件を補助金に申請することが少なくない。申請前にすでに一定の成果が得られている、もしくは、高い確率で成果が期待される開発テーマを申請していることが確認されるのである。その上で、さらに開発を進める場合に予算措置が必要で、企業の予算措置がない、もしくは、少ない場合に補助金を申請しているようである。

そのほかには、全く知識がない新規の開発テーマを申請するのではなく、自社の保有技術の延長線上にある技術や開発テーマを、予算措置が難しいという理由から申請するという場合も確認される。

5.2 採択期間中の費用負担

補助金に採択されると、企業でも追加の予算措置がなされることや、研究開発要員の増員を認められることが少なくない。補助金に採択されることは、大企業にとって開発テーマのための金銭的な補助を得られる以上に、企業の技術力に対する対外的評価が向上すること、社会的な波及効果が得られることなどの間接的効果を利点として認識しているためである。「トータルで考えると、補助金採択期間中だけで会社は補助額の1.5倍程度の額を負担してくれている計算になる。それは、採択率の低い国のプロジェクトに認定された研究テーマであるという会社の理解が得られたから」、「社内での風当たりが強く、当初はこの開発テーマに対する高い予算をつけてもらうことは難しかった。しかし、この開発テーマが国の補助金に採択されることによって、開発プロジェクトの内容を外部へ発信したり、メディア媒体で取り上げられたりして、社外からの技術の評価が上がり、それとともに社内での評価や経営層の評価に結びついて、追加的予算措置が認められた」などと答えるインタビューイーは少なくない。

また、採択された開発テーマは、採択期間内での成果を提示する義務があることも背景にあり、開発テーマが採択された時点で追加の予算措置が講じられることが多い。補助金採択期間中の企業の費用負担については、補助額の半額程度の負担から補助額の1.5倍程度の負担を要したという声が確認された。

5.3 採択期間終了後の費用負担

補助金採択期間終了後にも継続して企業の予算措置が得られている開発テー

マは半数であった。すなわち、補助金採択期間終了後の資源動員量の投入に関しては、2極化していることが確認される。一方では、期間内に実用化に成功して、実用化に成功した研究成果や開発部品・製品そのものではなく、ありとあらゆる手段をとり、できる限り販売行為に結びつけているため、追加的予算が必要となっていない事例が確認されている[10]。他方では、期間内に実用化に成功して、その後、販売するためには更なる改良を加える必要があったり、その開発テーマが別の事業への転用可能性があったり、事業化の余地があると判断された開発テーマに関しては、継続的に社内の予算を費やして事業化を試みる事例も確認される。補助金終了後に数億円もの自己投資をしているというプロジェクトも確認されている。

5.4　補助金活用時の費用負担：本節のまとめ

　本節では、補助金に採択されてイノベーションのための資金的資源動員量を確保した大企業において、採択前と採択期間中、および、採択期間終了後において、費用負担を行っているかどうかを確認した。もっとも顕著な傾向は、採択期間中に所属する大企業から多くの資源動員量が導入されている点であった。研究開発テーマの理由の固有性が国や自治体に承認されることで、組織内部におけるイノベーションの資源動員への正当化がなされていることを表している。ただし、中小企業を対象とした調査結果の文脈と大きく異なる点は、補助金に採択されることによって、イノベーションの推進者の開発テーマの理由の固有性が組織内部で正当化され、開発テーマの組織内でのスクリーニングのハードルを越えたために、採択期間中は、追加的にイノベーションのための資源動員がなされるよう作用している点であった。

　また、補助金採択期間終了後の費用負担に関しては、企業ごとの対応が2極化していることが確認された。一方では、期間終了後、それ以上のイノベーションのための資源動員がなされていないケースである。その理由は、採択期間中にできる限りの事業化の措置を取っていたため、採択期間終了後をプロジェクトの終了とみなしているようであることが確認された。他方では、補助

10　ただし、販売しているものの中には、撤退こそしていないものの、赤字の事業も含まれている。

金採択期間終了後も、継続的にイノベーションのための資源動員が行われているケースであった。

6．補論のまとめ

　本補論では、イノベーションを遂行するために外部資金を獲得した大企業の開発テーマに焦点を当てた予備的考察を行った。

　まず、大企業が補助金を申請する理由を確認した。その理由は、イノベーションの推進者が自身の開発テーマを進めたければ開発費用を確保する必要があったこと、企業の方針として取り組むべき開発テーマであっても開発予算が少ないために追加的に開発予算を確保する必要があったこと、短期的な収益の見込みのないプロジェクトであったために開発テーマを継続するための予算を自身で確保する必要があったこと、組織が限定合理的であるために開発テーマのすべての可能性を予見できないために失敗したときのリスク軽減を図る必要があったこと、が挙げられた。大企業においては、イノベーション・マネジメントのプロセスにおいて、潜在的なイノベーションのシーズの中からリソースを配分すべきテーマを戦略的に選定する段階で、一定数の開発テーマがふるいから落とされる。しかし、補助金に応募することによって、当該開発テーマが企業で資源動員が正当化される可能性を残していることが明らかとなった。

　次に、開発テーマが補助金のプロジェクトとして採択されたことのメリットと効果を確認した。それは、開発テーマに関する対外的評価が向上したこと、開発テーマを手がける部署に対する社内の理解が得られ、当該部署に対する社内の評価が向上したこと、開発テーマが別の技術や製品開発に転用されたこと、が挙げられた。特に、「開発テーマを手がける部署に対する社内の理解が得られ、当該部署に対する社内の評価が向上した」という理由は、中小企業の事例ではほとんど確認されていない効果であった。大企業が開発テーマをスクリーニングするプロセスで、開発テーマに対して資源動員を正当化することがいかに困難をともなうプロセスであるのかを物語っている。

　そして、中小企業の事例と同様に、補助金に採択されて実用化に成功しても、事業化の成功が困難な場合が多いことも確認された。その要因として、開発さ

れた製品や装置が高価格であること、採算性を確保することが難しいこと、製品や装置の安全性を100％確保することが難しいこと、が挙げられている。しかし、事業化の困難さに直面しながらも、実用化されたものをなんとかして事業化の成功に向けて、企業努力を行っていたことも同時に確認された。より具体的には、実用化された成果を、実用化されたそのものとして販売するのではなく、技術転用や販路の拡大を探ることで事業化したり、半製品や部品に切り分けた事業展開を行うことで事業化したり、装置や製品の標準化・小型化をするなどして事業化する企業努力であった。

　最後に、補助金採択前と採択期間中、採択期間終了後に、当該大企業がどの程度の金銭的負担をしているのかをそれぞれ確認した。補助金採択期間中において、ほとんどの企業が金銭的負担をしていることが確認された。また、開発テーマが補助金に採択されることは、大企業にとって開発テーマのための金銭的な補助を得られる以上に、企業の技術力に対する対外的評価が向上すること、社会的な波及効果が得られることなどの間接的効果が期待されるため、当該開発テーマに対する追加的な予算の配分が行われやすいことも明らかとなった。さらに、期間内に実用化に成功して、その後、販売するためには更なる改良を加える必要があったり、その開発テーマが別の事業への転用可能性があったり、事業化の余地があると判断された開発テーマに関しては、継続的に社内の予算が配分されていることも明らかとなった。

　以上から、大企業の場合には、開発テーマが補助金に採択されるということは、「公的資金の活用は、組織に留まりながらも組織からの資源配分を受けずに開発活動を継続するための一つの手段。公的資金などの外部資金を獲得することが、組織内での追加的な配分を正当化するという側面もある」（武石・青島・軽部, 2012：174）という論理を支持していることが明らかとなった。すなわち、開発テーマが補助金に採択されることにより、イノベーションのための資源動員を正当化する理由の固有性そのものの重要性・必要性が高まり、当該企業が開発テーマに取り組むことの社内の支持者をより多く獲得すること、また、「支持者一人当たりの資源動員量」が高い経営者層の支持者を獲得することを可能にしていたのである。

　大企業では、中小企業の事例とは異なり、特定の開発テーマを推し進めるイ

ノベーションの推進者が、社内で資源動員を正当化するためのスクリーニングのプロセスを突破して、実際の資源動員に結びつけることが容易ではないこと、補助金の採択はそれを解決するための一つの抜本的な手段になっていること、補助金の採択は金銭的な資源動員を確保するための手段というよりも、むしろ補助金に採択されたことによる間接的な効果が期待されていること、が確認されたのである。

第5章

中小企業のイノベーション・マネジメント
その3 「関係性」を確立する

1．本章の調査に関する概要

　本章では、中小企業が関係性を構築することでイノベーション・マネジメントをする現象を調査研究の対象として取り上げている。本章では、大きく２つの調査研究をまとめている。

　第一の調査研究として、中小企業が異なる主体（組織）とスポットの関係を構築することでイノベーションを実現する調査研究である。この「スポットの関係」とは、当該中小企業があらかじめ明確な到達目標を持ち、ステークホルダーを探し出すことからはじめ、限られた期間内に成果を求める関係を構築することを指し示している。本章では、この対象を産学連携や異業種交流に限定して記述している。

　第二の調査研究として、中小企業が異なる主体（組織）と長期的な関係を確保しながらイノベーションを遂行する調査研究である。すでに構築された企業間のネットワークを通して、中小企業がどのようにイノベーションを実現しているのかを２つのネットワークの事例研究から確認する。ネットワークの事例研究には、東成エレクトロビームを中核としたネットワークと京都市に拠点を構える共同受注の仕組みである京都試作ネットのネットワークが含まれている。

　東成エレクトロビームを中核としたネットワークの事例研究は、主に、水野（2005a, 2009）に負っている。また、事例企業を対象に行ったインタビュー調査は、1998年から2003年にかけて、延べ13社、計17時間45分となっている。同事例研究に関しては、追加的にアンケート調査も行っている（2003年９月に実施）。参画企業12社中５社は、書面で回答を得て、１社からは口頭で説明を受けた。さらに、その後2005年５月と2013年11月に追跡インタビュー調査を行っている。インタビュー調査は、いずれも質問事項を予め用意し、回答の内容によって補足的に質問を付加していくセミ・ストラクチャード・インタビュー方式で進めている。

　京都試作ネットのネットワークの事例研究は、主に、水野（2013b）に負っている。事例企業を対象に行ったインタビュー調査は、1998年から2010年９月にかけて、６期間にわたり、延べ39社・団体、計63時間25分間実施された。そ

の後、2014年1月24日に3件の追跡インタビュー調査の実施、および、2014年9月6日に開催された日本生産管理学会全国大会（創立20周年記念大会）での特別講演[1]（名古屋工業大学で開催）を参考にしている。

2．スポットの関係性を構築することでイノベーションに取り組む中小企業

　本節では、中小企業があらかじめ明確な到達目標を持ち、その目標を達成するのに必要なステークホルダーを探し出すことからはじめ、限られた期間内に成果を求める関係を構築することでイノベーションを遂行する中小企業の調査研究に焦点を当てている。本節では、産学連携や異業種交流に焦点を当てている。

2.1　産学連携

　中小企業が産学連携を通してイノベーションを遂行している事例を確認すると、一定の成果を達成したプロジェクトにはいくつかの共通点が確認される。それは、第一に関係構築の方法、第二に目的の共有、第三に役割分担の明確化、第四に副次的な効果である。次項以降で、それぞれの詳細を確認する。

2.1.1　連携のための関係構築

　中小企業がイノベーションを遂行することになる大学とのきっかけはさまざまである。自治体や支援機関、TLOや知財本部から紹介されることもあれば、研究会に参加したことがきっかけになることもある。また、中小企業自らが研究室のテーマを調べて訪問する場合もあれば、まれに研究開発テーマの実用化を大学の研究室から中小企業に持ち込まれる場合も確認される。ただし、そこから研究開発プロジェクトに結びつくかどうかはまた別の議論となる。

　中小企業が大学と連携してイノベーションを遂行し、一定の成果を達成したプロジェクトにおいて一つ目に確認される共通点は、はじめから大きな研究開

---

[1] 京都試作ネット代表理事である竹田正俊氏（株式会社クロスエフェクト・株式会社クロスメディカル代表取締役社長）による講演のタイトルは、「京都試作ネットの取り組みとSHISAKUビジネスの展開」であった。

発テーマを設定していないことである。まず、1年程度の期間を設け、小規模での実験のための資金提供や共同研究を始めているパターンが確認される。この期間を活用して、研究開発テーマの明確化や研究手順の具現化、研究成果の実用化の可能性を検討する。また、中小企業が研究室に所属する学生をインターンシップの一環として受け入れたり、中小企業の現場で課外授業を実施したり、小規模のアイディアやビジネスプランコンテストを主催したりすることを産学連携のきっかけにすることも少なくない[2]。中小企業と大学の研究室を結ぶ関係構築のためのこのような期間を「産学連携の準備期間」「お試し」と表現するインタビューイーも確認される。

　また、両者が共通の研究開発テーマやその製品化に興味を持つことや、類似した経験や境遇が似ているなどという場合においてもお互いの立場や気持ちに共感が持てるために、連携が比較的スムーズに進むことも少なくないという。

　以上から、中小企業が大学と連携してイノベーションを遂行し、一定の成果を達成するためには、まず、お互いに「顔の見える関係」を構築する必要があることが確認された。

2.1.2　目標の明確化

　中小企業が大学と連携してイノベーションを遂行し、一定の成果を達成したプロジェクトにおいて二つ目に確認される共通点は、産学連携の目標を明確化していることである。いつまでにどの程度の成果を求めるのか、連携で何を達成するのか、を予め明確にした上でプロジェクトに取り組むことが成果に結びつきやすいことが確認されている。

　産学連携に関しては、しばしば企業側からは「産学連携をしても成果を期待していない」という意見や「産学連携をしても上手くいかない」という体験談、「民間で求めるスピードが速いので大学のスピードとは合わない」という見解が確認され、一方で、大学側からは「どのような連携を行いたいのかを相談し

---

[2] 筆者が担当する大学の授業やゼミナールにおいても、まず、企業経営者らに講義をしていただき（その際に講義に関するテーマや課題を提示していただく）、その後受講生によるプレゼンテーションを行うという構成の授業をいくつか実施した経験がある。企業経営者らにとっては、ビジネスマンの常識にとらわれない学生ならではの視点や提案がなされる点で好評をいただいている。

に来る経営者や担当者らが具体的なテーマにまで落とし込んでおらず、漠然とした相談が多く、どの先生に案件を回したらよいのか困惑する」という意見を聞くことがある。また、岡室（2009）の定量的研究においても、中小企業の開発が商業的成功に結びつく重要な決定要因の一つに「大学や公的機関と連携しないこと」[3]が挙げられている。すなわち、中小企業の商業的成功と大学や公的機関と連携することが負の相関関係にある研究結果となっているのである。

　以上のような中小企業側と大学側の相互の認識の乖離や、大学との連携が商業的成功に結びつかないを招く原因の一つには、目標設定が十分ではないことが挙げられよう。このように、相談時、産学連携の具体的なテーマにまで落とし込まれていないためにどのように進めたらよいのか困惑するという状況を回避するために、九州大学の産学連携本部では、技術相談申込書を書いてきてもらうことになっている。このようなアクションを求めることで、テーマが落とし込まれていない曖昧な相談が減るという。

　また、進捗の管理に関しては、支援機関やTLO、産学連携本部などの担当者が確認し、期日から逆算したスケジュールを厳格に管理することが有効であるとの回答が得られている。さらに、報告会や展示会など、研究開発テーマの成果を公表する機会を設けることも、それに間に合わせようとするインセンティブに結びつくこともあるようである。

2.1.3　役割分担の明確化

　中小企業が大学と連携してイノベーションを遂行し、一定の成果を達成したプロジェクトにおいて三つ目に確認される共通点は、産学連携に携わる関係者間の役割が明確化されていることである。産学連携において中小企業が果たす役割と大学の研究室が果たす役割、支援機関やTLO、産学連携オフィスが果たすべき役割は大きく異なる。それぞれが担うべき役割と果たす役割が合致していないと、産学連携に一定の成果をもたらすことは困難となる。

3　その他の商業的成功要因としては、活発な自社研究開発をしていること、多くの企業との連携をしていること、取引先との連携をしていること、公的な補助金を受けないこと、過去の共同研究の経験があること、プロジェクトの比重が高いこと、参加企業の中間的成功を発展させるプロジェクトであること、が挙げられている（岡室，2009）。

研究開発テーマを持ち込んで、研究開発資金を拠出しているのは中小企業である。したがって、ある産学連携本部担当者によると、「産学連携のメインはあくまでも企業であり、企業は研究開発テーマを事業化するために産学連携に取り組んでいる。だからプロジェクトのリーダーシップをとるのは企業でなければならない」と強調する。そのため、企業側の産学連携担当者に高い実行力、マネジメント能力が求められるという。別のTLO担当者は、「チーム体制で大事なことは、研究室の先生が『私がこんな実験をやってみたい』という主張をしないこと。研究室の先生があの実験をしてみたい、こんな条件でやってみたいと希望を言い出したら共同研究はうまくいかない」と認識している。また、支援機関やTLO、産学連携オフィスの担当者は、このような役割分担ができるような配慮と産学連携の進捗管理が主な役割となっている。

産学連携の結果、製品の事業化に成功した経験を持つ中小企業経営者によると「これまで大学の研究室と弊社との共同研究や事業上の付き合いもあったため、メンバーがお互いを知っていて、役割分担もできていて、先々まで見越して動くことができるメンバーであること、納期の感覚もあること、などからうまくいった」と述懐していることからも、役割分担の重要性を垣間見ることができる。

2.1.4 副次的な効果

中小企業が大学と連携してイノベーションを遂行し、一定の成果を達成したプロジェクトにおいて四つ目に確認される共通点は、産学連携の関係から産学連携プロジェクトの成果以外の副次的な効果を得ていることである。副次的な効果としては、第一に、大学の研究室からもたらされる技術や業界に関する情報が得られることが挙げられる。大学の実験室での実験結果が学会で発表された時の反応や、当該領域に関する研究開発の情報など、一中小企業では得られないであろう専門的情報を得ることができることが挙げられる。これらの情報が、中小企業の新たな開発のきっかけとなることもある。

第二の副次的効果としては、研究室に所属する学生の入社が決定することが挙げられる[4]。新卒者からみると魅力的な事業を手がけていても、規模が小さく知名度も低い企業を、就職活動をしている学生が見つけ出すことは容易ではな

い。また、一般的な中小企業は、特に好況期には新卒採用に苦労することが少なくない。さらに、せっかく採用しても、「こんなはずではなかった」と辞めてしまう新卒者も少なくない。

　しかし、産学連携を通して実際のプロジェクトに関わることによって、当該中小企業の社風や業務内容、実際に働く従業員、設備の充実度などを知ることができる。そのため、プロジェクトを通してやりがいを見つけた研究室に所属する学生が入社することもある。もともと、入社する企業のことを知っているために、人材と企業のミスマッチングが起きにくく、研究室の先生との関係もあるために、退社に結びつきにくいという効果もある。協立電機がまだ中小企業で知名度も低かった時代、優秀な人材の獲得に苦慮した時期があった。西雅寛氏（協立電機代表取締役社長）は、「会社は小さかったけれど、ウチの技術自体は面白いし、業務柄、最新鋭の計測機械が使い放題であること、やりたいことができること、やりがいがあることを伝えると、入社してくれた」と述懐している。このように、たとえ規模は小さくても、中小企業ならではの働き甲斐を示すことで、入社を決める学生は少なくない。この点からも、産学連携のプロジェクトを通して、大学の研究室に所属する学生との関わりを持つことは、中小企業で働くことの働き甲斐を伝える貴重な機会となっていることがわかる。

　第三の副次的効果は、技術コンサルタントのような助言を受けられることが挙げられる。日常の業務で、「なぜ上手くいかないのだろう」という状況に直面した時、大学の研究室に相談すると、理論的側面から分析することで簡単に解決することができたという経験を持つ中小企業経営者も確認されている。

　第四の副次的効果として、それほど多く頻繁に活用することがないために所有していない実験施設を利用できることや、逆に、中小企業が保有していてい大学の研究室が保有していない実験設備などを利用してもらうなどの融通を利かせた相互利用が可能なことが挙げられる。

　第五の副次的効果は、大学の研究室から寄せられる要望（一見、ムリな要求）が、実は大きなビジネスチャンスに結びつくことがあることが挙げられる。特に、測定器の利用に関する要望が、実は業界のニーズと直結しており、その

4　なかには、大学教員が大学を定年退職した後、当該中小企業の技術研究所や技術研究部のトップとして招聘する約束を取り付けるケースも確認された。

要望が製品の改善のヒントとなったり、製品の技術レベルが向上することもあるという。

2.2　異業種交流

中小企業庁編（2003）では、中小企業庁「中小企業連携活動実態調査」の結果に触れ[5]、異業種交流が、中小企業の事業連携活動への取り組みの苗床機能を持つことを指摘している。このように、異業種交流は、中小企業がイノベーションを遂行するきっかけを探す機会として認識されていることが少なくない。

また、中小企業庁編（2003）では、異業種交流活動の主な目的が人的交流であることを確認した上で、製品開発活動に結びつく場合があり、その挑戦は、その成否にかかわらず、個々の中小企業の新製品開発などへの取り組みが刺激される効果があることを指摘している。

ただし、拘束力もない任意の団体である異業種交流において、筆者が確認した成功事例では、共同で新たな事業を始めるというよりも、異業種が交流することならでは得られる異なる視点や着想、ビジネスのヒントを探すことを目的として行動している中小企業が少なくない。例えば、中小企業庁と独立行政法人中小企業基盤整備機構と連携して開催された「がんばる中小企業・小規模事業者・商店街フォーラム」（2014年3月4日開催）で報告された香川県高松市の讃岐のり染の商品を手がける受賞企業は、異業種交流の結果、若者向けのトートバッグを開発したことを報告している。異業種交流から「のり染の技術を活かしてどのような商品が売れるのか」を考えるヒントを得たのである。

単独の中小企業にとって、単独で合理性の限界のレベルを上げ、ありとあらゆる事業の可能性を見通し、予測して企業行動をとることは難しい。しかし、異業種交流という場は、中小企業に多様性を確保させ、合理的であるレベルを上げることが可能となるひとつの手段であるといえよう。その点では、異業種交流のメンバーもまた、当該中小企業にとってステークホルダーとなり得る。

5　より具体的には、異業種交流活動に参加している企業は13.7％であり、そのうち、異業種交流活動参加と同時に、事業連携活動にも取り組んでいる企業の割合は37.7％であるとのデータを紹介している。また、異業種交流活動に参加した企業でこれをきっかけとして事業連携に発展した経験を持つ企業は22.0％であるとのことである。

したがって、異業種交流のメンバー構成が鍵となる。異業種交流のメンバーも筋がよいステークホルダーである、また、あり続ける必要がある。

2.3 限られた期間で成果を達成するために外部資源を活用する
：本節のまとめ

本節では、明確な到達目標を持ち、限られた期間内に成果を求める関係を構築することでイノベーションを遂行する産学連携と異業種交流に焦点を当てた。

中小企業が産学連携を通してイノベーションを遂行している事例を確認すると、一定の成果を達成したプロジェクトの共通点が確認された。

第一の共通点は、関係構築の方法に特徴があった。1年程度の期間を設け、小規模での実験のための資金提供や共同研究からはじめたり、小企業が研究室に所属する学生をインターンシップの一環として受け入れたり、中小企業の現場で課外授業を実施したり、小規模のアイディアやビジネスプラン・コンテストを主催したりすることを産学連携のきっかけにしていたのである。こうして、まず、お互いに「顔の見える関係」を構築することからはじめ、その後の大きなプロジェクトを実施する傾向が確認された。

第二の共通点は、産学連携の目的が共有されていることであった。いつまでにどの程度の成果を求めるのか、連携で何を達成するのか、などを予め明確にした上でプロジェクトに取り組むことが成果に結びつきやすいという傾向が確認された。

第三の共通点は、関係者間の役割分担が明確化されていることであった。産学連携において中小企業が果たす役割と大学の研究室が果たす役割、支援機関やTLO、産学連携オフィスが果たすべき役割は大きく異なる。それぞれが担うべき役割を果たすことによって、産学連携がスムーズに進む傾向が確認されている。その際、留意すべきことは、研究開発テーマを持ち込んで研究開発資金を拠出しているのは中小企業である点を認識すること、そのために、研究開発テーマの舵取りやリーダーシップを発揮するのは当該中小企業であること、である。

第四の共通点は、産学連携を通して、中小企業に副次的な効果が発生していることである。副次的な効果には、大学の研究室からもたらされる技術や業界

に関する情報が得られること、産学連携での活動を通して当該中小企業に対する理解が深まり、当該研究室に所属する学生が入社することがあること、産学連携のつながりを通して大学の研究室から技術コンサルタントのような助言を受けられること、大学の研究室から寄せられる要望（一見、ムリな要求）が、実は大きなビジネスチャンスに結びつくことがあること、などの副次的効果が確認されている。

　中小企業が異業種交流を通してイノベーションを遂行している事例を確認すると、共同で新たな事業を始めるというよりも、異業種が交流することそれ自体から得られる異なる視点や着想、ビジネスのヒントを探すことを目的として行動している中小企業が少なくなかった。異業種交流の場は、中小企業の多様性を確保させ、合理的であろうとするレベルを上げることが可能となるひとつの手段であると判断された。その点では、異業種交流のメンバーは、当該中小企業にとってステークホルダーとなるため、異業種交流のメンバーも筋が良いステークホルダーである、また、あり続ける必要があることが明らかとなった。

　以上から、スポットの関係性を構築してイノベーションの成功率を高める論理の流れを確認すると、図5-1の通りとなる。

　中小企業が産学連携や異業種交流を行う行為選択をするということは、中小企業組織内部のイノベーション・マネジメントである「イノベーションに対する基本姿勢・組織特性」を備え、「イノベーションの行動規範」を貫いた上での行動であるといえよう。また、組織外部のイノベーション・マネジメントの段階においては、いかに筋が良いステークホルダーを選定するかがきわめて重要な課題となる。ただし、このタイプのイノベーションの実現に関しては、すでに開発テーマを設定した上で連携相手を探索することになるため、この筋が良いステークホルダーを見つけ出し、たどり着くことに多くの労力が割かれることを予め認識しておく必要がある。また、筋が良いステークホルダーにたどり着いた上で関係を構築することにも労力を要する。事例からも将来的に筋が良いステークホルダーとなる主体との関係を構築するために、期限や予算を区切って「顔の見える関係」を構築することを行っていた。したがって、筋が良いステークホルダーまでたどり着けるかどうか、そして、そのステークホルダーとの関係構築ができるかどうかが一つの試金石となる。したがって、この

図5-1　中小企業がスポットの関係性を構築してイノベーションを実現する論理

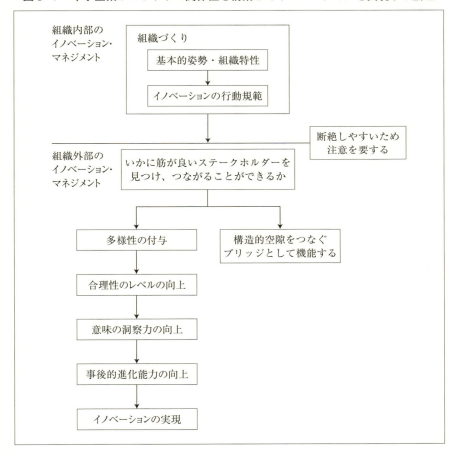

段階で、断絶させることのないよう留意する必要がある。

　産学連携の場合には、筋が良いステークホルダーとつながり、イノベーションを実現させるために、顔の見える関係構築からはじめ、産学連携の目的や到達目標を共有した上で、役割分担できているかどうかが、イノベーションの実現に向けて必要な要件となっている。異業種交流を念頭に置いた場合、当該中小企業は、的確かつ最適な筋が良いステークホルダーとつながるためにも、平時から構造的空隙をつなぐブリッジ（Burt, 1992）となる可能性を持つステー

クホルダーとのつながりを持つことが重要であるといえよう。

3．長期的な関係性を構築することでイノベーションに取り組む中小企業

　本節では、複数の中小企業が協調して役割分担をすることによって、結果的に中小企業がイノベーションを遂行するプロセスの一翼となっている2つの事例に焦点を当てている。Birkinshaw, Bessant and Delbridge（2007）は、断続的なイノベーションを達成し、そこから高い成果をもたらすネットワークを形成するには3つの段階があると主張する。それは、的確なパートナーを探し当てる段階、関係性を構築する段階、第三段階がネットワークで高い成果を達成する段階である。この目的を達成するネットワークには、ネットワークの中核で統制するメンバー[6]が不可欠であることを指摘している。したがって、本節においても、ネットワークの中核で統率するメンバーを中心に事例を確認していくこととする。

3.1　東成エレクトロビームを中核とする企業間ネットワークの仕組み

3.1.1　調査の概要

　東成エレクトロビームを中核としたネットワークに関する調査研究は、筆者が1998年から2003年にかけて行った延べ13社、計17時間にわたるセミ・ストラクチャード方式のインタビュー調査と、2003年に実施したアンケート調査（中核メンバー企業12社中5社は書面で回答を得て、1社からは口頭で説明を受けている）がもとになっている。その後、2005年5月7日と2013年11月13日にセミ・ストラクチャード方式での追跡調査を実施している。なお、本項に関する記述は、水野（2004；2005a；2005c）に負うところが多い。

---

[6] Birkinshaw, Bessant and Delbridge（2007）では、このような役割を持つメンバーのことを"orchestrators"と表している。これは2つの点に留意する必要があると思われる。それは、ネットワークがオーケストラのようなものであり、メンバーの調和が重要であると暗に示している点と、ネットワークの中核となるメンバーは複数存在するという点である。

3.1.2 東成エレクトロビームを中核とするネットワークの概要

　東成エレクトロビームは、東京都西多摩郡瑞穂町に本社を置く1977年設立の企業で、創業当初は電子ビーム溶接機を導入して受託加工を開始したところに原点がある。その後、電子ビーム加工受託、レーザ加工受託、微細穴放電加工受託、ウォータージェット加工受託、イオン蒸着加工受託、溶射加工受託、非破壊検査、機械加工および治工具設計・製作など、高度な加工技術を複数のメンバー企業で一括受注できる体制、試作品から量産まで可能な体制を整えてきた。

　一括受注の体制は、同社が中心となって設計から納入までの不可欠な加工関連事業を手掛ける40社ほどの中小企業で連携を組み、うち12社のより重要な加工ツールを持つ企業で強固なネットワークを構築することで可能にしている。40社ほどの連携を加えたグループでは、受注内容に応じて受注に必要な技術を保有した参画企業が暫定的なグループを形成し、日常的に組み替え可能な企業間連携が行われている。彼らはこの単位を「プロジェクト」と呼ぶ。ひとたびプロジェクトが始動すると、その内部で加工コンセプトや方法、順序、改善の余地の検討、時間、利益配分等が迅速に決定される。

　東成エレクトロビームが、このようなネットワークを構築することになった理由を明らかにするために、まず、東成エレクトロビームがどのような事業を展開していたのか、創業期からの同社のビジネス・モデルを確認する。

3.1.3 東成エレクトロビームが新たなビジネス・モデルを構築するまでの軌跡

東成エレクトロビームの創業期

　東成エレクトロビームの創業期を支えた当時の経営陣らは、大手自動車メーカーでの勤務経験を有する技術者であった。同社の創業期を支え、2014年11月現在、代表取締役会長である上野保氏は、1970年代当時ニッチ分野であった電子ビームの溶接や加工・組立、熱処理に関する高い知識と技術を保有していた。当時、電子ビーム溶接の専業はニッチ分野であったけれど、電子ビームの加工に関する需要のみならず、加工する事業領域の拡大が期待されていた。新たな技術の先行者として、その強みを活かし、電子ビーム溶接の受託加工を専門とする加工に特化した。水野（2005a）では、この事業の基盤となる技術の選定

に関する能力のことを「技術知蓄積・判断能力」[7]と呼び、ネットワークの中核企業として関係性を取りまとめるのに肝要な能力の一つであると指摘している。

　また、上野氏は、大手自動車メーカーでの勤務時代、関連子会社社長の経験を有している。この経験を通じて、製造現場や工程、外注先の管理、部下の統率・育成、経理や財務管理などの企業の資金の流れの把握など、企業経営に関する管理能力や人材を育成するのに必要なノウハウを培ってきた。

　アントレプレナーシップの議論において、しばしば、複数の起業経験を持つ起業家をシリアル・アントレプレナーと呼び、起業経験を積むことによる学習効果を指摘している。福嶋（2013）においては、テキサス州オースティンのクラスター形成を加速させ、クラスターを成長へと導いたシリアル・アントレプレナーの役割を指摘している。すなわち、起業家が起業を複数有することによって培われた経験や学習が、その後の企業経営に活かされることを示している。また、Sarasvathy（2001）は、シリアル・アントレプレナーならではこそ有する共通の原則や視角を導出している[8]。

　上野氏は、大手自動車メーカーの関連会社を起業したわけではない点からは、シリアル・アントレプレナーの定義に該当するとまでは言えないものの、関連子会社の社長としての役割を経験した後に起業することによって、シリアル・アントレプレナーシップに共通する点があるといえよう。水野（2005a）では、特に組織の長としての経験によって培われる組織的管理の能力のことを「組織化・管理運営能力」[9]と呼び、この能力もまた、ネットワークの中核企業として関係性を取りまとめるのに肝要な能力の一つであると指摘している。

　企業の創業期には、業務や取引の実績や企業としての信用がないために、しばしば、新規顧客開拓の足かせとなったり、業務が受注に結びつきにくい状況が発生する。同社も、類似の状況に直面した。大手企業の退職と起業の挨拶に

---

[7] この能力は、より具体的には、「企業のコアとなる技術を身につけ、参入するターゲットの確定とその分野の技術特性を認識し、判断する能力である」と説明している。

[8] Sarasvathy（2001）は、そのシリアル・アントレプレナーが持つ共通の原則や視角をもたらす論理を"effectuation"と名づけた。ただし、Sarasvathy（2001）は、複数の起業経験を有する起業家をシリアル・アントレプレナーとは呼ばず、熟達した起業家（entrepreneurial expertise）と名づけている点は興味深い。

[9] この能力は、より具体的には、「人やモノを組織化し、それを管理する能力である」と説明している。

行ったときに「是非、また来てください」と言っていた相手に、創業後、営業に行ったところ、「会社が潰れると困るから仕事を頼めない」と伝えられたこともあるという。しかし、それは、顧客ターゲットを大企業として考えていたために生じた課題であると考え方を変えたこと、また、中小企業の社長に相談したところ「中小企業の仕事は、会社に発注しているというより、信頼できる人だからこそ発注する」というアドバイスをもらったことにより、中小・中堅企業に顧客ターゲットを切り替えた。

このようにして顧客を少しずつ開拓していった。そして、「断らない」「できるまでやる」という業務への取り組みと業務の成功により、企業としての信用が蓄積されていくと、口コミで顧客が増えていった。

設備投資の拡大

手がける加工業務の幅を広げるために、同社は次々に設備投資を行っていった。1983年にはCO_2レーザ加工機、1986年にはYAGレーザ加工機、1991年には産業用エキシマレーザ加工機というように、次々と加工機の設備投資を行っていたのである。バブル経済の成長も背景となり、事業規模を拡大していった。しかし、同社は、闇雲に設備投資を続けたわけではない。

設備投資の第一の判断基準は、微細加工を可能にすることである。同社が電子ビームに目をつけたそもそもの理由は、モノや設備のダウンサイジングにともない、微細加工技術のニーズが高まると判断したためであった。そのため、微細加工を可能にするための加工機を導入する基準の一つに定めたのである。例えば、YAGレーザ加工機を用いて、医療用器具に利用される0.17mmの歯車を加工している（1998年12月当時）。

設備投資の第二の判断基準は、加工ニーズがあることである。例えば、レーザ加工機は、熱を加えて素材を加工するが、素材には、熱を加えることで変形してしまう素材（例えば、プラスチックやセラミックなど）がある。そのため、そのような素材を加工する際には、非熱処理が求められる。このような素材の加工ニーズが高まっていることを認識した同社は、エキシマレーザ加工機を導入したという経緯がある。

設備投資の第三の判断基準は、加工機メーカーが発売したばかりの第一号機であることである。発売されたばかりの加工機械の第一号機を導入することは、

同社にとって以下の3点の戦略上の利点があるためである。

まず、発売されたばかりの難しい機械の使い方を他社に先駆けて習得し、いち早く加工データを蓄積することによって先行者の優位（first-mover advantage）を確保することができるためである。開発されたばかりの第一号機は、不具合が生じることがある。そのような点から安価ではない加工機の導入に躊躇する企業は少なくない。しかし、同社は、そのようなリスクはあるものの、他社に先駆けて導入することの利点を強調する。

次に、開発されたばかりの最新鋭の加工機械をモニター価格で導入できることである。同社に工作機械を納めるメーカーの取締役が「工作機械は繰り返し製造するプロセスで性能を上げていく。基本はVOC（Voice of Customer）が重要となる製品」と語るように、開発後に工作機械に改善を加えるプロセスが重要な製品である。工作機械メーカーにとっては、より良い改善提案やフィードバックが得られる企業との関係構築は不可欠になる。そのような理由から、工作機械メーカーは、良いフィードバックが得られる第一号機の顧客に対してモニター価格で販売することがある。この取引モデルは、メーカーとユーザーの双方に利得があるため、長期にわたる相互の関係性も深まっていく。

さらに、第一号機を導入することによって、業界の話題となり、同社の知名度が向上することである。このような戦略を実践することにより、同社が新聞や業界紙の記事に取り上げられる機会が増加した。

しかし、（いかに加工機械をモニター価格で導入することができたといっても）最新鋭の微細加工を可能にする加工機械の設備投資には多額の資金を要する。また、設備投資時に借り入れた金利の支払いなど、財務面での負担も少なくない。それによって、同社が財務的に厳しい状況に直面した時期もあったという。設備投資をして技術を内製化することは、財務面でのリスクを抱えることになる点には注意を要する。

ネットワーク構築の布石

そのような折、のちの協力企業となる近隣地域で加工業を営む複数の中小企業から技術相談を受けることから新たな局面を迎える。例えば、米山製作所は、新事業を立ち上げるために、ウォータージェットを導入したものの、導入当初は受注に結びついていなかった。なぜなら、ウォータージェット加工がどの事

業領域に活用でき、どのようなタイプの加工に適しているのかといった活用方法や市場の開拓が発展途上であったためである。そこで、東京都の振興公社に相談に行ったところ、東成エレクトロビームを紹介された。ちょうどその頃、東成エレクトロビームは、本格的にウォータージェットの導入を検討しており、同社で設備するのではなく、ウォータージェットが適している加工に関しては、米山製作所に依頼することにしたのである。それとともに、当時、まだウォータージェットでは実現していなかった3次元の加工や加工精度を高めるため、両社が協力し、試行錯誤を重ねた。

また、大手企業の下請業務を受注していた伊藤工業所（現 アイティーオー）は、下請業務に対する先行き不安があったことから、東成エレクトロビームを訪れ、これがレーザ加工機を導入するきっかけとなった。当時、東成エレクトロビームは、レーザ技術の中でも溶接・表面改質の高度な加工分野に特化したいと考えており、その前工程であるレーザ切断加工を担ってもらう協力企業が欲しかったということも背景にあった。

そこで、東成エレクトロビームは、伊藤工業所にレーザ加工機購入に関するアドバイスやレーザ技術の指導を行った。伊藤工業所の技術者を東成エレクトロビームの工場に受け入れ、機械の操作の仕方や素材特性などを中心に3～4ヶ月の研修を行ったり、レーザ加工のプロセスで問題が発生した際には、東成エレクトロビームの技術者が伊藤工業所に技術指導に行くこともあったという。その後、伊藤工業所は、東成エレクトロビームの勧めもあって、レーザ加工による素材の切断のみならず、溶接の後工程である表面改質（レーザ・スクライバー）の加工も手がけるようになった。

これらの事例のように、近隣地域の中小企業からの相談などを通して、自社で加工技術を内製化するために設備投資をすることだけではなく、近隣地域の中小企業にも設備投資をしてもらい、加工業務を分担することで、結果的に、一社にかかる設備投資による財務面でのリスクヘッジに結びついたのである。この関係の構築が、その後の東成エレクトロビームを中核としたネットワークの形成に大きく寄与することとなる。

一括受注体制を整備するきっかけ

きっかけは、1985年に訪れた。「東成エレクトロビームで資材調達から複数

の加工までまとめてやって欲しい。もし、東成エレクトロビームでできないところがあるのなら（顧客がそれまで取引していた）外注先や資材調達先を紹介する」という顧客の要請があったことにある。すなわち、顧客からの業務の一括発注の依頼である。顧客がこのような要請を同社にした背景は、1980年代は顧客の受注量が多く、業務が慌しくなっていたため、一社一社発注して納品されたものを検査し、組み立てるという煩雑な手間を削減し、開発リードタイムを短縮する解決策を考える必要性に直面したのである[10]。

また、顧客にとって業務の取りまとめが煩雑になる以上に、納品検査や、提供される技術間の互換性・補完性を調整して一つの製品・半製品に仕上げるのに要する調整費用も高止まりし、これが更なる開発コストの追加的負担となっていた。実際に、同社の顧客に1980年代当時の状況を尋ねると、「一つ一つの部品を各社に発注するより、ある程度を組み立てて持ってきてもらうほうが、伝票の数が少なくなるし、手間も減る。我々にとって付加価値の低い部分に関してはできるだけ外に出して付加価値の高いところにその資源を投入したいという上（経営層）からの意向があった」という意見や、「自前では採算性の合わない部分や不得手な部分を専門の外部企業に委託することは当然の成り行きだった。技術革新が日進月歩で進み、それを取り込んだ製品開発競争が激しくなり、開発リードタイムも大幅に短縮することが求められた市場環境において、すべてを自前でやろうとすると開発競争に負けてしまう」という意見が確認されている。

一方で、東成エレクトロビームにおいても、このような申し出は願ってもないことであった。なぜなら、加工業は、一つの加工技術それ自体で製品や部品が完成されるのではなく、多岐にわたる複数の加工工程を経て納品される。したがって、その加工プロセスにおいて複数の企業が加工に関わることになり、同社の加工工程に非がなくても、その前工程や後工程に問題が起こると、関係するすべての企業に被害が及ぶ。東成エレクトロビームが一元管理することが

10　1990年代にバブル経済が崩壊した時にも、一括受注のニーズが増えた傾向が定性的調査からは確認される。しかし、このタイミングにおいて一括受注の要望が増えた理由は、1980年代の理由とは大きく異なる。1990年代に一括受注の要望が増えた理由は、特に大企業の顧客が購買部や資材部のような間接部門にかかる間接経費を削減しようとしたためであることが確認された。

できれば、そのような事態を回避できると想定したためである。
　顧客からの要望は東成エレクトロビームの理にかなっている申し出であったにもかかわらず、社内では大きな反対意見が出された。反対の立場を示す理由は、リスクが大きすぎることにあった。また、面倒で手間がかかりすぎるため、間接経費ばかりかかって利益に結びつかないだろうという意見が圧倒的多数であったという。しかし、その当時、代表取締役社長を務めていた上野保氏は、この時点で顧客の要望に応えなければ、その業務が他社に流れる可能性が高いこと、また、顧客が管理費という形で間接経費の一部を負担するために、決して同社の経営にとって悪い話ではないことを強調して、社内の反対派の説得に当たった。

「失敗」の経験

　こうして、東成エレクトロビームは、このような顧客の要望に応えるために、一括受注体制を整備する意思決定を行った。しかし、顧客が直面していた課題、すなわち、一社一社発注して納品されたものを検査し、組み立てるという煩雑な手間と、高止まりする調整費用が解決されたわけではなかった。外注費が嵩み、納入遅延、加工に失敗した時の責任の所在の特定などの問題が発生したのである。
　顧客から紹介された企業とは日常的な取引がなく、当該企業の特異および苦手分野や加工時のクセなど、加工に不可欠な情報が不足している状況から連携を始めることになる。そのため、いざ業務を開始すると、業務のすり合わせに多くを費やすことになったのである。また、この体制を整備することは、企業との関係が二社間関係に留まるわけではなく、複数企業間の調整も同時に行わなければならない。結果的に、東成エレクトロビームが把握し、指揮しなければならない関係性の数が飛躍的に増えてしまった。これは、連携をする企業一社一社への連絡や指示によって同社の調整費用も高止まりすることを意味し、逆に業務効率を下げる結果を招いてしまったのである。さらに、加工工程で予期せぬトラブルが発生した場合には、解決能力と権限を持たない担当企業は、独自の判断で対処することができず、同社が一括受注体制を整備した責任者として対処に当たらざるを得ない。このような状況に直面すると、更なる作業の遅延を招き、同社の手間や調整費用を高止まりさせる要因となっていた。

このような問題を生じさせたそもそもの原因は、材料の調達から納品の検査に至るまで、それまで顧客が担ってきた業務の煩雑性をそのまま同社が肩代わりしていたところにあったのである。すなわち、この業務の進め方は、業務の煩雑性が顧客から東成エレクトロビームに移転しただけで、同社の負荷を軽減させ、調整費用を低下させるという課題の抜本的な解決策を導き出したわけではなかったのである。

この経験を通して、東成エレクトロビームは、加工に関わる企業にすべてを指示して加工を依頼するトップダウン方式で一括受注体制を構築しようとしたこと自体に問題があり、それに代わる何らかの新しい効率的な代替手段を確立しなければならないと認識した。一括受注体制を構築することを諦めるのではなく、どのような仕組みにしたら成立させることが可能なのかを考えることにした。こうして、東成エレクトロビームは、一括受注のビジネス・モデルを成功させるための対処法を模索することになる。

3.1.4 東成エレクトロビームを中核とするネットワークの構築
「顔」の見える参画企業との関係構築

東成エレクトロビームは、なぜ一括受注体制の構築に失敗したのか、その原因を帰納的に整理して突き止めた。一括受注体制の調整費用が高止まりしてしまう理由は、業務を依頼する企業との日常的な取引関係がなかったために、当該企業の特異および苦手分野や加工時のクセなどという加工に不可欠な情報が絶対的に不足していたことにあると考えた。この問題を内在的に抱えていたがゆえに、業務上のトラブルを誘発し、業務の煩雑性を高めてしまったと振り返る。したがって、一括受注体制に参画する企業に対する無知を回避することが肝要であるため、第一に、参画企業の中でも中核となる参画企業を厳選し、その企業との関係を構築することが重要であると認識したのである。

中核となる参画企業との「顔」が見える関係を構築するために、一括受注体制に参画してもらう企業を厳選した。中核参画企業の選定基準は、一括受注の仕組みを理解し、メンバー間の協力体制が築けること、一括受注体制の構築に必要かつ市場で評価される特異な技術を提供できる企業であること、起こり得るトラブルに迅速に対処できる体制を兼ね備えた企業であること、などを条件

とした。東成エレクトロビームは、協力体制が十分に確立されていない企業間関係がもたらす負の作用を、失敗の経験から実感したがゆえに、中核となる参画企業のネットワークへの絶対的な協力体制は無視できない重要な選定要素であると判断したためである。

したがって、候補企業の提供する技術が、現時点で、外部資源として未成熟であったとしても、技術的なキャッチアップが可能な技術的基礎力と、経営者のやる気があれば、同社は参画の候補企業として、育成する手段を採った。その理由は、企業間の関係性を構築して一括受注の仕組みを成立・維持させるための投資と考えたことのみならず、一括受注で請け負う業務の範囲を拡大し高度化させるために、また、市場競争力を高めるためにも、将来的に「顔」の見える参画企業を増やすことが不可欠であったためである。

この関係構築に一役買ったのが、米山製作所や伊藤工業所などの近隣地域に位置する中小企業間の関係の構築と、業務の補完関係を成立させた経験であった[11]。東成エレクトロビームが、一括受注に求められる補完関係や分業体制を構築するためには、お互いの技術レベルを理解し、加工時のクセなどの特徴を知っていること、相互に保有技術を差別化させて技術のカニバリゼーション（食い合い）を起こさないこと[12]、加工プロセスの連携が取れること、経営者同士がその重要性や必要性を理解していること、が不可欠であると自身の経験から熟知していた。中核となる参画企業の選定に関し、同社の近隣地域中小企業との関係を構築していた経験は、ネットワークを構築し機能させるための重要な布石であったのである[13]。

このようにして東成エレクトロビームが厳選した中核となる参画企業は、一括受注体制を成立させ維持するのに不可欠な重要な加工ツールをもつ12社で形成され[14]、ネットワークの強化を図るためのメンバー企業として位置づけられている。また、東成エレクトロビームは、その他の一括受注を構成する40社に

11　本節における「ネットワーク構築の布石」の項を参照されたい。
12　業務の一括受注体制や共同受注の仕組みの構築を試みる際、しばしば失敗する理由の一つには、メンバー間の保有技術が似通っている、もしくは、ほぼ同様であるが故に、受注業務を奪い合い、相互がカニバリゼーションを起こす関係に陥ってしまうということが挙げられる。
13　その後、米山製作所も伊藤工業所も、一括受注体制を構築する中核的な参画企業となっている。
14　2004年10月現在。

関しても、将来的に中核的な参画企業になってもらうことを期待している。

市場競争力のある一括受注体制の構築

　一括受注体制を成立させ、その関係を企業間の競争力に結びつけるために、東成エレクトロビームがすべての参画企業に求めたのは、日々、技術の継続的な向上と深化のための企業努力を求めたのである。一括受注業務の受注を増やし、主に大企業の顧客の要望に応えるためには、新たな加工技術のキャッチアップが欠かせない。そのためには、参画企業の技術レベルそのものを向上させなければ、一括受注を担うネットワーク全体で受注する技術の高度化や加工精度を維持することが不可欠となる。そのために、参画企業には、現状に留まらない、技術に対する飽くなき探究心を常に求めたのである。

　より具体的には、東成エレクトロビームが新たな加工技術を習得するために加工機を導入する際には、それに関連する技術協力を持ちかけ、経営リスクを負って自社で機械を導入してもらうよう相談する機会を設けることが挙げられる。また、プロジェクトに直接関わっている参画企業を顧客との打ち合わせや加工実施時に立ち会ってもらうことで、顧客との接点を持って当該参画企業の今後の業務の方向性を模索してもらったり、一括受注体制において滞りなく業務を遂行することの重要性を実感してもらい、責任の重さを直接感じ取ってもらったりする機会を意図的につくっている。

　このような機会を意図的につくる理由は、単に一括受注のネットワークの質を向上させる目的のためだけではない。一般的に企業間ネットワークが機能不全に陥る大きな要因として、ネットワークメンバーでありさえすれば仕事量が確保できるために、一種の企業保護的手段と勘違いしたメンバーが独自の経営努力を怠ることが挙げられる。いわゆるネットワークへの依存性という負の作用の蓄積がネットワーク全体の足かせとなり、それが結果的にネットワークの衰退を招くことがある。東成エレクトロビームを中核とする企業間ネットワークにおいて、参画企業による中核企業への依存性を阻止する抑止的手段としても機能しているのである。

参画企業の共有する場（空間）の設定

　東成エレクトロビームが中核となって構築された一括受注体制において、実質的な活動はプロジェクト単位で行われる。顧客の要望に応じて立ち上がるプ

ロジェクトは、すべての参画企業が参画するわけではない。プロジェクトを遂行するのに必要な参画企業のみが参加するために、毎回同じ参画メンバーが集うわけではない。そのため、プロジェクトの運営には中核企業がリーダーシップを持ち、全体の調整機能を保ち、最終的な責任を負うものの、その一方で、プロジェクトを遂行するのに必要な技術を有した参画企業が一堂に会して加工方法等の必要事項を検討する機会を設ける場を設けさせた。すなわち、プロジェクトの中心となる参画企業らが集まり、情報やプロジェクトの内容を共有する場を設定することを義務づけたのである。このような場を仕切り、リードするのが中核的な参画企業であり、このネットワークでは、「コーディネート企業」と呼んでいる。しかし、一括受注体制のネットワークが形成された当初は、このコーディネート企業としての役割のほとんどが中核企業である東成エレクトロビームであったこともまた事実である[15]。

プロジェクトを運営するために設けられる場は、プロジェクト始動時にはプロジェクトの参画企業全員が集合する。この場において、コーディネート企業が主導権を握り、重要事項の確認やスケジュール調整、役割分担を決定する。それ以後は、必要に応じて必要なメンバーが集合したり、相互に連絡を取り合ったりすることでプロジェクトを進めていく[16]。

このようにして、必要に応じてその都度、主体的に参画企業が集まる場が創発される。一括受注の仕組みの中核的役割を果たしている東成エレクトロビームだけがすべての業務の取りまとめをするのではなく、中核となる参画企業が中心となってプロジェクト単位で共有する場（空間）を設定し、プロジェクトに関する全面的な責任を負う挑戦も始まっていったのである。特に、二社以上の微妙な加工精度の違いが完成品の質を左右してしまうほどの慎重な作業を必要とする場合などは、加工時に複数の当事者が頻繁に立ち会ったり、緊密な連絡・接触を図ることで、失敗の危険性を回避するような取り組みが行われている。

---

15 しかし、その後、このネットワークが発展し、プロジェクト経験を積んでいくにともない、コーディネート企業としての役割を果たす中核的な参画企業が増えていくことになる。

16 筆者のアンケート調査（2003年9月実施、参画企業12社中5社回答）によると、回答者（プロジェクト業務に関わる担当者、多くは社長）の認知尺度ではあるが、他参画企業との連絡手段は電子メールや直接会うことの頻度が、電話やFAXに比べて圧倒的に多いという。

プロジェクト単位で一括受注の業務を遂行する方法は、トップダウン方式では醸成されない参画企業間の交流を促すことで、当初の目的であった中核企業（東成エレクトロビーム）の負荷の低減と調整費用の節約を達成させるために効果的な手段となった。そして結果的にネットワーク内部の柔軟性を高め、迅速な加工体制の構築を可能にしたのであった。なぜなら、参画企業がプロジェクト単位での経験を積むことで、参画企業間の連携が促進され、業務の補完性や相補性の相互理解が深まる効果が得られたからである。

プロジェクト単位での共有する場の設定を義務づけたことは、独立したプロジェクトにおいて、参画企業が協業することにより、中核企業としての東成エレクトロビームのとりまとめの負荷を低減させたのみならず、想定した以上の成果が相互作用の中から創発した点で、より重要な意味を持つ。それは、ネットワークとしての一括受注体制それ自体の発展と、それに伴う内部メカニズムの変化、そしてより具体的には、中核企業としての東成エレクトロビームの役割の変化が得られた点である。

中核的な役割を果たす参画企業の自律性の高まり

参画企業がプロジェクトを遂行することによって技術的成長を遂げ、自主性を持って継続的にネットワークに参加した結果、一括受注のネットワークの内部機能に新たな変化が生じはじめた。

第一の変化は、それまで中核企業である東成エレクトロビームが担っていた参画企業のとりまとめの「コーディネーション能力」を同社以外の中核的参画企業が持ち始め、自律性が高まったことである。業務の受注内容によっては、中核企業以外の中核となる参画企業が自社の持つ技術的知見を活かして、業務の割り振りや取りまとめを行うようになっていったのである。確かに、中核的な参画企業がコーディネート企業となり、プロジェクトにおけるコーディネーション能力を発揮する機会は、東成エレクトロビームのそれと比べると少ない[17]。それでも、この事実が重要であるのは、中核的な役割を果たしている参画企業は、中核企業である東成エレクトロビームに育てられる存在から脱皮し

---

17 2001年7月31日に実施したインタビュー調査の筆者のフィールド・ノーツによると、東成エレクトロビームの上野保社長（当時）の認知尺度ではあるが、東成EB以外の参画企業が業務の割り振りや取りまとめを行う割合は、10％ほどであるという。

て自主的に育つ存在に変化するに至ったこと、他参画企業の技術知識や理解を深め、それを業務に活かすプロセスで技術知とでもいうべき能力が培われること、これによってネットワーク内部で参画企業間の多角的関係が形成されたこと、中核企業である東成エレクトロビームのコーディネーションなくしても、中核的な参画企業を中心にしてプロジェクトを構成し、他の参画企業が集まって、自律的な問題解決がなされるネットワーク機能が追加されたこと、などからである。

　第二の変化は、第一点目の変化とも関連することであるが、技術的成長を遂げた中核的な参画企業が、新たな顧客開拓に成功して直接業務を受注し、一括受注のネットワーク内でプロジェクトを立ち上げ、他の参画企業と分担し協業することが可能になったことである[18]。すなわち、中核的な参画企業が自社だけで対応できる加工だけ顧客から受注していたそれまでの体制から、コーディネート企業として業務を取りまとめる能力を培い、中核的な参画企業自身が複数の参画企業を取りまとめる必要がある幅広い加工分野に至る受注能力を身につけたのである。例えば、中核的な参画企業であった米山製作所は、同社の特異技術であるウォータージェット技術の高度化だけでなく、角管のしわ・歪み・割れなどのない曲げ加工（軽量形材曲げ加工）というそれまで極めて難しいとされていた技術を大学との共同研究によって実現させた。そして、この成果は一括受注のネットワークが受託する仕事の範囲を一つ拡大したことを意味する。この事象は、中核的な参画企業の身につけた自律性が対外的にも認知された結果であるともいえよう。

3.1.5　ネットワークの発展段階で変化した中核企業の役割

　これまでは、一括受注のネットワークの構築プロセスとその後の展開に着目してきた。ネットワークの展開を確認すると、中核的役割を果たす参画企業がプロジェクトの取りまとめ役であるコーディネート企業になるという新たな機能を担い始めた。それとともに重要な点は、中核企業である東成エレクトロビームが担ってきた役割を柔軟に変化させたことである。

18　このような時は、中核企業である東成エレクトロビームも、プロジェクトに必要であれば一参画企業としてプロジェクトに参画することになる。

図5-2　ネットワーク構築時の中核企業の役割

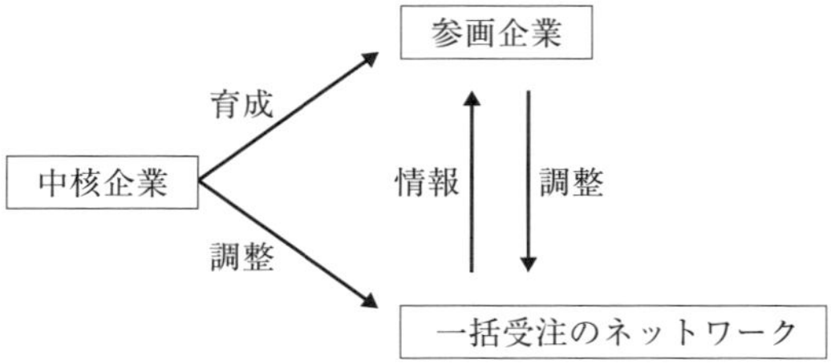

```
                    参画企業
              育成  ↑  │
              ↗    │  │
        中核企業   情報 調整
              ↘    │  │
              調整  │  ↓
                 一括受注のネットワーク
```

出所：水野（2005a）を一部加筆修正

　一括受注のネットワークの構築時には、中核企業の役割は、**図5-2**の状況であった。

　一括受注のネットワークを形成した当初は、中核企業である東成エレクトロビームが、一括受注の仕組みを機能させるために選定した参画企業を、プロジェクトを通して育成する役割と、一括受注のネットワーク内で調整する役割の両方を担っていたことを示している。その目的は、市場競争力のある一括受注の仕組みを構築するためであった。矢印の向きは影響を与える直接的な方向性で、それぞれ作用の名称をつけているが、これらは必ずしも直接的影響力だけではなく、特に参画企業と場の間での相互作用において間接的な影響を与えることもある。例えば、中核企業が参画企業に与えた成長のきっかけは育成作用で表されるものの、自律性を発揮させる成長方法が、間接的に一括受注のネットワークの成長にも影響を与えること、また、中核企業がネットワークの成長を促すきっかけとなった現場での調整作用が間接的に参画企業の成長に影響を与えることもある。参画企業にとって、一括受注のネットワークに参画するインセンティブの一つがここにある。この一括受注のネットワークでの経験を通して、自社だけでは得られなかったであろう幅広い情報の収集を可能にし、また、業界の動向、プロジェクトに参画することによる技術力や調整能力の向上が期待されるためである。

　ただし、長期的な一括受注のネットワークの発展を考えると、図5-2の状態を継続し続けるためには、中核企業の役割は、参画企業への育成作用だけでも場への調整作用を促すだけでも十分条件とはならないことも間接的に示して

いる。それは、参画企業を育成する作用だけでは、中核企業と個別の参画企業との関係性・結びつきが強化されるだけにとどまり、ネットワークの内部で行われる情報的相互作用は限定的に行われるにとどまってしまうためである。限定的な情報的相互作用にとどまると、本来の意味でのネットワークの場の機能を果たさず、新たなメカニズムを発生させるまでには至らない。

また、中核企業が一括受注のネットワークの調整作用を担い続ける限り、プロジェクトのコーディネーション機能は、いつまでも中核企業が担うために、中核企業の負荷と調整費用は高止まりしてしまうことになる。さらに、受注する技術幅を拡大しようとすると、中核企業の統率の範囲が広がり、中核企業の負荷は深刻な問題となる。その調整費用と負荷に耐えられなくなったネットワークは機能障害に陥り、衰退・崩壊する帰結を生む危険性が高くなるのである。すなわち、過去に東成エレクトロビームが経験した過去の「失敗」が繰り返されることを意味する。したがって、参画企業が一括受注のネットワークにおけるプロジェクトにおいて、自律性を持った創発的行為を行うことは、中核企業にとっても理にかなっているのである。東成エレクトロビームを中核とする一括受注のネットワークが発展を遂げた理由の一つは、この中核企業の役割を変化させたことにあるといえよう。

しかし、これによって中核企業の重要性や機能が低下したわけでも、その存在が否定されたわけでもない。中核企業が、柔軟なものづくりを達成するための一括受注体制のグランドデザインの設計・運営・監督者であるとともに、その方向性を模索する主導的役割と責任を担っており、実質的なネットワークの主軸になっている点には変わりがない。具体的には、ネットワークの今後の方向性を見据えた全国的営業展開を行っていること[19]、東成エレクトロビームが仕掛けの主体となって、それまでとは分野や形態が異なる新たな業務[20]を請け負う頻度が高いこと、業務を受注する際には東成エレクトロビームが代表として契約するシステムになっていること、新技術を導入する際には、東成エレクトロビーム一社で取り組むのに終始するのではなく、参画企業に周辺技術の習

---

19 例としては、「自動車開発における技術課題に対する提案から試作、分析・評価まで一貫して請け負う能力を持つ中小加工企業に製品開発の一部を依頼する事業」(2003年4月3日付日刊工業新聞) が挙げられる。

図5-3　一括受注のネットワークの場の自律性の程度と中核企業の役割の変化

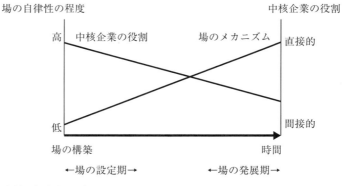

出所：水野（2005a）

得を打診したり、技術導入を援助すること、などである。ネットワークの関係性それ自体は変化しないものの、中核的な参画企業の自律性の高まりとともに、業務の達成方法、各構成主体の担う役割が変化しているのである。

以上の点から、東成エレクトロビームが中核企業の役割をどのように変化させたのかを整理して図示したものが図5-3になる。

この図は、中核企業の役割と一括受注のネットワークの場とがどのように変化したのか、時系列の視点を組み込んでいる。すなわち、中核企業が戦略的に一括受注のネットワークを構築した設定期から発展期に至るまでの中核企業の役割と一括受注の仕組みの内部メカニズムを動態的視点で図式化している[21]。

一括受注のネットワークの場を構築した当初には、中核企業が果たす役割の比重の多くは、参画企業の成長に置かれる。具体的には、機械の使い方や素材

20　このシステムは、東成エレクトロビームが参画企業の受注業務まで搾取しようということからではなく、①契約時に発生する事務や手続きの煩雑性を参画企業から解放し、業務に集中するための手段であること、②交渉能力やコーディネーション能力が他社と比べて極めて高い東成エレクトロビームしか関知できない情報を活かすための手段であること、という理由から採用している。同システムは、東成エレクトロビームの意図によるものというのではなく、参画企業の要望でもある（筆者の2001年8月29日に実施したインタビュー調査のフィールド・ノーツより）。

21　図5-3は設定期と発展期の境界を明示していないが、これは、中核企業の役割や一括受注のネットワークの場のメカニズムの変化がドラスティックに転換するというよりも、むしろ連続的関係から生じていると想定しているためである。

特性の研修を行うこと、また、顧客を立ち会わせてプレッシャーを与え、責任の重さを実感させること、中核企業が今後、主力を注ごうと判断した分野での協力を参画企業に依頼することなどの方策によって、参画企業の技術力の向上を促す。

この参画企業の成長のための手段は、長期的には、一括受注のネットワークの発展に寄与することとなる。それは、中核企業がネットワークの場の内部での仕事の割り振りを通じた参画企業間の関係や、コーディネーションに重要な技術の情報伝達などを通じて、参画企業間の創発的行為を促しているためである。このような日常的なやり取りの積み重ねが、結果的にネットワークの場の変化を生む源泉になっている。中核企業が参画企業の育成と一括受注のネットワーク内部の調整という2つの役割を同時に果たしていたことから、二つの重要な示唆が得られる。

第一に、一括受注のネットワークを構築した当初には、中核企業は、参画企業とネットワークの場の双方に対して直接的かつ大きな影響力を持つことである。この事実はまた、一括受注のネットワークの仕組みの構築や運営の主導権は中核企業が握っており、ネットワーク内部の自律性は低く、中核企業の権限を強く受容する参画企業の構図が成立していたことも暗に示している。

第二に、一括受注のネットワーク内部の変化を時系列で確認すると、中核企業のコーディネーションは、確かにネットワーク構築当初の一時点では、一括受注のネットワークの場に直接的に作用していたものの、長期的には、中核企業の調整作用を通じて参画企業の学習に結びついた点である。この学習の積み重ねが、のちの中核的な役割を担う参画企業へと成長することを可能にした原点であったと想定される。

一方、一括受注のネットワークの場の発展期には、中核企業が果たす役割の比重の多くは、ネットワークの維持・発展に置かれる。これは、参画企業は中核企業に育てられる受容的存在から、それぞれが調整能力を発揮して参画企業間のとりまとめまでを積極的に行う自律的存在へと変化した結果である。すなわち、一括受注のネットワークの場における参画企業の自律性の程度が高まったために、中核企業の役割は直接的なコーディネーションと参画企業の育成という直接的な影響力から、間接的な影響力を与える主体に変化している。間接

的な影響力には、例えばネットワークの場全体の管理や対外的な情報発信、ネットワークの将来の方向性の模索といった、一括受注体制の仕組みの設計者ならではが果たし得る役割が挙げられる。

しかしここで着目すべき点は、ネットワークにおけるリーダーシップは依然として中核企業が持っており、ネットワーク内部の関係性それ自体は変化しないものの、業務の達成方法、構成主体の役割が変化するために中核企業の役割もネットワークの発達段階に応じて柔軟に役割を変化するという構図が成立しているということである。

3.1.6 「3つのジレンマ」の克服から見る一括受注のネットワークの正常な機能

「知識共有ネットワーク」という概念

Dyer and Nobeoka (2000) は、「トヨタの生産システムの内部はブラック・ボックスであり、この中で高いパフォーマンスを実現するメカニズムが働いている。そして、これを可能にするのは、トヨタがネットワークレベルでの知識共有プロセスを効率的に創り出し、統率しているからである」として、知識共有ネットワークを分析している。

ただし、一般的にこの知識共有ネットワークを機能させることが難しいことがわかっている。それは、3つのジレンマが生じるためであり、これらを克服することが関係性を成立させる鍵であるとする。3つのジレンマとは、第一に利己主義の追求がネットワーク参加インセンティブの低下をもたらすこと、第二に自己対価なくして便益を享受しようというフリーライダー（ただ乗り）が存在すること、第三にネットワーク活動においてコストが生じることと、いかにして知識移転の効率性を最大化させるのか、である[22]。

東成エレクトロビームを中核とする一括受注の仕組みは、一括受注のネットワークの展開のプロセスで、参画企業に自律的存在へと転換したこと、また、参画企業がこのネットワークを通して、技術的な発展を遂げたことなどから、一つの知識共有ネットワークであると判断することができる。

「3つのジレンマ」を克服できた理由

そこで、本項では、東成エレクトロビームを中核とした知識共有ネットワークがなぜ機能し得たのかを、Dyer and Nobeoka (2000) が指摘した3つのジ

第5章 中小企業のイノベーション・マネジメント その3 「関係性」を確立する 217

レンマ（利己主義の存在、フリーライダーの存在、ネットワーク活動で生じる費用）を克服したプロセスから確認する。

　第一の参画企業の利己主義の存在のジレンマを克服することができたのは、まず、東成エレクトロビームが一度構築に失敗した経験をもとに、中核的役割を果たす参画企業を選定したことが大きい。中核となった参画企業の選定基準は、一括受注の仕組みを理解し、メンバー間の協力体制が築けること、一括受注体制の構築に必要かつ市場で評価される特異な技術を提供できる企業であること、起こり得るトラブルに迅速に対処できる体制を兼ね備えた企業であること、であった。この選定プロセスが、企業の参画意図や目的の実質的なすり合わせの段階として機能した。ネットワーク内部で、各メンバーの追求する目的が異なっているならば、参画インセンティブやメンバー間の主観的結びつきの程度が低下し、必然的に第一のジレンマであるメンバーの利己主義的行為の可能性を高めてしまう。一括受注の仕組みの構築において、中核的な役割を果たす参画企業を選定し、このネットワークの目的を共有していたことが示す意味は大きい。

　業務を受注し、コーディネート企業が中心となって遂行するプロジェクトの経験を蓄積することもまた、第一のジレンマである利己主義を長期的に排除するよう作用している。プロジェクトの遂行には、必要な技術を有した参画企業が一堂に会して加工方法等の必要事項を検討する機会を設ける場を設けることになっていた。これは、プロジェクトを遂行する過程で、参画企業間での有機的連関を通して、日常的に細かな情報が一つ一つ蓄積されていることを意味している。

22　Dyer and Nobeoka (2000) では、トヨタが、これら3つのジレンマを克服しているからこそ、高いパフォーマンスを実現していると主張する。一つ目の利益相反のジレンマに対しては、ネットワークの一員であるという「ネットワーク・アイデンティティー」を高め、目的や哲学の共有、調整やコミュニケーション、学習を支持するルールづくりを行うことで克服していること、二つ目のフリーライダーのジレンマに対しては、生産情報やノウハウをネットワーク内部で広く共有することで克服していること、三つ目の知識移転の効率最大化に対しては、サブ・ネットワークを作ることで複数者間の知識移転手段を補強し、これによって高密度の企業間連携と強い紐帯を築くこと、によって克服していると協調する。そして、トヨタは、ジレンマの克服プロセスにおいて、三つのフェーズを経てきたことを指摘している。第1フェーズが弱い紐帯の構築、第2フェーズがトヨタとの強い紐帯（二者間関係）の構築、第3フェーズがサプライヤー間での強い紐帯（多数者間関係）の構築である。

これらの情報の中には、メンバーの労働能力や参加態度、行動力、認知パターン、判断能力、ひいては人間性までをも含んだ詳細かつ広範囲にわたる豊富な情報が含まれる。参画企業間の信頼性の高い情報の伝達が、意思疎通を迅速にし、業務の円滑化を助長し、ネットワークの関係構造を補完している。利己主義的かつ機会主義的行動を選択すると、それまで時間をかけて蓄積してきた資産の多くが埋没してしまうことを意味する。また、プロジェクトの参画経験を積めば積むほど関係構造は深くなるため、プロジェクトそれ自体がネットワーク内部の不正行為や機会主義的行為（Granovetter, 1985）を阻止する一つのモニターとして機能し、メンバーの利己主義的行為を抑制するよう作用している。

　また、参画企業にとっても、この一括受注のネットワークの場は、自社だけでは得られなかったであろう幅広い情報の収集や、業界の動向探索、プロジェクトに参画することによる技術力や調整能力の向上の場となっている。そのため、短期的な機会主義的行動は、参画企業の学習および成長の場を奪われることを意味する。これもまた、メンバーの利己主義的行為を抑制するよう作用している。

　第二のジレンマであるフリーライダーを阻止することは、不作為もしくは手加減、他力本願で、他の参加主体と同等なネットワーク効果を享受しようとするインセンティブを如何にして阻止するかという問いに答えることである。いわゆるネットワークへの依存性をいかに排除するのかである。このジレンマを解消する一つの鍵となっているのは、すべての参画企業には、日々、技術の継続的な向上と深化のための企業努力が求められていることにある。各参画企業は、一括受注の仕組みにおいて市場競争力のある業務を受注するために、掲げられた高い目的を達成する術を身につけるよう方向づけられ、技術的発展を遂げるための努力をも同時に求められている。

　着目すべき点は、（ネットワークとは関係なくメンバーが単独で追求することではなく）ネットワーク内における参画企業の他の参画企業とは差別化された技術的位置づけを把握し、それを前提にした上で、どのような展開を行うべきかを追求することにある。ネットワークにおける自身の役割が明確に位置づけられているために、ネットワークにおける参画企業の役割を果たすことがで

第5章 中小企業のイノベーション・マネジメント その3 「関係性」を確立する

きなければ、中核企業や他の参画企業は、当該参画企業を外し、新たな参画企業候補を探し始める行動を取ることになる。したがって、参画企業による中核企業および一括受注のネットワークへの依存性やフリーライダーを阻止する抑止的手段となっているのである。

第三のジレンマであるネットワーク活動によって生じる費用負担の抵抗をいかにして低減させるのか。確かに、ネットワーク活動には、費やす金銭面をはじめとした物理的負担や時間的負担を要することが少なくない。これがネットワーク活動の維持・継続の足かせになる場合も多い。この解決に関しては、負担した物理的費用以上の誘因（Barnard, 1938）が存在することによってネットワーク活動の維持・継続が容易となる。

東成エレクトロビームを中核とする一括受注のネットワークにおける参画企業の誘因（Barnard, 1938）を確認すると、まず、一括受注のネットワークでは、実際の業務を受注しているために、参画することで実際の仕事に結びついていることが挙げられる。参画企業のメンバーとして、他の参画企業と差別化された特異な技術を保有していることによって、プロジェクトに参画する権利を得る。これは、実際の受注に結びつく期待感が高くなる。

また、プロジェクトに参画することによって、自社だけでは得られなかったであろう幅広い情報の収集や業界の動向を確認することができる点も誘因となる。その際には、たとえ一括受注のネットワークから得られる収入が少なかったとしても、金銭的対価以上の対価が得られていると認識するために、参画インセンティブが高く保たれる。

さらに、プロジェクトに参画し、参画メンバーとのやり取りや実際の業務プロセスを通して、参画企業の技術力や調整能力の向上の場となっていることも誘因となっている。

その他にも、東成エレクトロビームが中核となっている一括受注のネットワークは、大手企業が一括発注した初期の時点で構築し、うまく機能しているビジネス・モデルとして、支援機関や加工業界、マスコミなどでも事例として取り上げられることも多く、このネットワークに参画している事実が中小企業としての信用を高めることも誘因となっている。

一方で、Dyer and Nobeoka（2000）によると、第三のジレンマであるネッ

トワーク活動に要する費用負担は、知的移転の効率性を最大化することで相殺され得る点に着目している[23]。この事例における知的移転の効率化を最大化させるよう作用した要因として挙げられるのは、中核となる参画企業を選定していたことである。すなわち、中核企業である東成エレクトロビームは、知的移転の効率化を最大化することができそうなメンバーをはじめからスクリーニングすることで、効果的な一括受注のネットワークの構築に寄与したのである。

一括受注のネットワークにおけるプロジェクトにおいては、相補性や相互作用、調整機能、コンビネーションを円滑にすることが不可欠となる。このような複雑性を兼ね備えた業務を円滑に進め、知的移転の効率化を最大化する対策として、参画企業のスクリーニングは不可欠なプロセスとなる。このようにして、知識移転がスムーズに行われる土台を整えてきていると解釈される。

3.1.7　参画企業が得る東成エレクトロビームを中核とするネットワーク参画のメリット

本項では、参画企業側からみる一括受注のネットワークに参画するメリットを確認する。Dyer and Nobeoka（2000）が指摘するように、ネットワーク活動に参加することによって参画企業には費用の負担が発生する。負担には、金銭面等での物理的負担のみならず、時間的負担も発生する。東成エレクトロビームを中核とする一括受注のネットワークでは、実務的な業務が発生するものの、プロジェクト会議への参加や、他の参画企業との業務のすり合わせを必要とするなど、一般的な通常の受注業務と比較すると、手間がかかる業務である。

それでも、参画企業がこのネットワークに参画するのは、単に業務の受注に結びつくのみならず、その業務の内容によるところが大きい。コーディネート企業を通して流入する業務は、大手企業の試作業務や、航空や宇宙などの特殊領域の微細加工、特殊産業機器、原子力など、幅広い業務領域かつ高度な特殊加工技術を要するものが少なくない。その背景には、東成エレクトロビームが、

23　トヨタの知的移転の効率性を最大化することの解は、サブ・ネットワークをつくることで複数社間の知的移転手段を補強して、高密度の企業間連携と強い紐帯を築くことで克服していると指摘している。

一括受注のネットワークの市場競争力を高めるために、このネットワークでしか受けることができない高度な加工技術体制を構築してきたこと[24]、また、特定の業界の業務に依存することのリスクを分散させるために意図的に受注する業務領域を拡大してきたことが挙げられる。これらの業務は、中小企業が単体で受注できるタイプの業務ではない。そのため、参画企業は、このような業務に関わることのメリットを実感する。

また、それまで取引がなかった顧客企業との新たな取引をはじめるきっかけにもなる。加工する参画企業の技術者にとっても、航空機や宇宙衛星などの社会的意義の高いものに自社で加工した技術が活用されていることで、また、それらの業務に携わる担当者と接して意見交換することなどで、働くモチベーションも向上する。

一方で、このような特殊加工業務に携わることにより、参画企業は、先端かつ高度な技術の習得が日常的に求められるようになる。確かに、その業務プロセスは簡単なものではない。しかし、このプロセスでの試行錯誤や、どうしたら依頼どおりの加工を実現できるのかの発想や思考の鍛錬、プロジェクトでのすり合わせ経験が、結果的に参画企業の技術力やコーディネーション能力の向上に結びつく。また、それらの能力が向上することで、新たな業務領域に挑戦する士気を培い、顧客開拓にも結びつく可能性が広がる。

中核企業や他の参画企業間との関係性からも参画企業はメリットを得ることが少なくない。高度な加工技術を保有する意欲的な他の参画企業から刺激を受けたり、経験を共有したり、それぞれが入手した情報を共有するなど、単独で経営していたのでは得られないであろうものを得ることができる。また、このような関係性や実際の業務の補完関係から、共同で取り組むことによって加工精度を向上させたり、治工具を共同で開発したりすることによって、相互にWin-Win関係を築き上げている。

3.1.8 水野（2004, 2005a, 2005c）のその後の展開

東成エレクトロビームを中核とする一括受注のネットワークにおいて、参画

---

24 東成エレクトロビームは、それを実現するために参画企業を厳選してきたことは、すでに論じたとおりである。

企業はすべて地理的近接性のある企業を選定していた。その理由は、プロジェクトが発足すると、参画企業らが集まり、情報やプロジェクトの内容を共有する場を設定することを義務づけたことが一つの背景である。また、プロジェクトが進捗している状況では、必要に応じて日常的なすり合わせの場を設けていた。業務をこのようにして遂行する場合には、地理的近接性が不可欠であるとの認識からである。それは、東成エレクトロビームがかつて経験した失敗からの学びでもあった。

　新たな展開のきっかけは2000年に舞い込んだ。栃木県鹿沼市で、当時、東成エレクトロビームの代表取締役社長を務めていた上野保氏が、同社を中核とする一括受注のネットワークについての講演をした後の出来事である。鹿沼市を中心とする地域の中小企業を集め、業務のコーディネートをしていた企業からの相談であった。「地域中小企業の技術をコーディネートし、一括受注体制の中小企業間ネットワークを構築してきたものの、それでもどうしても受注に応えられない案件が出てきている。広域で各地のネットワーク同士がつながる協力関係を構築できる企業はないかと探していた。一度、検討してもらえないか」という依頼であった。東成エレクトロビームも同社を中核とした一括受注のネットワークだけでは対応が難しい案件が発生することもある状況に直面していた。

　そこで、特定地域の中小企業間の連携を取りまとめる中核企業の経営者が集まる機会を設けた。参加者は、同社をはじめとした広域で中核企業の連携を図ろうと考えていた5社の経営者であった。この当時、景気の悪化により、中小企業の業績を圧迫していた。しかし、活路を切り開こうとしていた経営者らの集まりの場は、高度かつ差別化された特異な技術を持つ企業間ならではの広域連携の可能性を実感する場ともなった。ただし、課題はその関係性が広域にわたるために、お互いの顔を確認することが不可欠となる。

　そこで、これから連携を始めるに当たり、日常的に顔が見えないことの不確実要素を補う意味でも、相互に過去3期分の決算書と財産目録、事業計画を公開し合った。この時、広域にわたる連携を結ぶ中核企業同士が明確にした共通の目標を作った。それは、「それぞれのメンバーが、基盤技術型から製品開発型の業態へと移行すること」(東成エレクトロビームの上野保代表取締役会長)

であった。

　一般的に、企業間の新たな取り組みにおいて経営トップの合意が得られたとしても、実務者間の関係構築が形成されず、連携がうまくいかないことは少なくない。このような状況を回避するために、それぞれの経営トップは、実務担当者に、広域にわたる中核企業間の連携の目的と意義を伝え続けた。実務担当者にとっても、東成エレクトロビームを中核にした一括受注のネットワークで受注できる業務の範囲の「限界」を感じ始めていた時期でもあり、関係性が広域にわたったとしても、業務の補完性があり、ネットワークの市場競争力を高める手段になることが担保されれば戦略的手段であると受け止めたという。また、広域で連携を結ぶ中核企業の経営トップが、お互いの工場見学などを通して、実務担当者間が接触し、交流する機会を積極的に設けたことも、広域にわたる中核企業間が連携を結ぶことの心理的壁を取り払うよう作用した。

　こうして発足した各地の中核企業が広域に連携を組む「ファイブテクネット」が発足した。これまでのファイブテクネットの活動事例としては、展示会への共同出展や、それまでより幅広い加工領域にわたる業務の受注、医療用器具開発などが挙げられる。

　ファイブテクネットの取り組みは、これまで東成エレクトロビームが中核となって進めてきた一括受注のネットワークと大きく異なる。これまでのネットワークの仕組みは、プロジェクトが発生すると、地理的に近接していることで日常的にお互いに顔の見える関係性が構築されていた。一方で、新たな取り組みは、関係性が広域にわたるため、連携がうまく機能するかどうかのリスクを抱えていた。しかし、このようなリスクを、中核企業の経営トップが合宿形式の打ち合わせの機会を設け、財務状況などの企業の信用に関わるデータを公開するなどして回避しようとしたこと、実務担当者間に対しては、新たな連携の目的を説明し、工場見学などの機会を積極的に設けて心理的抵抗を生まない措置によって回避しようとしたことが背景にあったことが確認された。

3.1.9　東成エレクトロビームを中核にした一括受注のネットワーク事例の解釈

　本項では、東成エレクトロビームを中核にした一括受注のネットワークの事例を通して、複数企業が業務の協働体制を構築することにより、受注できる業

務を拡大してきた現象を確認した。この事例を中小企業間のイノベーションという文脈で解釈することが本項の目的である。

東成エレクトロビームは、一括受注のネットワークを構築する前に、独自で、微細加工を可能にする開発されたばかりの加工機を利用することで、独自の競争優位性を築いてきた。その後、同社が加工する前工程や後工程を担う協力企業や微細加工全般を受注する際に必要となる同社が保有していない加工機を保有する協力企業との補完関係を構築する経験を通して、一社にかかる設備投資による財務面の負荷を低減させ、受託業務の分業体制を築くことの重要性を認識した。Tidd, Bessant and Pavitt（2001）が指摘するように、どこに資源があるのか、そして、その資源をどのように組み合わせればよいかという知識や仕組みを構築することができれば、イノベーションに必要なすべての資源を一社で保有する必要はなく、ネットワーキングという手段が、経営資源の問題に対して強力な解決策となることを示している。

そして、同社は、この経験を一度、仕組みづくりには失敗したものの、一括受注のネットワークの仕組みづくりに役立てていた。この一括受注のネットワークは、中核企業のみならず、参画企業にも多くの新たな取り組み、イノベーションの活動に寄与することとなった。

参画企業の日常的な受注業務との違い

東成エレクトロビームを中核とする一括受注のネットワークは、実際に顧客企業から業務を受注し、加工プロセスを経て納品する実際の受託加工業務である。しかし、参画企業にとって通常の加工業務と大きく異なる点が二点ある。第一点目の違いは、複数企業間が協働して一つの受注業務に関わるために、関係する参画企業間での分業やそのための調整作業が必要になることである。プロジェクトにおける他の参画企業とのやり取りを通して、新たなアイディアやヒントを得られることがある。また、取りまとめたりコーディネートしたりする経験を積むことで、他の業務を受注する際の一つの競争力にもなる。さらに、プロジェクトは複数の参画企業が関わるために、一社だけでは受注できない幅広い業務に関する知識を得ているのである。

イノベーションの機会の確保

参画企業にとって通常の加工業務と二点目に異なる点は、プロジェクトへの

参画の経験が、自社のイノベーションの機会となっていることである。東成エレクトロビームを中核とする一括受注のネットワークでは、加工精度など高度な加工技術が求められる微細加工の業務が多い。また、このネットワークにおいても、競争力のある一括受注体制を維持するために、参画企業に新たな加工技術に対するキャッチアップや技術に対するあくなき探究心と向上心を求めている。さらに、プロジェクトへの参画を通して、自社では得られなかったであろう情報の収集や、顧客企業および顧客企業の業界の動向などに関する知識が得られている。これらの点からも、参画企業はプロジェクトへの参画を通して、自社の加工技術の他事業領域への転用可能性や、技術展開を考える機会を直接的に得ていることになる。

このプロジェクトをきっかけに、大手企業や大学との共同開発に結びついたという参画企業も確認されている。すなわち、プロジェクトでの業務は、各参画企業の実際の金銭的利益を得る手段になっているということのみならず、各参画企業の中・長期的成長に結びつく機会も同時に提供しているということを意味しているのである。

参画企業の選定

東成エレクトロビームを中核とする一括受注のネットワークにおいて、一社だけでは受注できない幅広い良質な業務に関する情報を獲得し続けるために、また、間接的にイノベーションの機会となる業務を受託し続けるためには、やはり、ネットワークに参画する企業を厳選する必要がある。

参画企業を選定する第一の理由は、プロジェクトの参画企業の保有技術に、一つでも「逆突出部（reverse salient）」(Hughes, 1983)[25]があれば、全体として高い加工技術を顧客に提供することができず、一括受注のネットワークそれ自体が機能しなくなる可能性を事前に回避する必要があるためである。

参画企業を選定する第二の理由は、ネットワークで受注できる技術力を維持するためである。ネットワークで受注できる技術力が高くなければ、顧客企業はわざわざ業務を発注する必要がない。東成エレクトロビームがこだわったの

---

25 Hughes (1983) は、「逆突出部」を、システムの成長を阻害し、次の一手を展開する際に足手まといになっている部分であると定義している。そのため、Hughes (1983) では、逆突出部とは、一つのシステムの機能を妨げる「決定的問題」になると強調する。

は、このネットワークにおいても、競争力のある一括受注体制を維持するために、参画企業に新たな加工技術に対するキャッチアップや技術に対するあくなき探究心と向上心を求めていることである。これは、加工業務の高い市場競争力を維持すること、また同時に、参画企業のためのイノベーションの機会を提供するために不可欠な措置となっている。

参画企業を選定する第三の理由は、参画企業間で業務を奪い合う状況を作らないよう参画企業の保有技術を意図的に差別化するためである。参画企業の強みや保有技術が重複すると、参画企業間で業務を奪い合う、いわゆるカニバリゼーションを発生させてしまう。したがって、保有技術の特異性を一つの基準として定め、参画企業を予めスクリーニングすることで、参画企業間で業務を奪い合う状況を回避しようとしたのである。

また、このように参画企業の技術のオーバーラップが生じないような措置を講じるもう一つの意図には、一括受注できる技術の幅を拡大することも背景にある。一括受注のネットワークの場で受注できる加工技術の幅が拡大することによって、受注のビジネスチャンスが拡大するとともに、参画企業にとってもイノベーションの機会が拡大することを意味する。

参画企業を選定する第四の理由は、参画企業には、将来的にプロジェクトの受注と進捗を管理するコーディネート企業としての役割が期待されており、その役割を果たす潜在的可能性を有した企業を参画企業とする必要があるためである。すなわち、参画企業を選定する際には、一括受注のネットワークにおける場の自律性を高める存在へと進化する潜在的可能性を有しているかどうかも一つの基準となっているといえよう。特に、一括受注のネットワークの場の発展期において、中核企業である東成エレクトロビームは場における直接的なコーディネーションと参画企業の育成という直接的な影響力を与える存在から、ネットワークの全体の管理や対外的な発信、将来の方向性の模索といった設計者が果たすべき役割に注力するようになる。この段階においては、一括受注のネットワークが自律的に機能することで、参画企業がコーディネート企業となってより多くの業務を受注することに結びつくことが期待されているためである。

さらに、以上の理由から厳選された参画企業同士は、一種の協同体としての

意識や、プロジェクトを切磋琢磨して円滑に進めようとする意識が高い。そのような自律的な主体が集うことの情報の流入や今後の方向性に関する意思決定のヒントが得られることも少なくない。

試作品を受注する意味

東成エレクトロビームが一括受注するネットワークの業務においてしばしば、参画企業のイノベーションの機会に結びつくことが多いのは、試作品を受注する場合においてである。確かに、試作品は、業務の当初から解がある業務であることは少なく、試行錯誤を繰り返すプロセスを経て納品につながることが少なくない。その点では、アプリオリで顧客の要求精度を満たす解が明確になっているわけではないことも多い。そのため、当該業務を実施するプロジェクトが発足すると、手間がかかる煩雑な打ち合わせや調整を要することは少なくない。また、その調整に関しては、顧客との直接的な接点を複数回、要することもある。

しかし、その一方で、この手間がかかる煩雑な打ち合わせや顧客も含めた調整のプロセスにおいて、顧客の技術ニーズや動向に関する情報収集や、顧客とのやり取りを通じて得た知見、業務を通した技術的競争力の向上、試行錯誤することによる実験データの蓄積などが、当該参画企業の企業競争力を強め、また、参画企業の次の事業展開や発展の一つの機会となっている。

3.2　京都試作ネットの仕組み

3.2.1　調査の概要

京都試作ネットに関する調査研究は、筆者が1998年12月から2010年3月の間、6回に分けて行った延べ39社・団体、計63時間25分にわたるセミ・ストラクチャード方式のインタビュー調査と、2014年1月24日における3件の追跡インタビュー調査、および、2014年9月6日に開催された日本生産管理学会全国大会（創立20周年記念大会）における京都試作ネット代表理事の竹田正俊氏（株式会社クロスエフェクト・株式会社クロスメディカル代表取締役社長）の特別講演がもとになっている。なお、本項に関する記述の多くは、Mizuno (2014)、および、水野 (2013b) によっている。

3.2.2　京都試作ネットの概要

　京都試作ネットは、2001年7月17日に発足した試作品の開発および製造を共同で受注するための協同体である。発足当初は10社から構成されていたが、2011年5月現在、メンバー企業は18社を数える[26]。協同体の事業活動としては、共同受注のほかに、展示会への共同出展も行っている。また、出展する展示会も多岐に渡っている。機械技術や微細加工に関する展示会への出展は勿論のこと、航空宇宙産業の見本市や鉄道技術の見本市、店舗総合見本市である「JAPAN SHOP」（商空間のデザインやディスプレイ、インテリアなどの見本市）や、居住空間総合見本市である「リビング＆デザイン展」、外食・中食産業やコントラクトフードサービス、宿泊業などを対象にした見本市「国際ホテル・レストラン・ショー」などにも出展している。

　京都試作ネットは、2つの使命を掲げている[27]。第一に、開発者に、期待を超える試作品をどこよりも早く提供することである。そのため、京都試作ネットは、問い合わせが寄せられてからの時間を強く意識している。また、京都試作ネット代表幹事を務める竹田正俊氏が、「顧客があっと驚くほどの価値を提供しないといけない」と強調するように、メンバー企業は、顧客が何を求めているのかを打ち合わせや図面から読み取る力を磨いている。第二に、試作発注者の手間を省くことである。これも顧客に提供する価値を高める重要な視点であるとメンバー企業が認識している。

　京都試作ネットが掲げる理念は3つである。
- 商品開発初期段階から顧客と一緒に参画し、加工業者からの提案をし、顧客の開発の効率化を図る
- 企業連合で知恵を出し合って創発し、顧客にソリューションを提供し、新しい価値を創造する
- 試作という高度なものづくりを通じて、それに携わる人々に人としての成

26　その後、京都試作ネットは、2012年秋に大きな組織改変を行い、100社を超える協同体に再編されることになる。しかし、京都試作ネットの設立当初と2014年現在の京都試作ネット（通称、「ALL京都改正」または「新生京都試作ネット」）の組織体制は大きく異なるために、本項では、区別して記述することとする。

27　京都試作ネットの使命や理念などに関する詳細は、http://www.kyoto-shisaku.com/about/ を参照されたい。

第5章 中小企業のイノベーション・マネジメント その3 「関係性」を確立する

長の機会を提供する

そして、京都試作ネットは、「顧客の思いを素早く形に変える」をコンセプトに、3つの特徴が挙げられる。一つ目の特徴は、「対応の迅速性」であり、顧客から情報を受信すると、2時間以内で返信を行う体制が整えられている。部品加工であれば原則として2時間以内に見積もりまで提示する。企業の競争環境が激しくなり、次から次へと新製品を市場に投入していくことが求められている市場環境において、新商品を発売されるまでのサイクルは短くなくてはならない。また、開発過程において急な設計変更などが生じて新たなプロトタイプを急遽、製作しなければならない場合も少なくない。このような状況下では、価格よりもスピードが重視される。このような市場環境に置かれている顧客が試作品に求める要素の一つはスピードであると判断しているからこそ、問い合わせから2時間以内で何らかの回答を出している[28]。

二つ目の特徴は、（顧客に対して）「心地よいソリューションを提供する」ことである。顧客の要望を聞きだし、用途に合致した解決方法や改善策を提示する。もし、顧客の要望すべてを満たすことが難しい場合には、代替案を提案するのである。このような対応を行っている根底には、たとえ、今回の受注に結びつかなかったとしても、京都試作ネットに対する理解を深めてもらい、次回の問い合わせにつながるという信念がある。

三つ目の特徴は、「顧客が安心して試作を発注できる体制を構築した」ことである。試作品を発注する企業の担当者にとって、最も注意を払う要素の一つは、情報の漏洩である。したがって、これらの機密情報をいかに適切に管理するかが重要な課題となる。京都試作ネットは、発足のタイミングにおいて、セキュリティー対策に関しても情報が漏れないシステムを構築し、顧客の信頼を得ている。これらの対応が顧客の支持を得て、発足から2009年3月までの引き合い件数は、3,000件程度となっている[29]。

---

[28] 京都試作ネットで出来上がったプロトタイプを見て、「とにかく尋常じゃない早さ」や、「早く回答がもらえるから依頼をした」と回答する顧客も少なくないとのことである。
[29] 成約に至らない一番多い原因は、試作の価格に折り合いがつかないことであるという。

3.2.3 発足までの軌跡[30]

　京都試作ネットを構成するメンバーの多くは、京都機械金属中小企業青年連絡会（通称、キセイレン。以下、キセイレンと略す）の代表幹事や副代表幹事を務めた経験を持つ。キセイレンとは、1982年5月に発足した、京都に拠点を構え、主に機械関連業務を手がける中小企業経営者および次期経営者の有志が集まった任意団体である[31]。主な活動としては、工場見学会や勉強会、交流会などが行われており、地域の中小企業経営陣らがお互いに切磋琢磨して、経営者として成長する場となっている。

　ところが、キセイレンでは、メンバーが45歳になると代表権を失う規則が存在する。そのため、キセイレンを卒業した元代表幹事や元副代表幹事らの互いに切磋琢磨する場を失った経営者らが集まり、新たな学びの場を作ろうとした。それが1992年1月に発足した研究会であった。この研究会の活動内容は、メンバーが経営する企業の工場見学と、当該企業の戦略や事業に関する発表、参加者を含めたディスカッションをするものであった。報告を担当するメンバーにとって、この研究会の場が、事業改善や次の事業展開、中・長期的な企業戦略を考える機会となっていた。実学の面のみならず体系的な企業戦略の理解を深めるために、メンバーは、共通の教科書を用意して座学の勉強会も行うようになった。彼らが教科書としたのは、ドラッカー（1996a, 1996b）であり、この勉強会は1994年3月まで開催された。

　1997年6月、再び学びあう機会の必要性を実感したキセイレンOBらは、12社の経営者が集い、月1回のペースでそれぞれの工場見学や各社の状況報告などのディスカッションを始めた。1999年1月、新たな展開の兆しが見えはじめた。それは、新たな顧客創造のための仕組みを共同で作る構想である。メンバーが現在手がけている事業に留まらず企業の長期的発展を遂げるために、将来のための投資を行う必要性を相互に確認した。そして、「強者」同士が連携すること、業界動向や市場のニーズなどの情報を集めるための方法が検討され

30　本節の記述に関しては、財団法人京都中小企業振興公社（当時。現　財団法人京都産業21）の職員であった森西栄治氏が記録した活動内容を参考にしている（http://www1.kcn.ne.jp/~morinishi/NewFuture/index.html）。

31　キセイレンの詳細については、http://www.kiseiren.com/　を参照されたい。

た。それにともない、各メンバーに金銭的な費用が発生する可能性があること、リスクを負担して新たな事業を創造するという士気を持つことが確認された。活動内容を具体化するために、活動目的のすり合わせや、取り組みに関するビジョンの共有、メンバーが経営する企業のコア技術の確認、メンバー企業間の技術の差別化などが月2回程度の頻度で話し合われた。そして、最後に次の点が確認された[32]。

- 必要な費用は分担して負担すること
- メンバー企業各社が労を惜しまず、積極的な提案をすること
- 一社では実現できないことをメンバー企業間で実験し、実現する場とすること
- メンバーすべてが「塊」として営業すること
- 京都を試作ビジネスの集積地とするための第一歩にすること
- 顧客の要望に対して、ソリューションを迅速に提供する体制を完備すること

このような事前準備が入念に行われ、2001年7月に京都試作ネットが発足することとなった。

3.2.4　京都試作ネットの仕組み

　京都試作ネットの特徴的な仕組みは、5つに大別することができる。第一に、京都試作ネットにメンバー企業の代表として参画する個人は、メンバー企業の経営者か、もしくは、企業の中で意思決定を下す権限を持っていなければならないことである。京都試作ネットのメンバーとして顧客からの問い合わせを受けたとき、いちいちメンバー企業に持ち帰って検討していたのでは、京都試作ネットが掲げるスピードの追求、すなわち、迅速な対応を取ることはできない。そのため、京都試作ネットの活動においては、メンバーは、その場でメンバー企業の責任者として判断・決断することを求められている。

　第二に、公式的な組織化を行い、連絡体制を厳密に管理・運営していることである。理事会は、月1回開催されている。また、実務レベルでは、メンバー

---

[32] 詳細に関しては、http://www1.kcn.ne.jp/~morinishi/NewFuture/index.htmlを参照されたい。

企業の事務担当者らで構成される事務所会議と営業活動会議が週1回のペースで開催されている。さらに、展示会に出展する際には、展示会会議も開催される。メンバーやメンバー企業の担当者らは、頻繁に顔を突き合わせて議論することが多い。

　問い合わせのメールやFAXなど、京都試作ネットに寄せられる情報は、全メンバーが確認することになっている[33]。京都試作ネットの事務局や役割は、メンバー企業が分担して行っており、京都試作ネット専任の人員を雇ってはいない。例えば、メンバー企業は、自社のトップセールスを誇る営業要員2名に、京都試作ネットの営業要員を兼務することを義務づけられている。この任命を受けた営業要員は、メンバー企業すべての保有技術や設備に関する知識を徹底的に覚えること、また、毎週開催される営業活動会議にも出席することも義務づけられる。顧客からの問い合わせや打ち合わせの際、迅速に返答するためである。したがって、この営業活動会議に出席していないメンバー企業の営業要員は、京都試作ネットの営業活動をすることは認められていない。「京都試作ネット」の営業要員としての行動と意思決定が求められているためである。事務所に関しても、京都試作ネットの事務所の拠点を新たに開設するのではなく、基本的に代表理事を務めるメンバー企業の一角に置かれることが多い。

　これらのように、京都試作ネットの運営に関して専任の担当者を置かないこと、また、専用の拠点を別途、開設しないことは、京都試作ネットの運営にかかる事務経費などの固定費をできるだけ削減して、メンバー企業にかかる金銭的負担を減らし、最低限の会費で活動経費をまかなえるような努力をしている。その一方で、京都試作ネットの運営にかかるメンバー企業への物理的、および時間的負荷は必然的に重くなる。しかし、京都試作ネットとしての運営や活動にかかる負荷を分担して担うことは、京都試作ネットのメンバーとしての責任を実感することにつながっているといえよう。このように、メンバーにかかる京都試作ネットへの参画は決して少なくない。そのため、多くの物理的・時間

33　ただし、その問い合わせに対して、見積もりや返事を出すのは、当番制（一週ごとの持ち回り）になっているという。この点からも、京都試作ネットのメンバー企業は、どの企業が担当したとしても、問い合わせ案件に対応するメンバーの想定と、各メンバー企業の技術の組み合わせ、さらに、それらにかかる諸費用を積算するスキルが培われていることが理解できる。

的負荷が発生することが、必然的に京都試作ネットに参画する一つの参入障壁になっている。

　第三に、費用負担を求めていることである。京都試作ネットのメンバー企業は、年会費60万円を支払うことになっている[34]。メンバーから支払われる年会費は、京都試作ネットの設備投資や活動資金、展示会の出展費用などに活用される。年会費の費用負担もまた、京都試作ネットに参画する際の実質的な一つの参入障壁となっている。

　第四に、メンバー企業間の技術や業務分野が差別化されていることである。保有技術が同じもしくは類似しているのであれば、京都試作ネット内部でメンバー企業内でのカニバリゼーションを起こす可能性も否定できない。そのような可能性を事前に回避するためである。メンバーは、「確かに、同じ加工機を持っているメンバー企業がいることは事実。しかし、狙っている、特異とする加工サイズや産業エリアが違う。メンバー企業のフラッグの上げ方が違う。だから、事実上、カニバリゼーションは起きない」と強調する。

　第五に、京都試作ネットの持続的成長を目指すために、準会員制度を設けていることである。京都試作ネットを発足させた既存メンバーは、すでに、京都試作ネットのミッションや果たすべき役割、メンバーとして負うべき義務を十分に認識した上で京都試作ネットに参画している。

　しかし、京都試作ネットで受注する業務の拡大や多様化する技術に対して適応するという観点から考えると、既存メンバー企業が保有していない別の技術を有した新規メンバーを募る必要がある。その際には、既存メンバー企業との差別化が可能で、かつ、手がけることのできる技術幅を拡大する必要がある。また、留意しなければならない点は、短期間に急速にメンバーを拡大すると、京都試作ネットのミッションやメンバーとして果たすべき役割を十全に理解しないまま参画するリスクや、参画することのメンバー間の温度差が発生して相互の関係を希薄化させるリスクが発生してしまう。その結果、仕組みそのものを崩壊させてしまう危険性がある。

　そこで、京都試作ネットは、メンバーを拡大することを念頭においた準会員

34　京都試作ネット発足当時の年会費は120万円であった。これは、インターネットのホームページ作成やセキュリティー対策のために、多額の費用を要したことが大きい。

制度を整備した。準会員制度は月会費を2万円とした。この準会員には半年間の研修を義務づけた。研修の内容は、大きく二つある。一つ目の研修内容は、ドラッカー（1996a）の輪読をすることである。既存メンバー全員が熟読し、これまでメンバー企業の事業やマーケティングに置き換えて理解してきたドラッカーの考え方、イノベーションに対する理解、そして、京都試作ネットの趣旨を共有するためである[35]。

二つ目の研修内容は、京都試作ネットの仕組みを理解することと、既存メンバー企業すべての保有技術や保有設備に関する知識を徹底的に覚えることである。京都試作ネットの正式なメンバーとなると、問い合わせの返事や見積もりを2時間以内に行うことが義務づけられる。そのために必要不可欠な情報だからである。

この二つの研修を修め、既存メンバーの承認が得られると、京都試作ネットの正式メンバーとして受け入れられることになる。また、正式な京都試作ネットのメンバーとなれば、トップセールスの営業要員2名を京都試作ネットの営業要員として兼務することも求められる。

3.2.5　京都試作ネットとしての業務

共同受注の組織として発足した京都試作ネットは、発足当初から、順風満帆だったわけではなかった。勉強会から京都試作ネットを立ち上げたメンバーらは、「『処理できないくらいの問い合わせがきたらどうしよう』と期待していたけれど、現実はそれほど甘くはなかった。はじめから案件があったわけではなかった。たまに試作の案件を受注しても、手間ばかりかかり、面倒くさく、儲からない仕事ばかりだった」と、当時を振り返る。

発足当初に問い合わせが受注に結びついた時には、メンバー企業がその業務に要した実費（人件費や材料費など）を積み上げて分配する方法をとった。しかし、メンバーは、業務の予算が限られているため、それぞれが満足のいく十分な利益が分配されたとは認識していない。むしろ、その業務を遂行するための発注企業との打ち合わせにかかるメンバー個人の人件費までは支払われない

---

[35] この研修は、毎月1回開催され、研修期間の間に計6回開催される。また、1回当たりの研修は、2〜3時間を要する。

第5章　中小企業のイノベーション・マネジメント　その3　「関係性」を確立する　235

ために、「経営者として、費用対効果を考えると、"うま味"の少ないビジネスである」とメンバーは口を揃えるほどであった。

京都試作ネットという共同受注に参加していても、メンバー企業はこの業務から大きな利益を得ているわけではない。それにもかかわらず、メンバーは会費を支払い続け、営業要員を京都試作ネットの営業要員として兼務させ、自らも複数の会議に参加するという多大な物理的および時間的負担をして京都試作ネットに参加し、京都試作ネットの活動が維持されている。すなわち、費用対効果として考えると、特に京都試作ネット発足当初においては、費用のほうが高止まりしている状況だったのである。

それでもメンバーが京都試作ネットのメンバーであり続ける理由は、メンバー企業がそれぞれの本業から利益を得ており、京都試作ネットの業務で利益を計上する場と認識してはいないこと[36]、そして、メンバーが京都試作ネットでの活動の場を次のように認識しているためである。「試行錯誤を繰り返す試作業務は、大変であるものの、自分たちで汗・水たらして働くことにより、自社に足りないものが見えてきた」こと、「非常に貴重な経験をしてきた。たくさん勉強した」こと、「この試作の仕事を受注して、大きく変わった。汗をかいて情報を得ることの重要性がわかってきた。そして、『自分の強みを活かさないといけない』ということに後から気がついた」こと、を強調する。すなわち、メンバーは、京都試作ネットでの業務を自社の成長の機会と位置づけていることが確認される。

3.2.6　京都試作ネットとしての受注実績[37]

京都試作ネットがこれまで受注した実績には、独立行政法人 宇宙航空研究開発機構（通称JAXA。以下、JAXAと略す）による宇宙用の太陽光発電ミラー[38]のバックボーンの試作の受注が挙げられる。太陽光を集めるミラーでさえも1平方メートルあたり100gに抑えるほどの軽量化が求められる宇宙開発

36　この点から、メンバー企業は、京都試作ネットに「依存」していないことが確認される。
37　受注した試作業務や顧客の声の詳細に関しては、http://www.kyoto-shisaku.com/voice/01/　を参照されたい。
38　このプロジェクトは、2030年頃までに静止軌道上に原子力発電所一基分程度の太陽光発電所を宇宙に建設し、日本に送電するという宇宙太陽光発電に関する研究である。

分野で、バックボーンも同様に1平方メートルあたり100gの接着加工の試作を受注した。他の企業では「常識的な感覚を持つ企業に頼んでも、『ダメですね、できません』と断られる」(JAXA担当者)ような試作であった。強度を保った上で軽量化するという高い要求精度が求められたため、予期せぬことが発生し、「最初はやはり作っても作っても、ゆがんだりして思っていたものとはずいぶん違うこともあった」(山本製作所代表取締役副社長 山本昌作氏)という。失敗を繰り返し、その都度、参画メンバー同士の打ち合わせと実験を繰り返しながら進めることによって、試作品を完成させた。完成した試作品を納入すると、JAXAから試作品納入のための報告会への参加に誘われ、参加者から好評を得た。

また、株式会社 国際電気通信基礎技術研究所 (通称、ATR。以下、ATRと略す) をはじめとした産学連携の小型化したロボット共同開発業務も実績の一つとして挙げられる。このプロジェクトは、ロボットの小型化に加え、テーマは「可愛さ・愛くるしさ」であった。そのため、ロボット開発では、外装をできるだけ曲面にしたいというATRの要望があった。それに加え、コストや使用面でより扱いやすいという希望もあった。京都試作ネットは、これらのATRからの要望を満たすことのみならず、転倒しやすいロボットには割れにくい素材を選定する必要があると考え、素材の選定から提案をした。このプロジェクトで完成したロボットは、ロボットのサッカー競技会の「Robo Cup」において2004年から2008年まで世界大会5連覇を達成する結果を残している[39]。ATRの担当者からは、「アドバイスを提案してくれることがとても助かっている」と好評を得ている。

さらに、京都工業繊維大学との在宅高齢者の心を支えるICTシステムの開発プロジェクト[40]では、技術的に実現可能かどうか未知数であった案件の調査段

---

[39] ロボットによるサッカー競技会の詳細に関しては、http://www.vstone.co.jp/products/team_osaka/ を参照されたい。

[40] このプロジェクトは、高齢者が自立した生活を送るために、タブレット端末を利用して、グーグルカレンダーやYouTubeなどを組み合わせ、ある特定の時間や条件に該当すると、予め登録しておいたメッセージが流れるというものである。もともと、このシステムに関するパソコン版は開発されていたものの、利便性が低く、また、パソコンに関するトラブルも少なくなかった。そのため、操作が容易でデータをクラウド上で管理できるタブレット端末を利用したシンプルなシステム開発が急務とされていた。

階から京都試作ネットが関わり、試作を仕上げた。このタイプのプロジェクトが発足すると、参画メンバーは、はじめからできないと断定するのではなく、どのような工夫をしたら実現できるのか、また、できそうもない場合には用途や使用状況を加味した上で代替案を提示するという姿勢で臨む。顧客でさえも答えを持ち合わせていない試作を、試行錯誤しながら仕上げていくのである。このような京都試作ネットの姿勢と完成した試作に対して、顧客からは、「メールでも頻繁に連絡を取っていて、試作としては満足です」という声が寄せられている。

　以上のように、京都試作ネットでは、受注した試作業務に対して、試行錯誤と実験を繰り返し、顧客への積極的な提案、さらには、顧客との頻繁、かつ、きめ細かなやり取りなど、多大な手間と時間をかけていることが確認できる。

3.2.7　京都試作ネットの「作品」

　京都試作ネットでは、共同受注のプロモーションの一環として、多領域にわたる展示会に出展している。京都試作ネットでは、出展の仕方が特徴的である。単に加工済みの部品の展示や加工プロセスの提示に終始するのではなく、メンバー企業の単独の保有技術のみでは難しい技術の可視化や評価が難しい加工技術を「作品」にして展示する。作品にすることで、技術の見える化を図っているのである。製作された作品は、モノづくりのさまざまなコンテストにも出品している。

　出展・出品する作品としては、例えば、ジャケットがハンガーにかかっている様子や紐靴を脱いだ状態をアルミの削り出しで表現したマシニングアートや、金型材（CENA１）加工技術を用い微細な箇所まで丁寧に表現した昆虫の模型、卵の殻に０mm～0.2mmまでの深さの３次元加工技術を施したエッグアート、撮影した写真を取り込み、厚さ１mmのアルミの地金に1000分の１ミリ単位のアルマイトによる削り加工を施して立体感を持たせたインテリアアート「刻鈑® （KOKUHAN）」[41]などが挙げられる。

　このような試みは、メンバー企業にとって保有技術の転用可能性の探索や新

41　「刻鈑（KOKUHAN）®」は、商標登録された作品である。

たな事業領域を開拓する機会となっている。また、これらの作品は、DMG森精機製作所が主催する切削加工ドリームコンテスト[42]や、職業訓練法人アマダスクールが主催する板金加工技術・技能のコンクールである優秀板金作品製品技能フェア[43]、公益財団法人 日本デザイン振興会が主催するGood Designing Award[44]などでの受賞歴も複数ある。

3.2.8 京都試作ネットを通してメンバーが得た成果

　京都試作ネットでの実践を通して、個別のメンバーが得たと共通して認識している成果は次の通りである。第一に、情報発信力の強化である。京都試作ネットが製作する展示会や見本市で出展する作品は、芸術性も高く、一見、モノづくり企業が取り組んだとは思えない作品となっている。このような技術を可視化した作品が来場者との会話のきっかけとなることが少なくないという。また、京都試作ネットを通して得た縁をきっかけに、実際の取引に結びつき、結果として固定顧客になっている実例も確認される。メンバーの中には、京都試作ネット発足時に50社程度であった取引先が、2009年には450社に拡大したケースもある[45]。

　第二に、情報収集力の強化である。展示会は、大企業の開発担当者が来場することも多く、来場者との接触から多様な情報を収集する機会となっている。また、問い合わせや具体的試作品の受注業務プロセスを通して、顧客企業の担当者や業務そのものから得られる情報も多いという。これまで取引のなかった業界の企業から問い合わせがあり、実際に試作品を手がけることで、業界に求められているニーズや傾向、特徴が理解できたという声も確認される。これら

42　このコンテストは、日本国内の切削型工作機械を使用する企業や学校、研究機関を対象に同社が2004年から開催している。詳細は、http://www.dmgmoriseiki.co.jp/dreamcontest/summary/index.html　を参照されたい。

43　このフェアは、職業訓練法人アマダスクール（株式会社アマダの教育機関）が主催する板金加工技術・技能の向上を図るために1989年から開催しているコンクールである。詳細は、http://www.amada.co.jp/fair/about/index.html　を参照されたい。

44　Good Design Awardの詳細に関しては、http://www.g-mark.org/about/g21.html　を参照されたい。

45　詳細は、2009年11月26日のWEDGE REPORT（http://wedge.ismedia.jp/articles/-/637?page=2）を参照のこと。

の機会で得た情報が、新たな事業展開のきっかけになることもあるという。

　第三に、企画力や提案力の強化である。これらの能力は、繰り返される開発担当者らとの打ち合わせや業務を通して、各メンバー企業の保有技術がどのように活用できるのかの経験を積むことで次第に強化されていく。メンバーの一人は、「京都試作ネットに参加したばかりの時は、『最初はびくびくしていたので、勉強させてもらいます』というところから始めた。入会してから2～3年目までは新たな学びを他のメンバーから学ぶことで精一杯だった。しかし、(入会して5年目になると) 今は、どんな仕事がきてもびくびくすることはまったくない。何とかするという姿勢で取り組んでいる」と認識しているように、京都試作ネットでの試作業務の繰り返しの蓄積が、企画力や提案力を強化させていることがわかる。また、この経験を積むことによって、自社の保有技術の新たな転用の可能性に対する気づきや、メンバー企業の既存顧客に提案する能力の高まりを実感しているという。さらに、これまでの案件の提案や試行錯誤した経験が、次の業務や自社の業務に応用する能力に結びついた実績があるという声も確認されている。

　第四に、それぞれのメンバー企業の強み・競争力がより明確になったことである。複数のメンバーが同じ加工機械を保有していても、それぞれの企業が特異とする加工サイズや産業エリアの差別化を行うことで、業務の取り合い (カニバリゼーション) を起こさないようにしていた。このようなことをそれぞれのメンバーが意識することで、自社の強み・競争力についてより深く追究するようになる。

　また、このようなメンバーの行為が、京都試作ネットの受注する業務の幅をさらに拡大することに結びついている。また、あるメンバーは、「自社の強みについて深く考える行為を通して、一つの解が見えてきたのが8年前のこと。今ではその領域の顧客開拓に成功し、ニッチ分野にフォーカスした事業展開を行っている」[46]と振り返る。

　第五に、京都試作ネットで手がけた施策の実績が積み重なることによって、メンバー企業に対する企業としての信用が付与され、新たな取引や顧客開拓に

46　2010年10月25日に実施した京都試作ネットのメンバー企業8社を対象にしたグループインタビュー調査で得られた回答である。

つながることである。一般的に、中小企業が新規顧客を開拓するために営業活動を行っても、受注や納入実績がないために信用が付与されず受注に結びつかないという中小企業の経営課題を抱える企業は少なくない[47]。京都試作ネットに参加することによって、そして、難度の高い試作に直接関与したことで、企業としての技術力が評価され、新たな顧客開拓に有利に働くのである。

たとえ参画した試作業務によって十分な利益が得られなかったとしても、業務を通して当該顧客の信頼を得ることで、次の受注に結びついたり、当該顧客による評価が新規顧客の開拓につながっていくことは、一般的に信用の度合いが低い中小企業にとっては、実績を示す重要な手立てとなっている。

第六に、京都試作ネットでのやり取りや業務を通して、メンバーが他のメンバーから学習していることである。他のメンバーの企業努力に触発され、新たな作品や事業を手がけるきっかけとなったり、他社が直面する課題や課題を克服したプロセスを間近で観ることによって、学びを得て、自社の経営に生かしている。

例えば、「当社はまだ家業の段階だけれど、従業員が増えてくると組織的経営への変革をしなければならないことは経営者としてわかっている。でも、実際に、メンバーが家業から組織的経営にテイクオフする成長過程の中身を見させてもらっていると、どうやって進めるべきかがよくわかって、勉強させてもらっている」ことや、「メンバーになった当初は、3次元のCADやちょっと変わったCADデータは読めなかった。だからメンバーに聞いて教えてもらって、今では『CADデータが読めなくて…』ということはない」こと、「京都試作ネットの5周年記念と新代表就任をかねてパーティーを開催する時に、記念品を配ろうということになった。この記念品をつくったことがアイディアのヒントになって、展示会用に出展するアルミの削りだしで3Dの作品(「JACKET／ジャケット」)をつくってみたら、ものすごい反響があった。この作品は、今でもいろんなところから貸し出しのオファーがある」こと、「(仕事が少ないため)機械が動いていない時、メンバーの一人が、その機械を動かして細かいところまで表現したクワガタをつくった。確かに、技術的にある程度のレベル

---

[47] 起業したばかりの東成エレクトロビームの創業期においても、同様の課題を抱えていたことは、指摘したとおりである。

があれば金属の塊からクワガタの模型を削り出すことはできる。このようなものは。しかし、自社で売り物にはならないような作品を、材料費や機械稼働の費用を自社で負担してまで作るという発想には普通はならない。しかし、彼は、それをやった。後日談だが、このクワガタを2004年の森精機ドリームコンテストに出品したらドリームコンテストで金賞を受賞して、これを期に、メンバーの企業名がこの業界で一気に全国区に知れ渡る有名企業になった。こういうメンバーに触発される別のメンバーがいる。そして、別のメンバーも技術を磨いて、技術がどのように活用できるのかを考え抜いて、それが、京都試作ネットにとっても、より高い技術企業集団の形成に寄与している」こと、などが挙げられる。

すなわち、京都試作ネットでの活動が、相互の成長のための切磋琢磨する機会となっており、この点をメンバー自身が強く認識しているのである。したがって、誰を構成メンバーとするのかは、京都試作ネットの存続を考えるに当たって、極めて重要な論点になるのである[48]。

3.2.9　メンバーにおける京都試作ネットの位置づけ

京都試作ネットでは、「仕様が決まっていない」「見積もりを立てようがない」「常識から考えると無茶苦茶な要求」(京都試作ネットHPにおける顧客からの声)といった他社ではおおよそ受注することを阻むほど困難かつ不確実性の高い試作業務を、複数企業間で協同・共生・協力関係のもと、敢えて受注している。

一般的には、事前にどの程度の手間と時間がかかるかの予測が難しいため、積極的に引き受けようとはしないはずの受注を、なぜ京都試作ネットは引き受けるのだろうか。また、なぜ「経営者として費用対効果を考えると、"うま味"の少ないビジネスである」とメンバーは回答するのにもかかわらず、メンバーであり続けるのだろうか。これらの問いに対する答えは、メンバーが京都試作ネットの場をどのように位置づけ、また、京都試作ネットの場を理解した上で参画しているのかを確認することで明らかになる。

48　この点からも、京都試作ネットのメンバーの拡大を行う際に、準会員制度を整備したことは、京都試作ネットの存続を考える上で、極めて重要かつ適切な措置であったといえよう。

まず、京都試作ネットのメンバーとして活動することによって、具体的な成果を得ていることである。前項で確認したように、京都試作ネットのメンバーは、京都試作ネットでの活動を通じて6つの成果を実感していた。それは、情報発信力の強化、情報収集力の強化、企画力・提案力の強化、メンバー企業の強みや競争力の明確化、メンバー企業の信用の付与が新たな顧客開拓に結びつくこと、他のメンバーから学習できること、であった。このように、活動することによって得られる具体的成果が確認されると、メンバー企業にとっても、試作業務のプロセスが困難かつ手間がかかるものであっても、継続するインセンティブとして作用する。

次に、メンバー企業は、京都試作ネットの場を自社の成長の機会として位置づけていることである。試作業務を通して、そして、他のメンバーとの交流を通して、メンバーは、経験を蓄積し学習に結びつけていく。メンバー企業は、京都試作ネットをそのような場であると認識している。京都試作ネットでは、複数のメンバーが共通して口にする言葉がある。それは「京都試作ネットの場は、経営者が汗をかいて勉強する場」である。京都試作ネットのような試作を受注する業務は、「それまで誰もやったことがない、予め答えがあるものではない」（筆者のインタビュー調査より）。それにもかかわらず、予算と納期だけは事前に決められている業務である。そのために、不確実性とリスクが高い。実際に、メンバーは、「京都試作ネットの活動で、"大やけど"したことも、大損したこともある」と過去の経験を振り返る。

それでも、京都試作ネットのメンバーとして参画し続ける理由は、「自社では自らやろうとしていなかった、気づいてもいなかった経験を与えてもらえる場である」ことや「自社に欠けているものや足りないものを発見し、克服する場」であること、「次につながる場」であること、「自らの業務の"ストライクゾーン"を広げる場」であること、「予定調和の解がない難問に試行錯誤して挑戦する機会を得る場」であること、「顧客を創造する場」であること、というメンバーの認識にある。

以上からも理解できるように、京都試作ネットは、試作業務を受注する仕組みでありながらも、メンバーは、京都試作ネットの場を短期的な利益や収益の源泉となる仕事を得る場であるとは認識していないことがわかる[49]。それより

第5章　中小企業のイノベーション・マネジメント　その3　「関係性」を確立する　243

もむしろ、メンバーは、投資する場としての京都試作ネットの活動のことを「5％ルール」と表現するほどである。すなわち、メンバーにとって「5％ルール」とは、メンバーの得た利益や自社の活動時間の5％程度を新たな取り組みや自社の成長のための機会として、京都試作ネットの場で実践することの重要性を説いたメンバー独自の規範なのである。この重要性を強調するメンバーは、京都試作ネットのプロモーションに「瓢箪から駒」「予期せぬ学び」（を得る場である）というキャッチフレーズをつけているほどである。

　さらに、メンバーからは、「我々は産業分類表でいうと部品加工業に位置づけられている。しかし、これまでの事業展開とは別の展開や異なるジャンルを狙わないと、部品加工だけの事業領域に留まっていては、ゆでガエルになってしまう」という危機感[50]や、「京都試作ネットは、部品加工業者の集まりではなく、製造サービス業であると定義づけている」という意識、「解決策が見えない難しい課題や直面した困難を問題として捉えると何も前には進まない。問題ではなく、チャンスや機会として捉えないといけない。そうでないと、せっかくの（成長の）機会を逃すことになってしまう」という認識が聞かれる。これらのメンバーの言動からも、京都試作ネットの場は、メンバー企業にとって、（自社が成長するための）将来の投資の場になっているという認識を確認することができる。

　一方で、京都試作ネットで受注する試作を手がけるプロセスが、企業そのもののみならず、従業員に対してプラスの効果をもたらしている。第一に、最先端の試作業務に携わるプロセスで、従業員の意識と能力が向上する効果が確認されることである。京都試作ネットの業務は、顧客が提供する図面に基づいて仕様どおりに仕上げる通常業務と異なり、担当する従業員が思考を凝らしながら業務を進めていいく。このような業務は、ルーティンではないため、担当者

49　京都試作ネットの発足当初からメンバーにインタビュー調査を繰り返し行っている筆者の実感からすると、京都試作ネットに参画することによって確かに業務の受注の数や量には結びついてはいるものの、メンバーの活動そのものから多くの利益を享受しているとは思えず、「経営者として、費用対効果を考えると、"うま味"の少ないビジネスである」というメンバーの言葉には信憑性が高いと思われる。
50　このような認識があるからこそ、京都試作ネットは、多岐のビジネス領域に渡る展示会や見本市に出展している。

には労力が求められるものの、それゆえに企業内の開発能力や解決能力、提案力の向上に結びついている。

第二に、担当者にとっては最先端でこれからの試作業務であること、また、JAXAやATRなどの機関が関わる世の中で注目されるテーマに取り組んでいることに対する仕事のモチベーションは必然的に高くなる。また、このような難題の業務をやり遂げた時の達成感も大きい。

クロスエフェクト代表取締役社長兼京都試作ネット代表幹事である竹田正俊氏は、発注者であるATR担当者との対談の中で「ものづくりの中小企業のメンバーからすると、ATRさんの取り組まれているロボットも含めた研究ネタとかは、やっていることが最先端もしくは少し先の事をされているので、非常に従業員のモチベーションが上がるといいますか、ATRさんと一緒にやっているというだけで、非常に面白く仕事させていただいています。…（中略）…私たちが作ったものが表に出てきて、雑誌で取り上げられたりとかカタログに載ったりチラシに載ったり新聞に載ったりすると、非常に従業員のモチベーションが上がります」[51]とコメントしている。

従業員からも、類似のコメントを確認することができる[52]。このような経験を積むことができるメンバー企業の従業員の仕事に対するモチベーションが高まり、離職率の低下にもつながっている[53]。

3.2.10 「3つのジレンマ」の克服から見る京都試作ネットの正常な機能

Dyer and Nobeoka（2000）では、知識共有ネットワークを機能させることが難しい理由を「3つのジレンマ」（利己主義の追求、フリーライダーの存在、ネットワーク活動に要するコスト）の存在を指摘している。本項では、（東成エレクトロビームがどのようにこれらのジレンマを克服したのかの議論と同様に）京都試作ネットがどのようにこれらのジレンマを克服し、知識共有ネットワークを機能させることができたのかを確認する。

---

51 詳細は、http://www.kyoto-shisaku.com/voice/02/02.shtml を参照されたい。
52 詳細は、http://www.kyoto-shisaku.com/staff/ を参照されたい。
53 むしろ、このような噂を聞きつけたり、マスメディアでの報道からメンバー企業らに興味を持ったり、実際に学生の頃からメンバー企業でインターンシップの経験をすることなどにより、メンバー企業の多くにおいて、求人応募は増えているという。

「3つのジレンマ」を克服できた理由

　京都試作ネットが第一のジレンマであるメンバーの利己主義の存在を克服した理由として挙げられるのは、まず、メンバーが、京都試作ネットの理念や目的を共有し、メンバーとして負う義務に合意した上で参画していることが挙げられる。京都試作ネットの場は、共同受注体でありながらも、メンバーにとって短期的利益を追求する場ではなく、「経営者が汗をかいて勉強する場」であった。そのため、メンバーは、「自社では自らやろうとしていなかった、気づいてもいなかった経験を与えてもらえる場である」、「自社に足りないものや欠けているものを発見し、克服する場である」、「次につながる場である」、「自らの業務の"ストライクゾーン"を広げる場である」、「予定調和の解がない難問に試行錯誤して挑戦する機会を得る場である」、「顧客を創造する場である」と強く意識した上で京都試作ネットの活動に取り組んでいる。

　このような認識が成立する背景には、メンバー企業の利益は、メンバー企業自身が受注する業務から計上することという暗黙のルールが浸透していることが挙げられる。また、京都試作ネットを発足させたメンバーらが共通の経験を有していることも大きい。メンバーの大半がキセイレンで代表幹事や副代表幹事を務めた経験を有していること、メンバーのお手本としている書籍であるドラッカー（1996a, 1996b）を輪読して「共通言語」を有していること、これらの経験を通じて培われた経営者としての士気や役割について理解していること、などが挙げられよう。さらに、メンバー間の保有技術や特異な事業領域を意図的に差別化しているために、カニバリゼーションが発生しないことも、利己主義的行動を取る必要性を低下させるよう作用している。

　京都試作ネットが第二のジレンマであるメンバーのフリーライダーを克服した理由は、フリーライドすることによって失うものが大きすぎるためである。メンバーは、京都試作ネットの場を、「自社では自らやろうとしていなかった、気づいてもいなかった経験を与えてもらえる場」、「自社に足りないものや欠けているものを発見し、克服する場」、「次につながる場」、「自らの業務の"ストライクゾーン"を広げる場」、「予定調和の解がない難問に試行錯誤して挑戦する機会を得る場」、「顧客を創造する場」として位置づけている。すなわち、メンバーにとって、京都試作ネットの場は、企業を発展させるための将来のため

の投資の場である。このような場を失うことは、メンバー企業の発展の機会を失うことを意味する。

　また、京都試作ネットの活動において、メンバーが顔を合わせる機会が非常に多い。事務レベルに至っては一週間に一度の会議が開催される。京都試作ネット運営にかかる固定費を下げるために、メンバーすべてが分担された役割を果たす義務を負う。このような日常的に顔の見える関係性は、意図している、あるいは、意図していないにかかわらず、相互のモニターとしての機能も果たしている。これらの点から、フリーライドの可能性を回避することができている。

　京都試作ネットが第三のジレンマである京都試作ネットの活動にともなって生じる費用負担に関しては、メンバーは多大な金銭的・物理的・時間的負担を行っている。その点ではこのジレンマが解消されているとはいえない。

　しかし、京都試作ネットに限っていえば、年会費60万円という金銭的負担や、トップセールスを誇る営業要員2名を選出して京都試作ネットの営業要員とすることにともなう人件費の負担、公式的会議に参加することによる時間的拘束などの費用が、実質的な京都試作ネットの参入障壁としても機能している。すなわち、逆説的ではあるものの、費用負担をはじめとしたこれらの負荷が、実質的な参入障壁となっているために、京都試作ネットの設立の理念を共有しているメンバーが厳選されているといえよう。これらの負担を負うことに合意しなければ京都試作ネットの中核的な参画メンバーになる必要はない。

　一方で、メンバーがこれらの負担を負い続けるのは、費用負担以上の誘因（Barnard, 1938）を得ているからに他ならない。メンバーの誘因としては、メンバーが得た6つの成果が得られていることや、「自社では自らやろうとしていなかった、気づいてもいなかった経験を与えてもらえる場」、「自社に足りないものや欠けているものを発見し、克服する場」、「次につながる場」、「自らの業務の"ストライクゾーン"を広げる場」、「予定調和の解がない難問に試行錯誤して挑戦する機会を得る場」、「顧客を創造する場」となっていること、京都試作ネットの活動を通して従業員のモチベーションの向上と離職率の低下をもたらす機会となっていること、などが挙げられる。

3.2.11 京都試作ネットのターニングポイント
（Mizuno［2013］および水野［2013b］のその後の展開）

　これまで、京都試作ネットは、厳選されたメンバーで公式的な組織構造のもと、試作業務を受注する体制となっていた。このようなすべてのメンバーの顔が見え、理念と参画の目的を共有する関係性が強い結びつきがあったからこそ、京都試作ネットの活動は10年以上も継続してきたのである。

　しかし、2012年10月、ひとつの転機が訪れた。それが、京都市の関係者間では「ALL 京都改正」や「新生京都試作ネット」と呼ばれている転機である。

　そもそも、このような転機が訪れたきっかけは、京都にモノづくりの機能を残すために「京都を試作の一大集積地とすること」という目標がかかげられていたことに遡る。この目標は、京都試作ネットのメンバーのみならず、京都市に拠点を構える支援機関が共に掲げてきた目標であった。そのような支援機関の目標や支援が背景にあったために、部品加工業をメンバーの中心とした京都試作ネットのみならず、さまざまな業種や領域において、試作業務を手がける「試作ネット」の名称がつけられた組織が複数乱立する状況を誘発していた。それぞれはまったく別の組織で、異なる業種や異なる業務を対象にしていたにもかかわらず、潜在的顧客にしてみると、インターネットの検索では京都に複数の「試作ネット」の存在を確認したり、どの「試作ネット」に問い合わせをすべきなのかの混乱が生じていたこともあったという。

　そこで、「試作ネット」組織の統一と窓口の統一が検討されることとなった。この背景には、行政や支援機関からの後押しもあった。設立目的も活動内容も、対象業種も異なる複数の「試作ネット」の組織を一本化するということは容易なことではない。たくさんの話し合いの場が用意され、対話が重ねられていった。

　そして、最終的に、京都試作ネットに統合されることとなったのである。それが2012年10月に実施された「ALL 京都改正」または「新生京都試作ネット」と呼ばれることとなったのである。それまで18社程度であった京都試作ネットのメンバー企業が、一気に100社を超える組織体となったのである。

　「新生試作ネット」は、確かに、実質的なメンバーの増加を意味し、「京都を試作の一大集積地とすること」という目標に近づく手段ともなる。しかし、そ

の一方で、大きなリスクを内包している。それは、しばしば、組織が急激に拡大する時に発生する問題と同様である。設立メンバーをはじめ、京都試作ネットで培い、共有されてきた理念や京都試作ネットの場の意味の理解とは異なる目的のメンバーが参画する可能性である。新生京都試作ネット発足時にも同様の状況に直面した。メンバーの一人は「メンバーが拡大すると、やはり、（参画姿勢に）温度差が出てくる」と振り返る。

そこで、新生京都試作ネットがとった対策は、参画目的や活動内容に応じて、メンバーを3つの階層に分けることであった。

第一の階層は、これまで京都試作ネットを継続させてきたメンバーと同じ義務と権限を有するメンバーから構成される。この階層をゴールド・メンバーと呼んでいる。すなわちゴールド・メンバーには、京都試作ネットの理事として、年会費を60万円（月額5万円）支払うことや、会議への出席義務があること、トップセールスを誇るメンバー企業の営業要員を2名を京都試作ネットの営業要員として選出すること、京都試作ネットの理念を共有し、経営者が汗をかいて勉強する場であるという理解で参画すること、が求められる。既存のメンバーは、これまでの京都試作ネットの理念を理解した上でゴールド・メンバーとして参画したい希望を持つ新規メンバーを排除することはなかった。新たに、ゴールド・メンバーとして参画したい新規メンバーを募集し、そのメンバーを準会員とし、これまでの準会員制度と同様に京都試作ネットの2つの研修を実施した。その結果、2014年12月8日の時点において、京都試作ネットのゴールド・メンバーは29社となっている。

第二の階層は、年会費6万円（月額5,000円）を支払うものの、会議に出席する義務や営業要員を京都試作ネットに出す必要がない階層である。この階層をシルバー・メンバーと呼んでいる。ゴールド・メンバーとの大きな違いは、京都試作ネットの意思決定の場に関与することはできないこと、顧客と直接のやり取りはできないこと、にある。2014年1月現在、シルバー・メンバーは、22社となっている。

第三の階層は、年会費も京都試作ネットとしての参画義務もない階層である。受注した試作業務によっては参画の可能性もあるというメンバーで、この階層をブロンズ・メンバーと呼んでいる。2014年1月現在、ブロンズ・メンバーは

40〜50社程度となっている。

以上のように、それぞれのメンバーの参画目的や参画意欲に応じてメンバー自身が3つの階層から選択する方式を取ることで、メンバーの拡大による組織体の機能不全のリスクの可能性を回避したのである。

3.2.12 京都試作ネットの事例の解釈

本項では、京都試作ネットの共同受注の仕組みとメンバーの活動を確認した。一般的にはなかなか機能させることが難しい共同受注の仕組みがなぜ機能したのか、そして、この仕組みが中小企業間のイノベーションにどのように結びついているのか。これが本項の目的である。

京都試作ネットの理念の浸透と参画目的の共有

京都試作ネットの仕組みが機能した第一の理由は、メンバーが京都試作ネットの場や参画の理念を理解し、共有しているからである。それは、京都試作ネットの場はメンバー企業の短期的な利益を追求する場ではなく、「経営者が汗をかいて勉強する場」であると認識していることである。すなわち、メンバーは、京都試作ネットの場を「自社では自らやろうとしていなかった、気づいてもいなかった経験を与えてもらえる場」、「自社に足りないものや欠けているものを発見し、克服する場」、「次につながる場」、「自らの業務の"ストライクゾーン"を広げる場」、「予定調和の解がない難問に試行錯誤して挑戦する機会を得る場」、「顧客を創造する場」として理解した上で活動に参画しているのである。

このような組織体の理念やメンバーの認識を維持し続けることは簡単ではない。メンバーを拡大する際には、特にこのような理念を浸透し続けることが難しくなる。京都試作ネットで受注する業務の幅を拡大するためにメンバーの拡大が求められたが、それでも京都試作ネットが理念とメンバーの認識を維持し続けることができたのは、急激にコアとなるメンバーを増やしていないこと、そして、準会員制度を整備したことである。京都試作ネットの組織体としての規模の拡大を急がず、メンバー候補を厳選して、その候補者には、準会員として半年の研修期間を設けることで、京都試作ネットの理念の浸透、メンバーの参画目的の共有を図ったのである。

また、Mizuno（2014）および水野（2013b）のその後の展開において、メンバー企業数が急激に拡大する状況に直面するも、京都試作ネットのコアとなるメンバーは、それまでの方法と同様に、メンバー候補を厳選して、半年間の研修期間を設け、京都試作ネットの理念の浸透と参画目的の共有を図っていることで、京都試作ネットの中核は維持されている。

京都試作ネットの構成メンバー

京都試作ネットにおいても、特異技術を保有し、相互の技術の差別化が達成された中小企業が集団となって最先端の試作業務を受注し、イノベーションの機会となる場を確保するためには、やはり、参画する構成メンバーが重要となる。構成メンバーが重要である第一の理由は、京都試作ネットの理念の浸透と参画目的の共有がなされているメンバーでなければ、京都試作ネットのメンバーにかかる数々の義務や金銭的負担を履行しないリスクが生じるためである。だからこそ、京都試作ネットでは急激なコアメンバーの拡大を避け、準会員制度を設けることにより、構成するメンバーを厳選してきたのである。

第二の理由は、「顧客からの相談、問い合わせには、『2時間レスポンス』を約束」（京都試作ネットHP）しており、メンバーに意思決定を迅速に行うことが求められているためである。そのため、参画する個人は、メンバー企業の経営者か、もしくは、意思決定を下す権限を持っていることが求められているゆえんである。

第三の理由は、メンバー企業間のカニバリゼーションを起こさないためである。共同受注の仕組みがしばしば瓦解する大きな理由は、メンバー間の業務領域が重複するために、業務の奪い合いが起きるためである。このような状況が発生すると、メンバー間の長期的な協調関係を継続することは難しい。そのため、技術のカニバリゼーションが起こらない特異技術の差別化が求められる。

第三の理由とも関連するが、構成メンバーが重要となる第四の理由は、京都試作ネットで受注のできる事業領域を拡大するためである。京都試作ネットが、5％ルールを実践する場であり続ける、すなわち、イノベーションを追求する場であり続けるためには、幅広い業務の情報が流入することが重要である。そのためには、受注できる事業領域が広いほうがその可能性は広がる。そのためにも、メンバー企業間の技術の差別化が求められるのである。

第5章　中小企業のイノベーション・マネジメント　その3　「関係性」を確立する　251

　第五の理由は、2012年10月以降の議論に限定されるものの、京都試作ネットの運営において、コアとなるメンバー（ゴールド・メンバー）と周辺を支えるメンバー（シルバー・メンバーおよびブロンズ・メンバー）を区別し、ネットワークを維持するための強い関係とネットワークを拡大するための弱い関係の両方を同時に併せ持つことで（Capaldo, 2007）、京都試作ネットの発展を遂げたことである。

　京都試作ネットがその発展プロセスで、当初は意図していなかったネットワークを二重構造化させたのである。また、京都試作ネットの事例において興味深い点は、単にネットワークを二重構造化させたのみならず、周辺を支えるメンバーにもコアメンバーになる機会を排除していないことである。

　このように、京都試作ネットのメンバーの構成を確認すると、Birkinshaw, Bessant and Delbridge（2007）が強調するパートナー選択が極めて重要であるという指摘や、Capaldo（2007）で指摘されているパートナーは相互に異質的であるほうが好ましいというネットワークの多様性の重要性を支持しているといえよう。

イノベーションの機会を確保するための「5％ルール」

　京都試作ネットの中核となっているメンバーは、「京都試作ネットは5％ルールを実践する場」と口を揃える。メンバーの利益や活動時間の5％程度を顧客開拓や新規事業領域の模索、研究開発のための投資の機会として理解した上で京都試作ネットの活動に参画しているのである。すなわち、メンバーは、自社の利益の源泉となる業務を手がけながら、その5％程度の物理的および時間的負荷を、技術を可視化するための作品づくりや展示会への出展、試作業務の受注に注いでいる。

　そして、これらのプロセスをイノベーションを追求する機会として位置づけている。この点に関して特筆すべきことが3点ある。第一に、メンバー企業独自で率先して取り組みたい研究開発のテーマを選択するのではなく、展示会で入手する情報や試作業務という顕在化されている顧客のニーズをもとに、自社におけるイノベーションのための資源動員を行っている点である。すなわち、テクノロジー・プッシュ型でのイノベーションを推進するのではなく、自社の保有技術を基盤におきながらディマンド・プルの視点を組み込んだ上でイノ

ベーションを推進しているのである。

　第二に、メンバー企業独自でイノベーションに取り組むためには、すべて自社で研究開発費を拠出しなければならないが、業務として受注することで、実質的に研究開発費の一部を補塡できていることである。第1章や表1-1（28ページ）において、中小企業が研究開発費を拠出し、イノベーションを推進する比率は高くない。しかし、業務を通して学習するという姿勢は、イノベーションを推進する原点ともなりえるのである。

　第三に、京都試作ネットが掲げる「5％ルール」は、O'Reilly and Tushman (2013)における文脈的両利きの経営（contextual ambidexterity）を達成するための手段の一つとして解釈することの妥当性である。文脈的両利きの経営は、組織の個人に焦点を当て、組織的な文脈の影響を受けた個人に裁量権を与えてイノベーションを実践することである。メンバー企業における意思決定権を有するメンバーが、主体的にイノベーションの機会を探し求めるプロセスにおいて、受注する業務内容を技術の探索（exploration）や活用（exploitation）の機会として位置づけ、取り組んでいる。

　限定合理的な組織において、何が探索の機会となるか、あるいは何が活用の機会となるのか事前に予見することは難しい。また、それらが訪れるタイミングを予見することも難しい。したがって、そのような情報が集まる可能性が高い場に身を置き、探索の機会と活用の機会に「備え（provision）」(Mizuno, 2013)るのである。これが、京都試作ネットのメンバーが口にする「瓢箪から駒」の出現率を高め、「予期せぬ学び」へと結びついていく[54]。

　例えば、3次元加工の技術力を持たなかったメンバーが、試作の業務を通して、また、他のメンバーの事業の状況を観察することを通じて、3次元加工技術の重要性を認識し、この開発を手がけることによって、メンバー企業の既存

---

[54] アップルの創業者スティーブ・ジョブズは、2005年6月にスタンフォード大学卒業式で行った演説において、「大学を中退してからカリグラフィーの講義を受けた。飾り方やスペースのあけ方、カリグラフを美しく見せる方法を取得した。この時、カリグラフィーが何の役に立つかはわからなかった。しかし、10年後、最初のマッキントッシュを設計していたとき、突然、カリグラフィーの知識がよみがえってきた」と演説している。この事例もまた、現在の取り組みが将来にどのように活きるのか、そして、いつ、取り組みの突破口やタイミングが訪れるのかが予見できないことを表しているといえよう。

の顧客により技術力の高い業務を受注できるようになったことや、もともと製造現場で活用するための制御系組み込みソフトウエアを強みとしていたメンバー企業が、タブレット端末用組み込みソフトウエアの試作の依頼が舞い込み、メンバー企業のアプリケーション事業として展開することになったこと、3次元モデリングの加工技術を医療用臓器の正確な模型製作に転用し、それまでの製造業の試作から医療業の製品へと事業を拡大し、新たな顧客開拓に成功したこと、金属の削り加工を施して立体感を持たせた美術作品やインテリア作品の製作に転用したことで、インテリア業界へと事業を拡大し、それまでとは大きく異なる顧客の開拓に成功したこと、などが挙げられる。

3.3 長期的関係を構築してイノベーションに取り組む：本節のまとめ

3.3.1 複数企業間の長期的関係性の構築

　本節では、複数の中小企業が長期的かつ協調的な関係性を構築することで、イノベーションの機会に結びつけてきた事例として、東成エレクトロビームを中核とする一括受注のネットワークと、京都試作ネットの共同受注のネットワークを取り上げた。これらの事例は、いずれも、ネットワーク内部の関係性やその関係性に関わる活動を通して、個別の参画メンバー企業の新たな事業展開や業務の発展に結びつけていた。そこで、これらの事例を、Birkinshaw, Bessant and Delbridge（2007）が整理した断続的なイノベーションを達成するための高い成果を達成するネットワークの3つの段階（「的確なパートナーを探し当てる段階」「関係性を構築する段階」「ネットワークで高い成果を達成する段階」）を切り口に事例を整理する。

　東成エレクトロビームを中核とする一括受注のネットワークにおける「的確なパートナーを探し当てる段階」においては、まず、顧客の要望に応える形で一括受注の仕組みを構築しようとした失敗の経験と、活路を切り開こうと東成エレクトロビームに相談に来た近隣企業との接点を通して、一括受注の仕組みを機能させるための要点を学習していたことがその後のネットワークを考えるに当たって大きな影響を及ぼしていた。この学習があったからこそ、ある一定の条件を整備することで、メンバー間の協力体制が構築できることを確信していた。その条件とは、参画企業間の技術のカニバリゼーションを起こさないメ

ンバーを選定すること、一括受注体制の構築に必要かつ市場で評価される特異な技術を提供できる企業を選定すること、起こり得るトラブルに迅速に対応できる体制を兼ね備えた企業を選定すること、保有技術の継続的な向上と深化のための企業努力を追求する姿勢を兼ね備えた企業を選定すること、であった。このようにして厳しい選定基準を満たした参画企業間でお互いに「顔」の見える関係を構築することにした。

また、このように参画企業が厳選されていることによって、参画メンバー企業それぞれに対しても、保有設備の重複を回避することができることや、参画企業一社当たりにかかる設備投資を抑制することができること、設備投資を抑制していても参画企業全体で、幅広い業務を受注することができること、という便益が得られることとなった。

「関係性を構築する段階」においては、プロジェクトを単位として、参画企業が共有する場を設定したり、参画企業にプロジェクトを取りまとめるコーディネーション能力を磨き、発揮してもらう機会を提供したり、一括受注のネットワークの発展とともに中核企業の役割を変化させたりすることによって、自律的な場に発展させていくことを可能とした。

また、参画企業間の技術のカニバリゼーションを起こさないよう、予め特異技術が差別化された参画企業が選定されているため、参画企業間で相補的な関係が構築されることになる。そのため、参画企業は、利己主義的な行動にでるよりも、東成エレクトロビームが中核となって進めるネットワークにおいて協調的な関係をとったほうが合理的な選択となっていた。

「ネットワークで高い成果を達成する段階」においては、参画企業がプロジェクトに参画する企業の取りまとめをするコーディネーション機能を高めることにより、ネットワークの自律性が高まることや、それにともない幅広い業務が受注できるようになること、さらに、幅広い業務の受注によってネットワーク内部に多様な業務が流入して、それが参画企業のイノベーションに結びつく機会を必然的に増やすよう作用していることなどの成果が確認された。

一方で、2つ目の事例である京都試作ネットにおける「的確なパートナーを探し当てる段階」においては、多くのメンバーがキセイレンでの代表幹事および副代表幹事の経験を有していること、また、発足当初からの設立メンバーで

あるために、京都試作ネットの理念や活動目的を共有していること、さらには、メンバーを拡大する際には、準会員制度を設け、発足当初からの理念や活動目的、メンバーとしての責務を理解した上でしかコアとなるメンバーとして活動することができないことを明確に掲げていることなどによって、フリーライダーや機会主義的行動を取る可能性を排除している。

「関係性を構築する段階」においては、理事会や事務所会議、営業活動会議への参加を通して、顔の見える関係が構築され維持されることや、メンバー企業のトップセールスを誇る営業要員2名が京都試作ネットの営業要員を兼ねること、メンバー企業間の技術や業務分野を差別化させてメンバー企業間の技術の相補関係を成立させることで強固な関係を構築することができること、参画することで負担する義務以上の誘因があること、によって長期的な関係が維持されるよう機能していることがわかる。

「ネットワークで高い成果を達成する段階」においては、メンバー間の保有技術が差別化されているために幅広い業務を受注することができ、それが、単一では受注できない幅広い試作業務の受注に結びついていること、また、この幅広い試作業務の受注によって、メンバー企業の保有技術の探索や転用の機会に結びついていることが確認される。

そのため、メンバーは、京都試作ネットの場をメンバー企業の短期的な利益を追求する場としてではなく、「経営者が汗をかいて勉強する場」であると認識していた。すなわち、メンバーは京都試作ネットの場を「自社では自らやろうとしていなかった、気づいてもいなかった経験を与えてもらえる場」、「自社に足りないものや欠けているものを発見し、克服する場」、「次につながる場」、「自らの業務の"ストライクゾーン"を広げる場」、「予定調和の解がない難問に試行錯誤して挑戦する機会を得る場」、「顧客を創造する場」として位置づけていた。すなわち、参画メンバーそれぞれが、自社の将来の事業の方向性を探る投資の場として位置づけていたのである。こうして、ネットワーク全体から得られる成果のみならず、最終的には参画メンバーの個別の成長に働きかけることの成果が確認された。

3.3.2 2つの事例から導出される複数企業間関係構築の共通点

　東成エレクトロビームを中核とする一括受注のネットワークと京都試作ネットは、いずれも、共同受注の仕組みを構築し、それぞれの参画メンバー企業の事業の深化や拡大、新たな事業展開の機会、すなわち、イノベーションの機会に結びつけている。この両者に共通する点を確認する。

　第一の共通点は、ネットワークの場の意味を理解した上で参画するコアとなるメンバーが存在していることである。東成エレクトロビームを中核とする一括受注のネットワークでは、東成エレクトロビームのリーダーシップのもと、一括受注体制を成立させ維持するのに不可欠な重要な加工ツールを持つ12社を厳選した。このコアとなるメンバー企業には、「コーディネート企業」として、業務を一括受注して、プロジェクトを組成させるという役割を持たせた。その一方で、この一括受注の仕組みを継続的に機能させるために中核となる参画企業以外にも主に加工業務を依頼する40社が存在していた。

　また、京都試作ネットでは、京都試作ネットを発足させたメンバーが理念を共有し、コアとなるメンバーを拡大する際には、理念の浸透や活動の目的を共有する研修を実施する準会員制度を設けて、厳選している。そして、新生京都試作ネットにおいては、コアとなるメンバーをゴールド・メンバーとして京都試作ネットを継続させるのに必要な義務を課す一方で、京都試作ネットが受注できる事業領域を拡大するのに必要な、ゴールド・メンバーほどの義務を負わないシルバー・メンバーとブロンズ・メンバー制度を設けている。

　いずれの事例においても、意図した結果か意図せざる結果かにかかわらず、Capaldo（2007）が指摘するように、ネットワークの形成において、ネットワークを維持するために重要な役割を果たす信頼関係が構築されている強い関係と、ネットワークを拡大するための弱い関係を同時に兼ね備え、ネットワークを二重構造化していたことが確認される。

　そして、コアとなる参画メンバー企業については、ネットワークの存在意義や活動・参画目的が共有されていた。また、この強固な関係を形成するための参画メンバーの参入障壁は存在するものの、ネットワークを支える他のメンバーに対して、この狭義のネットワークに参画することを妨げていない点も共通している。

第二の共通点は、ネットワークを形成するコアとなる参画メンバーの特異技術が、他の参画メンバーの特異技術と差別化されていることである。それは、それぞれの特異技術が差別化されることで、業務の奪い合いのもととなるカニバリゼーションを回避するための措置であった。この点に関しても、Capaldo (2007) が指摘しているように、パートナーが相互に異質的である方が望ましいという要件が重要な構成要素となっていることが確認される。
　また、相互に異質的であることによって、共同受注で請けることができる業務の幅が広がり、多様な業務に触れることを可能にした。そして、この経験が、それぞれの参画メンバーの新たな取り組みや挑戦のきっかけになっていたことも少なくない。すなわち、受注業務を実践するプロセスそのものがイノベーションの機会に結びついているのである。
　第三の共通点は、ネットワークのコアとなっている参画メンバーが共同受注の場や業務の受注の売上に完全に依存してはいない経営的に自立した存在であることである。確かに、共同受注の仕組みを通して、メンバー企業は業務を担うことで売上を計上している。その一方で、メンバー企業は売上のほとんどを共同受注の仕組みから得ているわけではなかった。メンバー企業は、独自で業務を受注する技術力と営業力を有しているのである。
　東成エレクトロビームを中核とする一括受注の仕組みでは、コアとなる参画企業が「コーディネート企業」となって業務を一括受注して他のメンバー企業への業務の割り振りや取りまとめを行うことが求められている。また、京都試作ネットのメンバー企業においては、京都試作ネット経由で受注する売上の割合は10％程度で、多いメンバー企業でも20％程度であるという。
　一般的に共同受注の仕組みを、仕事量を確保する場である、すなわち、一種の企業保護的手段であると勘違いしたメンバーが、独自の経営努力を怠り、共同受注経由で得られる業務に売上のほとんどを依存することによって、また、類似の保有技術を持つメンバー同士が業務を奪い合うことによって、結果的に共同受注の仕組みの衰退を招くことがある。東成エレクトロビームを中核としたネットワークや京都試作ネットのネットワークのメンバーらは、共同受注やそこから発生する業務に依存しすぎておらず、メンバー企業自社で業務を受注する能力を保有していることは、このリスクを回避させているのである。

京都試作ネットに至っては、そもそもコアになっているメンバー企業は、それぞれの本業から利益を得る原則となっており、京都試作ネットの業務で利益を計上する場として認識しておらず、「経営者が汗をかいて勉強する場」として位置づけ、「自社では自らやろうとしていなかった、また、気づいてもいなかった経験を与えてもらえる場」、「自社に欠けているものや足りない部分を発見し、克服する場」、「次につながる場」、「自らの業務の"ストライクゾーン"を広げる場」、「予定調和の解がない難問に試行錯誤して挑戦する機会を得る場」、「顧客を創造する場」であると明確に理解した上で参画しているのである。

　第四の共通点は、メンバー企業が共同受注の場を企業の成長や学びに結びつけていることである。参画企業は、東成エレクトロビームを中核とする一括受注の業務から、業界トレンドや技術特性を取得し、自社の事業展開に結びつけたり、顧客との接点から今後の業務の方向性を模索したり、自社の加工精度を高めたりしていた。一方で、京都試作ネットのコアとなっているメンバーは、京都試作ネットでの活動を通して、情報発信力や情報収集力の強化、企画力・提案力の向上、自社の強みや競争力の明確化、他のメンバーからの学びなどを得ていた。これらの効果は、単独で取り組んでいただけでは得られなかったであろうほどの大きな効果として参画メンバーに認識されている。

　また、参画メンバーは、ネットワーク活動の一環で得られた顧客との接点や受注業務を通して、自社の保有技術の活用と転用の可能性を常に探っていた。このような参画のメリットが存在しているために、Dyer and Nobeoka（2000）の知識共有ネットワークに機能不全を起こすジレンマとなっている利己主義の追求やフリーライダーの存在の可能性を回避していることがわかる。

　第五の共通点は第四の共通点とも関連するが、メンバーは、参画することの物理的・時間的・金銭的負担以上の誘因（Barnard, 1938）が存在していると認識していることである。参画メンバーは、プロジェクトに参画したことによって業務の実績が蓄積されるという点のみならず、他のメンバーとの活動を通して学びや成長の糧を得ていること、難しい業務をやり遂げた経験が企業の信用として付加されていくこと、さらには、従業員に対しても業務のやり甲斐に結びつき、離職率が低下することなどの直接的および間接的効果が期待できることなどが、メンバーがネットワークに参画する誘因となっている。

3.3.3 長期的関係を構築して複数企業間でイノベーション・マネジメントする際の論点

　東成エレクトロビームを中核とする一括受注のネットワークと京都試作ネットの共同受注のネットワークに参画するメンバーの共通点の一つに、これらの場を企業の成長や学びに結びつけていることが挙げられた。また、参画メンバー自身も、これらの場を、業務を受注すると同時に自社のイノベーションの機会を得る場であると認識していた。そこで、本項では、これらの事例のような複数の企業間が長期的な関係を構築してイノベーションの機会を獲得し、遂行する際の論点を確認することとする。

　第一の論点として、ある選定基準のもとに厳選されたメンバーが集まることの効果である。中小企業がイノベーションのための資源動員を行う際の大きな課題は、資源動員の量そのものが少ないため、イノベーションのための投資をしている中小企業の数そのものも少ないことが確認されていた（表1-1）。このことは、中小企業が、イノベーションのための資源動員の量を単独で確保することが容易ではないことを如実に表していた。

　しかし、本節の事例のように長期的関係の構築と業務活動を通して、単独では受注することが難しい、より幅の広い業務領域に携わることができ、これをイノベーションの機会として捉えることは、単独では資源動員量が少ない中小企業がイノベーションを遂行する一つの解となり得るのである。

　このようにイノベーションに取り組むことで、参画メンバーにとっては、大きく3つの利点がある。一つ目の利点は、業務活動のプロセスそのものがイノベーションの機会となっているため、通常であれば自社が負担すべきイノベーションのための資金の一部が業務として賄われる点である。仕事であると同時に、試行錯誤する中で自社の開発能力を高めていくよう作用しているのである。

　二つ目の利点は、通常、単独では業務にかかる全ての事業領域に必要な業務知識の取得や設備への投資をする必要があるが、業務によっては他の参画企業の協力を得ることができることである。なぜなら、参画メンバーの特異技術が差別化されているために、実質的な役割分担、すなわち、分業と協業体制をとることが可能となるためである。Tidd, Bessant and Pavitt（2001）が指摘するように、資源の場所や組み合わせの知識と仕組みが成立していれば、イノベー

ションに必要なすべての資源を一社で保有する必要はなく、自社で保有していない設備は、他の参画メンバーに任せることができるのである。こうして、参画メンバーは自社の強みのある事業領域に特化し、他の参画メンバーと役割分担して、協同体としてトータルで強い競争力を発揮することを可能にしている。

　三つ目の利点は、参画メンバーの特異技術が差別化されていることで、ネットワークの場に多様性を確保することができることである。場に多様性を確保することによって、多様な情報や視点がもたらされる。組織は、合理性の限界という課題にしばしば直面する。進行中の出来事や行為の結果に対する予見や判断が困難であり、事後的にしか結果を明らかにすることは難しい。特に、単独の組織は、合理性の限界が判断のボトルネックになる可能性が高い。その課題を解決する一つの方法となるのが、企業間のネットワークである。複数の業界や事業領域、技術の視点を持ち合わせる多様な場に参画することによって、単独で考えたのでは考えもつかなかった解にたどり着く可能性が高まるのである。参画メンバーの特異技術が他のメンバーと差別化されていることは、参画メンバー間にカニバリゼーションを起こさせないという観点からだけではなく、ネットワーク内部の多様性を確保するという観点からも重要な措置なのである。

　複数の企業間が長期的な関係を構築してイノベーションの機会を獲得し、遂行する際の第二の論点として、技術展開の方法が挙げられる。特に、京都試作ネットの事例では、メンバーは、この場を「自社では自らやろうとしていなかった、また、気づいてもいなかった経験を与えてもらえる場」、「自社に欠けているものや足りない部分を発見し、克服する場」、「次につながる場」、「自らの業務の"ストライクゾーン"を広げる場」、「予定調和の解がない難問に試行錯誤して挑戦する機会を得る場」、「顧客を創造する場」として、技術を蓄積し、展開する場として位置づけていた。

　京都試作ネットでの活動の場を通して培われた成果としては、例えば、それまで3次元加工技術を保有していなかったメンバー企業が、既存顧客に対して3次元加工の提案ができるようになったり、もともと製造現場で活用するための制御系の組み込みソフトウエア開発技術を保有していたメンバー企業が、既存顧客に対してタブレット端末にソフトウエアを組み込むためのアンドロイドOSの技術を取得してソフトウエア開発に成功し、既存顧客に提供したりでき

るようになったことが挙げられた。すなわち、これらの事例は、新たな技術を取得した上で既存顧客に新たな価値を提供していたことになる。

その一方で、製造業向けに展開していた加工技術を活用して、インテリア用品や美術品を開発するなどして新たな顧客の開拓に成功したメンバー企業の存在も確認されていた。すなわち、この事例は、すでに保有している技術を新規となる顧客を開拓することによって新たな価値を提供していたことになる。

しかし、表2-1でも確認されたように、技術の探索（exploration）と活用（exploitation）に関する既存研究を確認すると、定量的調査による実証研究を行う際、技術の探索のための活動を「新たな顧客を開拓するために技術の探索を行う」と定義づけ、技術の活用のための活動を「既存の顧客のニーズや環境に対応するために技術の活用を行う」と定義づけた上で、定量的調査を実施しているものが複数確認されている（例えば、Benner and Tushman [2003]、He and Wong [2004]、Lubatkin, Simsek, Ling and Veiga [2006] が挙げられる）。これらの研究では、探索した技術を既存顧客に提供すること、また、保有技術を新規顧客に転用することが含まれず、技術の探索や活用の範囲が狭義であることを意味し、表2-1（41ページ）における（A）の領域と（B）の領域に関するイノベーションまでは説明できないことになる。その上、ネットワークにおいては、実は、ネットワークのメンバーが保有する中核技術をネットワークの場が持つ多様性をうまく利用して、次にどのように事業展開していくのか、あるいは、既存顧客や事業領域においてどのような技術を開発していくのか、のきっかけ作りを行っており、この点では、むしろ、中小企業のイノベーションにおいては、表2-1の（A）と（B）の領域において、イノベーションを実現する、また、ビジネスチャンスを拡大する可能性が広がっていたことが確認された（**表5-1**）。特に、単独ではイノベーションのための資源動員量そのものが少ない中小企業にとっては、既にある特異な保有技術をいかにして新たな事業展開や市場創出、そして、顧客開拓に結びつけるのかという（A）の領域を見出すのが、中小企業の持続的成長を考える上で肝要であるといえよう。

単独では、イノベーションのために投入できる資源動員量に制約がある中小企業にとって、確かに、既存の中核となる保有技術の新たな用途を異なる事業領域や市場、顧客に対して行うことはきわめて重要であることは自明のことで

表5-1　ネットワークの場によってチャンスが拡大する知の探索と知の活用の領域

	新規の技術の開発	既存の技術の転用・改善
新規顧客の開拓、新市場創出	知の探索行動の領域	(A)
既存顧客および既存市場展開	(B)	知の活用行動の領域

ネットワークの場が持つ多様性をうまく利用することによって、イノベーションを実現するチャンスが拡大する領域

出所：筆者作成

表5-2　技術の探索と活用に関する新たな視点

	新規の技術の開発	既存の技術の転用・改善
新規顧客の開拓、新市場創出	「知の探索」の対象となる領域	「知の活用」の対象となる領域
既存顧客および既存市場展開		

出所：筆者作成

あるものの、表5-1における技術の探索と活用を考える際には、**表5-2**のように、より幅広い範囲でイノベーションの活動を模索することもまた、新たな事業展開の可能性が広がることにつながるといえよう。広義の意味での「技術の活用」の機会を確保するためには、新規顧客となる可能性をもつ層にリーチできなければならず、その可能性を高めるためには、中小企業が単独で行うよりも、東成エレクトロビームを中核とする一括受注のネットワークや京都試作ネットの共同受注のネットワークは有効である。なぜなら、これらの事例においては、それぞれの参画メンバーが、特異技術を保有し、それぞれの保有技術に市場競争力がある複数の企業間が長期的な関係を構築して、単独ではリーチできなかった多様な顧客層と出会い、業務を通してイノベーションの機会を獲得し、イノベーションの実現に向けての行為や資源動員を促進するよう機能するためである。

　複数の企業間が長期的な関係を構築してイノベーションの機会を獲得し、遂行する際の第三の論点として、協同戦略パースペクティブ（collective strategy perspective）は、やはり有効であるということが挙げられる。なぜなら、協調戦略パースペクティブをもつことによって、中小企業が単独では取り組むことが難しいレベルでの取り組みを、それぞれ差別化された個別の強みを持つ複数

の中小企業が集結し、全体として大きな力や能力を発揮する戦略的思考・視点を有する手段となるためである。中小企業単独では、イノベーションのための資源動員の多くの量を確保することは容易ではないものの、協同戦略パースペクティブの視点を取ることによって、技術のカニバリゼーションを起こさない中小企業間が集結することにより、それぞれの役割の分担を意識して活動を行って、結果として個々のメンバーのイノベーションのきっかけに結びつく機会を増やすことは、中小企業のイノベーション・マネジメントの一つの解となるのである。

しかし、このような直接的結びつきの強い関係性は、既存研究でも指摘されているように、しばしば、戦略的情報の欠如や信頼不振、外部圧力の増大、潜在的対立などの関係を内包し（Dollinger, 1990）、知識共有ネットワークの構築プロセスにおいて、利己主義の存在やフリーライダーの存在、ネットワーク活動で生じる費用負担がジレンマとして発生することになる。したがって、このような関係を構築し、関係性を継続させることは容易ではなく、関係を維持するためには参画メンバーがさまざまな義務と負荷を負わなければならないことを認識する必要がある。東成エレクトロビームを中核とした一括受注のネットワークや京都試作ネットの構築および発展プロセス、それぞれのメンバーの参画状況からも、このことは容易に推察できるはずである。

そのような困難さを持ち合わせながらも、それでもこの2つの事例が協同戦略パースペクティブの視点から関係を構築し、事業展開を可能にしている理由は、その設立理念が参画メンバーに浸透していることや、活動目的に対する共通の理解があること、カニバリゼーションが起きないメンバーごとの差別化された役割が明確であること、参画メンバーとなるための厳格なスクリーニング・プロセスが用意されていること、メンバーとしての義務や責務を負うこと、などが挙げられる。すなわち、これらのネットワークの参画メンバーになるための参入障壁は決して低くないのである。

その一方で、両ネットワークとも、既存メンバー以外の新メンバーの参画を阻害しているのではない点には注意する必要がある。むしろ、ネットワーク活動の領域を拡大するために、また、ネットワークとしての市場競争力を高める戦力となる、既存メンバーとは差別化された特異な技術を保有する新たなメン

バーの参画を好意的に受け止めている。したがって、それぞれのネットワークが打ち出している選定基準などの参入障壁を越えることができる場合においては、新たな参画メンバーを迎えることを積極的に承認しているのである。

以上の三つの論点を踏まえて、中小企業間の長期的関係の構築と業務を通して行うイノベーション・マネジメントの論理を確認すると、図5-3の通りとなる。

ネットワークの中核メンバーとなる中小企業が、複数企業間で長期的関係を構築し、業務を通してイノベーションを遂行するということは、すでに中小企業組織内部のイノベーション・マネジメントである「イノベーションに対する基本姿勢・組織特性」を備え、「イノベーションの行動規範」を貫いているといえよう。その上で、ある特定の選定基準を設けて厳選された参画メンバーらが、その場の理念を理解し、活動目的を共有した上で関係性を構築し、それぞれの参画メンバーが負うべき義務や果たすべき役割を理解して仕組みを機能させる。まず、厳選されたメンバーで構成される協同体の内部に多様性を確保するのである。

それぞれの参画メンバーが差別化された特異な、かつ、市場競争力の高い技術を持つことによって、その結果、協同体の内部の多様性が高まることによって、組織外部のイノベーション・マネジメントは単独で行うよりもより容易に、かつ、高い効果を得る可能性が高くなる。それは、すでに多様性を包含しているために、ネットワーク外部の多様なステークホルダーとつながる可能性が高くなること、そして、筋が良いステークホルダーにとって、このようなネットワークもまた、筋が良いステークホルダーになるためである。

したがって、ネットワークが筋が良いステークホルダーとつながる活動を行うのはもちろんのこと、一方で、筋の良いステークホルダーに当該ネットワークを探し当ててもらえる存在になるということが、組織外部のイノベーション・マネジメントになる。この点では、ネットワークの対外的活動および営業活動が重要となる。展示会や見本市の場は、そのひとつとして機能する。参画メンバー企業にとっても、筋が良いステークホルダーとつながることによって、単独で取り組む以上のイノベーションの機会が確保されることになる。また、それぞれの参画企業の組織内部に対しても、筋が良いステークホルダーからの

第5章 中小企業のイノベーション・マネジメント その3 「関係性」を確立する

図5-3 中小企業間の長期的関係の構築を通してイノベーションを実現する論理

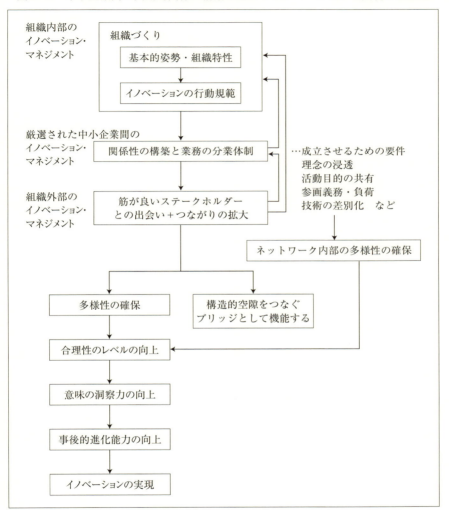

学びや、基本的姿勢やイノベーションの行動規範に反映されること、経営者に新たな気づきをもたらすこと、従業員のモチベーションを高めること、などのポジティブなフィードバックが得られるという利点が挙げられる。

しかし、この論理は、ネットワークに参画するメンバーの保有技術が差別化

され、かつ、それぞれの保有技術の市場競争力が高いという条件を満たしていること、また、ネットワーク内部においては参画メンバーがこの場の理念を理解し、活動目的を共有していること、利己主義の存在やフリーライダーの存在、ネットワーク活動で生じる費用負担の分担といった3つのジレンマを解消する仕組みが組み込まれていること、などの多くの成立条件が満たされていなければ、そもそも成立させることはきわめて難しい仕組みなのである。

その一方で、このようなネットワークを成立させ、継続する仕組みを埋め込むことができれば、きわめて多くのイノベーションの機会を確保し、多くの実践の場を設けることが可能となる。その点では、多くの前提条件の上にこそ成り立つイノベーション・マネジメントの方法であるといえよう。

4．本章のまとめと知見

4.1　外部資源を活用するイノベーションのマネジメント：本章のまとめ

本章では、中小企業が他の組織と関係性を構築することで、イノベーションを遂行する事例を2つに大別して確認した。中小企業が明確な到達目的を掲げて、異なる主体とスポットの関係を構築することでイノベーションを遂行しようとする事例と長期的な関係性を構築してイノベーションを実現する事例である。前者には、産学連携や異業種交流が含まれている。

産学連携によってイノベーションを遂行して成功する事例に共通する点は4つ確認された。第一に、何よりも、どの組織と連携を行うのか、そして、いかにして関係を構築するのかが重要となることであった。すなわち、相互のマッチングの問題である。そのため、本格的な連携や研究開発を始める前に一定期間、小規模での連携を進めることによって、相互のマッチングを確認することが多く確認された。こうして、お互いの「顔の見える関係」を構築した上で、本格的なイノベーションを遂行するための連携をとっていたのである。

第二に、目標を明確化することが重要であった。より具体的には、いつまでにどの程度の成果を求めるのか、連携で達成することは何か、を明示した上で進めることが成果に結びつきやすいことが定性的調査結果から確認された。目

標を明確にするために相談時には申込書に具体的な相談内容を記してもらったり、進捗管理については期日から逆算したスケジュールや報告日程をサポート機関に管理してもらったりするなどの工夫をすることが、産学連携で成果を達成するために有効に作用した。

　第三に、参画関係者間の役割を明確化することであった。大学側の産学連携担当者は、研究開発費を企業が負担している場合には、企業側の目的を達成することが重要であり、そのためには、「プロジェクトのリーダーシップを執るのは企業側の担当者である」という共通の認識を持つことが重要であると指摘していた。したがって、大学の研究室側は、「こんなことをやってみたい」「こんな条件での実験もやってみたい」という要望を出しすぎないこと、一方で、当該企業側の担当者には、高い実行力とマネジメント能力がともなわなければ、産学連携によって効果を達成することは難しい。

　第四に、当初立てられた到達目標を達成した以外にも、副次的効果が発生していることであった。その副次的効果とは、大学の研究室からもたらされる技術屋業界に関する情報が得られること、研究室に所属する学生を獲得する機会となること、技術コンサルタントを雇っているような助言を得ることができること、自社が保有していない研究設備を使わせてもらうことができること、大学の研究室から寄せられる要望が大きなビジネスチャンスに結びつく場合があること、であった。

　異業種交流の場合は、協同して新たな事業やプロジェクトを始めるというよりも、異業種が交流することで得られる異なる視点や着想、ビジネスのヒントを探すことを目的として参加するという立場を明確にした上で参加したほうが望ましいようであった。すなわち、異業種の交流は、組織の多様性を確保し、単独の合理性の限界のレベルを上げる機会であると意識する必要があるといえよう。

　後者の長期的な関係性を構築してイノベーションを遂行する事例としては、東成エレクトロビームを中核とする一括受注の仕組みと京都試作ネットの共同受注の仕組みを、発足前の「的確なパートナーを探し当てる段階」から「関係性を構築する段階」、「ネットワークで高い成果を達成する段階」（Birkinshaw, Bessant and Delbridge, 2007）までを取り上げた。

東成エレクトロビームは、1985年に顧客からの要望が寄せられたことをきっかけに、一括受注体制の整備を試みた。しかし、一度目は失敗に終わった。その理由は、それまで同社とは取引がなかった企業が含まれていたために、加工に不可欠な情報が不足していたこと、一社ごとに発注し、納品されたものを検査して組み立てる煩雑な手間や時間を要するなど、調整費用が高止まりしていたためであった。

　そこで、一括受注体制の中核となる参画企業を厳選し、その企業との関係を構築することからはじめた。その選定基準は、一括受注の仕組みを理解し、協力体制が構築できること、一括受注体制の構築に必要かつ市場で評価される特異な技術を提供できること、起こり得るトラブルに迅速に対処できる体制を兼ね備えた企業であること、であった。そのコアとなる参画企業は、12社であった（2004年10時点）。

　また、このコアとなる参画企業には、一括受注業務の受注を積極的に受けてもらい、その業務に参画する企業のとりまとめをするコーディネーション能力を発揮してもらうよう東成エレクトロビームは要請した。このように、東成エレクトロビームは、コアとなる参画企業には自律性を高めてもらい、一括受注の場が発展するよう推し進めたのである。

　東成エレクトロビームを中核とする一括受注の仕組みに参画する企業が、この仕組みから得ているメリットは、実際の業務の受注に結びついていることや、中小企業が単体で受注できるよりもはるかに高度で幅の広い事業領域を手がける機会となること、このような業務に携わることによって技術者や従業員の働くモチベーションが向上し離職率も低下すること、先端かつ高度な技術的情報が顧客からもたらされること、プロジェクト進行時の業務のすり合わせ経験が結果的に技術力やコーディネーション能力の向上に結びつくこと、などが挙げられた。

　京都試作ネットは、京都に拠点を構え、主に機械関連業務を手がける中小企業経営者および次期経営者の有志が集まった任意団体において代表幹事や副代表幹事を務めた経験を有し、志を共有するメンバーが集まって発足させた共同受注の仕組みである。京都試作ネットのメンバーになると、多くの義務や決まり事が定められている。それは、京都試作ネットにメンバー企業の代表として

参画する個人は、メンバー企業の企業経営者か意思決定権を保有する権限をもっていること、理事会や事務所会議、営業活動会議に参加すること、メンバー企業のトップセールスを誇る2名に京都試作ネットの営業要員として兼務させること、活動に必要な費用を負担すること、メンバー企業間の技術や業務分野が差別化されていること、京都試作ネットの理念を継承し活動目的を共有するために準会員制度を設けていること、であった。

　京都試作ネットのコアとなるメンバー企業は、京都試作ネットの場を「経営者が汗をかく場」であると位置づけていた。すなわち、共同受注の仕組みでありながらも、コアとなるメンバーは、京都試作ネットの場を業務や売上を計上する場としてではなく、「自社では自らやろうとしていなかった、気づいてもいなかった経験を与えてもらえる場」、「自社に欠けているものや足りないものを発見し、克服する場」、「次（の成長）につながる場」、「自らの業務の"ストライクゾーン"を広げる場」、「予定調和の解がない難問に試行錯誤しながら挑戦する機会を得る場」、「顧客を想像する場」であると理解しているのである。京都試作ネットのコアとなるメンバーが認識している成果には、情報発信力が強化されたこと、情報収集力が強化されたこと、企画力や提案力が強化されたこと、メンバー企業の強みや競争力がより明確になったこと、業務の実績が積み重なることによって、メンバー企業に対する企業としての信用が付与され、新たな取引や顧客開拓につながっていること、京都試作ネットでのやり取りや業務を通して他のメンバー企業から学習できること、最先端の試作業務に携わることによって、また世の中で注目されるテーマに取り組んでいることによって従業員の仕事や企業に対する働くモチベーションが向上すること、などが挙げられる。

　東成エレクトロビームを中核とする一括受注のネットワークや京都試作ネットの事例は、いずれも、複数企業間で業務を受注し、このプロセスを通じて参画するメンバー企業の事業の深化や拡大、新たな事業展開の機会、すなわち、イノベーションの機会となっていた。

　この2つの事例に共通する点は、コアとなる各メンバー企業が、共同受注体制の仕組みや目的・意義を共有した上で制度を支えていること、各企業の特異技術が他の参画メンバーの特異技術や事業領域と差別化されていること、共同

受注の場や業務の受注の売上に完全に依存してはいないこと、共同受注の場を企業成長や組織学習に結びつけていること、参画することの物理的・時間的・金銭的負担以上の誘因が存在していること、であった。

4.2 スポットの関係性でのイノベーション達成事例と長期的な関係性での達成事例の比較

　産学連携や異業種交流のように、イノベーションをスポットの関係性を構築することで達成しようとした事例と、東成エレクトロビームを中核とする一括受注の仕組みや京都試作ネットの共同受注の仕組みのように、イノベーションを長期的な関係性を構築することで達成しようとした事例を比較すると、共通点と相違点を確認することができる。

　両者に共通する点は、第一に、連携する対象組織との関係を構築することが極めて重要であることである。産学連携のプロジェクトの場合には、予算額が大きい研究開発テーマをいきなり始めるのではなく、連携を組む相互の組織のマッチングを図るために一定期間の「お試し」期間を設けたり、小規模での実験や共同研究などから始めていた。また、東成エレクトロビームを中核とする一括受注の仕組みや京都試作ネットの仕組みにおいては、協同体を発足させる際に関係性を構築する意義を確認し、参画・活動目的を共有することで、また、新たなメンバーの参画に関しては厳しい選定基準を設けることによって、関係性が希薄化されないような措置を講じていた。このように、複数の組織間関係においてイノベーションを遂行しようとする際には、まず、関係をいかにして構築するのかが重要となる。

　第二に、参画するそれぞれの主体が果たすべき役割を明確にすることである。産学連携の場合には、企業と研究機関、支援機関や産学連携オフィスなどの果たす役割分担を明確にすることが必要であった。一方で、東成エレクトロビームを中核とする一括受注や京都試作ネットの共同受注の仕組みにおいては、参画メンバー企業間の技術でカニバリゼーションが起きないよう、メンバー間の技術の差別化を明確に意識していた。このような措置も、役割分担を明確化させる一つの手段である。

　第三に、関係性を構築することで、事前には明確に意図していなかった成果

第5章 中小企業のイノベーション・マネジメント その3 「関係性」を確立する

が発生していることである。イノベーションを達成することができた産学連携の事例においては、大学の研究室からもたらされる技術や業界に関する知識を取得することができたり、連携を通じて既知となった学生が入社したり、大学の研究室から技術面での助言をもらったり、大学の研究室の設備を使わせてもらったり、大学の研究室から寄せられた要望が新たなビジネスチャンスに結びつくなどの副次的効果が確認されている。また、長期にわたる共同受注の仕組みを構築してイノベーションを達成した事例においては、中小企業が単独では受注することができないほどの幅広い業務を受注することによって自社の技術の新たな転用可能性を探ったり、幅広い業務を手がけることによって流入する情報の多様性が拡大したり、受注した業務がメンバー企業の実績となることによって企業としての信用が付加され新たな顧客開拓に成功することや、参画メンバーが相互に学習したりする効果などが確認されている。

一方で、スポットの関係性を構築することでイノベーションを達成した事例と、東成エレクトロビームを中核とする一括受注の仕組みや京都試作ネットの共同受注の仕組みとで大きく異なる点は、4点挙げられる。第一に、前者が明確な到達目標を掲げ、ある特定の期限以内に達成させることを目的としている場合が多いことである。そのためには、連携する組織間の役割の分担や進捗管理を厳格に行う必要がある。この点に関しては、支援機関やTLO、産学連携本部などの担当者が関与することで、円滑なプロジェクトの推進が期待される。

第二に、前者の研究開発テーマが特定されているために、そのテーマに合致した主体を探し当てることが容易ではないことである。研究開発テーマに合致した主体との出会いがあっても、一からの関係を構築する必要がある。さらに、その関係から連携の成果を達成するためには、知識共有ネットワークの機能を阻害する要因となる3つのジレンマ（Dyer and Nobeoka, 2000）を解決しなければならない。そのための対策を講じることが求められる。

第三に、第二点目と関連するが、前者の研究開発テーマが特定されているために、目標ありき、技術ありきの研究開発に陥りやすい傾向があることである。補助金を獲得して資金的なイノベーションの資源動員量を確保した場合において、直面した問題は、テクノロジー・プッシュ型のイノベーションであったために実用化に成功しても事業化に苦労する傾向が高いことであった。前者にお

いても、研究開発テーマを予め特定しているために、同様の問題に直面する可能性が高くなる。したがって、この点には十分留意する必要がある。

　第四に、前者の場合、単独の中小企業を単位としているため、組織の限定合理的な制約を強く受けることである。それゆえ、研究開発テーマに合致した筋が良いステークホルダーとつながることをより難しくしている。筋が良いステークホルダーとつながることで、意味の洞察力の向上につながる合理性のレベルを向上させる経路ができるものの、この筋が良い、かつ、研究開発テーマに合致したステークホルダーとなる主体を一から探し出してつながることは容易ではない。図5-1で「断絶しやすいため注意を要する」とされているゆえんである。しかし、この点に対しては、日常的に、単独でイノベーション・マネジメントに取り組んでいることによって（第3章を参照のこと）、すでに別の筋が良いステークホルダーとつながり、組織の多様性を確保しておくことで克服することが可能となる。

第6章

中小企業のイノベーション・マネジメントの含意
：結論とインプリケーション

1．本書の目的と事例研究の整理

　本書の目的は、経営資源の制約を強く受けるモノづくり企業が、イノベーションのための資源動員の量が少ない状況において、どのようにイノベーションをマネジメントしているのか、事業化に成功している中小企業のイノベーション・マネジメントに共通することは何か、中小企業のイノベーションを実現する論理とは何か、これらの問いに対する答えを探ることであった。したがって、分析の単位は、単一の中小企業であった。

　単一の中小企業が、どのようにイノベーションを遂行させているのかを、単独でイノベーションを進めていくタイプ（第3章）と、基本的に単独でイノベーションを進めているものの、イノベーションのための資金的資源動員を補助金によって充当して進めていくタイプ（第4章）、複数の組織が関係性を確立してイノベーションを進めていくタイプ（第5章）の3つのタイプに分類し、定性的調査の記述に基づいて整理した。第5章に関しては、中小企業が事前に明確な到達目標を有し、その目標を達成するために必要な主体を探し出して関係を構築することでイノベーションを進めるタイプと、長期的な関係性を通してイノベーションに取り組むタイプに分類して検討してきた。

　単独でイノベーションを進めていく事例研究において、まず、組織内部においてイノベーションを推進するための基本的な姿勢を醸成した上で、実際にイノベーションに成果をもたらすための態度や具体的行動を継続して進める組織づくりが不可欠であった。このような組織の状態を継続させることによって、将来的に組織外部の筋が良いステークホルダーになる主体とつながるきっかけに結びつく。この筋が良いステークホルダーとつながることが重要なのは、当該中小企業に3つの効果をもたらすためであった。

　第一に、次のような論理を生むためである。まず、立場が異なる筋が良いステークホルダーから寄せられる意見や業務内容が、組織内に情報や視点の多様性を増やすよう作用する（「多様性の確保」）。次に、これが限定合理性の高い中小企業にとっては、異なる複数の視点や多面的な判断力が組織内に包含することができるようになるため、組織の合理性のレベルを向上させる（「合理性

のレベルの向上」)。さらに、合理性のレベルが向上することによって、ある現象や事象、技術に対する先見性や判断能力が広がり、それらを関連づけ、結びつける能力が向上することが期待される(「意味の洞察力の向上」)。そして、このような意識や行動の日常的な繰り返しは、長期的に「雑多な試行(trials)に対して、これを再解釈し、精製し直し、結果として一貫した事後的合理性を持つシステムにまとめ上げてしまう(藤本，1997)」力に結びついていく(「事後的進化能力の向上」)。こうして、中小企業の組織内外のイノベーション・マネジメントの能力が向上し、結果としてイノベーションから成果が得られるようになり、イノベーションの事業化に結びつける確率、すなわち、イノベーションを実現する確率を高めるという論理である。

　第二に、筋が良いステークホルダーは、別の筋が良いステークホルダーとつながっている確率が高く、その意味では、筋が良いステークホルダーとつながっている別のネットワークとの構造的空隙を埋めるブリッジ(Burt, 1992)となる可能性が高いことである。そして、第三に、筋がよいステークホルダーから組織の内部に対して学習効果をもたらし、経営者に新たな気づきを与え、従業員に働くモチベーションを高めるなどのポジティブなフィードバックが得られることである。

　イノベーションのための資金的資源動員を補助金事業に採択されることによって進めていく事例研究において確認すべき重要な点は、イノベーションのための資金的課題を解決することが、中小企業の直面するすべてのイノベーション・マネジメントに関する課題のすべてを解決することにはならないと意識しておくべきことである。すなわち、中小企業にイノベーションを遂行するための資金さえあれば、イノベーションを実現することは可能であるという論理には結びつかないのである。

　その理由として挙げられるのは、まず、補助金を申請するには、予め研究開発テーマを絞り込まなければならないことにある。また、そのテーマが採択されるためには、その補助金の目的に合致していなければならないことも背景として挙げられる。申請の時点でテーマが絞られるのである。すなわち、顧客ニーズから離れたテクノロジー・プッシュ型かつプロダクト・アウト型のイノベーションに陥りやすい構造が内在しているのである。この現象を本書では

「イノベーション実現の近視眼」と呼んでいる。このイノベーション実現の近視眼のため、研究開発テーマの実用化に成功しても、それを事業化に結びつける段階になると苦慮する場合が少なくない。これは、岡室（2009）が指摘する「公的な補助金を受けることと商業的成功の決定要因との関係に負の相関がある」との研究結果を支持していた。したがって、採択企業は、このような罠に陥らないために、意識して筋が良いステークホルダーとつながる機会を確保し、組織外部のイノベーション・マネジメントを進めることで、申請する研究テーマを市場のニーズとすり合わせる企業努力が必要となる点が明らかとなった。

　複数の組織が関係性を構築してイノベーションを進めていく事例研究では、中小企業があらかじめ明確な到達目標を定め、特定のステークホルダーを探し出し、限られた期間内に成果を求めるタイプの関係性においてイノベーションを遂行する事例と、複数の中小企業が長期的な関係性を継続するプロセスでメンバーの各々がイノベーションを遂行する事例を取り上げた。いずれの事例においても、共通して確認されたことは、はじめに組織の内部にイノベーションのための基本的姿勢を醸成した上で、イノベーションの行動規範を実践する組織づくりが行われていたことが確認された。

　前者の事例研究においては、本書では特に産学連携に焦点を当てた。産学連携においては、当該中小企業が予め研究開発テーマを設定し、そのテーマに合致したステークホルダーをいかにして探し当て、関係性を構築するかが重要であった。このような関係性から成果を達成するためには、まず、連携のための関係性を構築する必要があり、そのために小規模での連携の経験を積むことが一つの解決方法として確認された。次に、到達目標を明確にした上で共有することであった。さらに、それぞれの役割を明確にして分担する必要性が確認された。岡室（2009）では、中小企業の開発が商業的成功に結びつく重要な決定要因の一つに「大学や公的機関と連携しないこと」という研究結果が得られている。このような状態に陥りやすい理由には、本書で指摘した上記の３つの要件が満たされていなかったから、すなわち、関係構築、到達目標の共有、役割分担の明確化が十分になされていないことが多いためであろうことが、この予備的考察から推察された。

　後者の事例研究においては、東成エレクトロビームを中核とする一括受注の

仕組みと京都試作ネットの共同受注の仕組みを取り上げた。これらの仕組みを通して、コアとなる参画メンバーそれぞれが、業務を通してイノベーションを実現する機会を得ていた。複数の企業が長期的な関係性を構築してイノベーションの機会を獲得し、遂行する際には、コアとなるメンバーの選定が極めて重要であること、企業間のネットワークのそもそもの理念を理解した上で参画すること、ネットワークにおける活動目的を共有すること、参画メンバーとして負うべき義務を果たす必要性を理解すること（フリーライダーを回避するため）、参画メンバーが共同受注の場で受ける業務に売上のほとんどを依存していないこと（参画メンバーの自律的発展を阻害しないため）、コアとなるメンバーの技術が重複せず差別化されていること（参画メンバー間のカニバリゼーションを回避するため、また、受注する技術領域を拡大してより多くのイノベーションの機会を確保するため）、ネットワークを維持するための強い関係とネットワークを拡大するための弱い関係を同時に兼ね備えたネットワークの二重構造化をしていたこと、が必要な要件として挙げられた。そして、このようにネットワーク内部に多様性を担保することで、筋が良いステークホルダーとのつながりの可能性をより拡大させていたのである。

以上のような長期にわたる関係性を構築し、継続させることは決して容易なことではないものの、そのネットワークが機能し続ける仕組みを埋め込むことによって、参画メンバーにとってイノベーションを遂行する数多くの機会に結びつけることが可能であることを確認した。

2．結　論

以上の事例研究から導出された結論は次の通りである。

2.1　中小企業がイノベーションを生み続けるための組織づくり

Tidd, Bessant and Pavitt（2001）では、イノベーションの実行プロセスを5つのフェーズで表した。第一のフェーズとして、内部および外部の環境をスキャンして潜在的なイノベーションに関する兆候を見つけ出すことが指摘されていた。しかし、事例研究を通して確認されたのは、イノベーションの実行の

プロセスをマネジメントする前段階として、まず、組織づくり、すなわち、イノベーションに対する基本的姿勢や組織特性を醸成し、イノベーションの行動規範に結びつける組織を構築することが重要であることが明らかとなった。

O'Reilly and Tushman（2013）やTayler and Helfat（2009）では、状況の変化やチャンスの到来に対して、資産の再配分や再構築を迅速に対応させる組織能力である「ダイナミック・ケイパビリティー」の重要性が指摘されているが、やはり、事例研究においても、日常的な組織的態度が重要であることが改めて確認されたのである。この点に鑑みると、藤本（1997）が進化能力の実体であると指摘する「競争力に関して組織成員が共有するある種の「心構え」（preparedness）」を、組織として形成しておくことの重要性が改めて確認されたといえよう。

しかし、一方で、留意すべき点がある。このような組織内部のイノベーションに関するマネジメントだけではイノベーションの実現に成果をもたらす十分条件とはならないことである。当該企業のイノベーションや事業展開に重要な示唆を与える社外のステークホルダーとの出会いや関係の構築が不可欠であるためである。本書では、このようなステークホルダーのことを「筋が良いステークホルダー」と呼んだ。どこに存在するのか事前にはわからない将来的に筋が良いステークホルダーとなるであろう主体を探し出し、探し当ててもらって、いかにしてつながるかが一つの試金石となる。当該企業にとって将来的に筋が良いステークホルダーとなる主体なのかどうかは、事後的にしか明らかとはならないために、その主体と出会うための機会の確保と、そのような主体を見抜く目が当該企業に求められるのである。筋が良いステークホルダーが中小企業のイノベーションの実現にとって重要になる理由は、組織内に情報や視点の多様性を増やすよう作用し、小規模組織の合理性のレベルを向上させ、意味の洞察力を向上させる好循環を生むきっかけを提供してくれる可能性をもつ主体であるためである。また、筋が良いステークホルダーは、別の筋が良いステークホルダーとつながっている可能性が高いため、筋が良いステークホルダーとつながっている別のネットワークとの構造的空隙を埋めるブリッジ（Burt, 1992）となる可能性を高めるためである。さらに、このような関係性によって組織内部にポジティブなフィードバックが得られることになる。

筋が良いステークホルダーに探し当ててもらうためには、それに足る存在でなければならない。そのためにも、困難な業務の問い合わせにも断らない姿勢や諦めず試行錯誤すること、失敗を糧として学習すること、営業のツールを持つこと、提案を継続すること、見本市や展示会に出展すること、などという行為や試行を継続することが肝要となる。本書では、このような姿勢や行為を「イノベーションの行動規範」と呼んだ。

中小企業がイノベーションを実現するためには、まず、イノベーションを生み続けるための組織づくりを行うこと、そして次に、将来的に筋が良いステークホルダーとなる主体を惹きつけることが重要であることが明らかとなった。このようにして、中小企業はイノベーションを実現するための好循環を作り上げることができるかどうかが、単独のみならず、ネットワークを構築してイノベーションを実現するために重要であることが確認された。

2.2 中小企業の資源動員の創造的正当化の論理

武石・青島・軽部（2012）では、大企業に属するイノベーションの推進者が、組織的コンセンサスを得て組織の意思決定の正当化を取り付け、イノベーションのための資源動員量を確保するのかという論理が導出されている。すなわち、大企業は、数多くの研究開発テーマからイノベーションの資源動員を行うテーマをスクリーニングしなければならないため、このような状況がしばしば発生する。補論で取り上げた大企業のインタビュー調査においても「大企業でも埋もれてしまうプロジェクト、開発テーマはたくさんある」との意見が寄せられていることからもわかる。

しかし、中小企業の場合、そもそもスクリーニングするほどの研究開発テーマを持たないことのほうが多い。また、筋が良いステークホルダーを通じて研究開発テーマがもたらされることが少なくない。さらに、中小企業経営者は、圧倒的な意思決定力を持っているために、次の事業の柱ともなるイノベーションの意思決定は迅速に行われる（岡室，2009）。これらの点に鑑みると、中小企業においては、イノベーションの資源動員を行うテーマをスクリーニングするプロセスに大きなウエイトを置いてはいないことがわかる。

一方で、経営資源の制約が大きい中小企業には、イノベーションを実現する

ための資源動員量をどのように確保するのかという課題は大きい。その一つの解として中小企業が実践していたことは、業務での試行錯誤のプロセスをイノベーション実現のためのプロセスであると位置づけ、意図的に試作品などの業務を積極的に受注していることである。京都試作ネットの参画メンバーは、京都試作ネットの場を「自社では自らやろうとしていなかった、気づいてもいなかった経験を与えてもらえる場」、「自社に欠けているものや足りないものを発見し、克服する場」、「次（の成長）につながる場」、「自らの業務の"ストライクゾーン"を広げる場」、「予定調和の解がない難問に試行錯誤しながら挑戦する機会を得る場」、「顧客を想像する場」であると理解していた。これは、まさしく、業務を施行するプロセスをイノベーションを実現する機会の一つとして捉えていることを意味している。この点からも、中小企業がいかにして筋が良いステークホルダーと出会い、関係性を構築するのかは重要なこととなる。

　また、単独ではイノベーションを実現するための資源動員量が少ないために、外部から調達して資源動員量を確保する、もしくは、複数企業間で協力関係を構築して、役割分担をすることで資源動員の量を確保するという選択もあった。Tidd, Bessant and Pavitt（2001）が指摘するように、資源が存在する場所や資源の組み合わせに関する知識および仕組みを構築してネットワーキングできれば、イノベーションに必要なすべての資源を一社で保有する必要はないためである。

　武石・青島・軽部（2012）においては、資源動員の正当化の論理は、単一大企業の組織内部の資源動員の議論であった。一方で、中小企業のイノベーションのための資源動員の正当化は、複数の企業間で、ある一定の条件を整備して役割分担することで取り組むことの効果は高い。すなわち、中小企業のイノベーションのための資源動員の正当化の論理において、潜在的支持者数や支持者出現確率、支持者一人当たりの資源動員量が外部組織の場合も戦略的手段として有効であると理解できる（**図6-1**）。

　また、図6-1は、組織内部で最も多くの資源動員量の意思決定権を持つ経営者の影響力の大きさも示している。経営者は、イノベーションの理由の固有性が高く汎用性が低くとも、社内の資源動員を正当化することが難しくないためである。「支持者一人当たりの資源動員量」から「理由の固有（汎用）性」

第6章 中小企業のイノベーション・マネジメントの含意：結論とインプリケーション　281

図6-1　中小企業のイノベーションのための資源動員の正当化

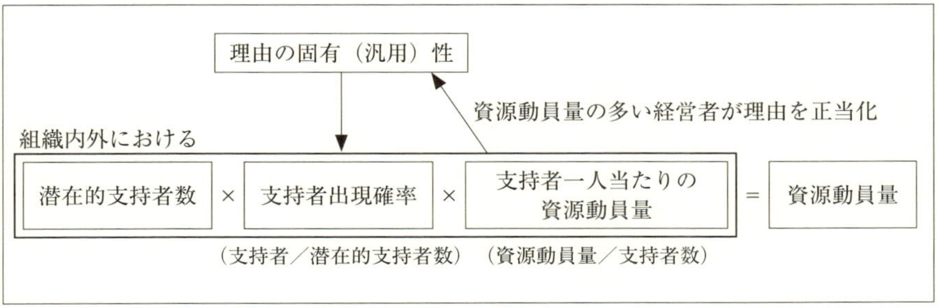

```
                  理由の固有（汎用）性
                         ↓
組織内外における              資源動員量の多い経営者が理由を正当化
┌─────────────────────────────────────────────┐
│ 潜在的支持者数 × 支持者出現確率 × 支持者一人当たりの │ ＝ 資源動員量
│                                    資源動員量      │
└─────────────────────────────────────────────┘
              （支持者／潜在的支持者数）（資源動員量／支持者数）
```

出所：武石・青島・軽部（2012）をもとに筆者が一部加筆

に向けての矢印は、支持者一人当たりの資源動員量が多い経営者が、理由の固有性が高くても組織内部においての資源動員を強く推し進めることができる様子を示している。

　以上から、中小企業のイノベーションを考える時には特に、すべて単独で解決し、イノベーションを実現しようとするのではなく、中小企業が関わっている関係性を持つステークホルダーのさまざまなリソースを積極的に、かつ、有効的に活用するという視点を持つこともまた重要となるであろう。その点では、ネットワークを構築することで、相互に資源動員量を補完し、活用することで、イノベーションの実現のために投入できる資源動員量を確保することは、中小企業のイノベーションの実現に向けての一つの戦略的手段となるといえよう。

2.3　知の探索と活用の両立と両利きの経営の追求

　O'Reilly and Tushman（2013）は、知の探索と活用の両立を「両利きの経営」（ambidexterity）と呼び、3つのタイプに分類した。第一の連続的両利きの経営（sequential ambidexterity）の特徴は、環境の変化に適応するために、企業が組織構造とプロセスを再編して組織が変化を遂げる点にある。そして、このタイプの両利きの経営は、比較的安定している環境に直面する業界や経営資源が少ない中小企業にとって適合的であると指摘している。

　中小企業のイノベーションを実践している事例では、いつ、どのタイミングで、何がイノベーションのきっかけになるかが事前には予見できない。すなわ

ち、組織が限定合理的であるために、いつ、どのタイミングで、何が、知および技術の探索のきっかけとなるのか、そして、知および技術の活用のきっかけとなるのかは、結果的にしか明らかにはならない。そのため、事後的に振り返ると「瓢箪から駒」や「予期せぬ学び」、「怪我の功名」であると実感することになる。何がイノベーションの実現に結びつくのか予見できないのであれば、受注する業務や試行錯誤をともなう試作業務などを通じてイノベーションの機会を探る基本的姿勢や、断らない態度、失敗から学習することなどを通じて、その時が訪れるまで備えることが求められる。したがって、組織づくり、すなわち、組織内部のイノベーション・マネジメントが重要となるのである。いつ訪れるか分からない「その時」まで備える経営こそ、連続的両利きの経営そのものであるといえよう。いつ訪れるか予見できないイノベーションのきっかけや、一見「偶然」とも判断できるタイミングを日常的かつ連続的な企業行動を通じてつかんでいるためである。

　O'Reilly and Tushman（2013）の指摘のように、中小企業は経営資源が少なく、イノベーションのために多くの資源動員ができない状態にある。だからこそ、直面している状況や受注した業務、そして、保有する資源をイノベーションのチャンスとしてつかみ取ることが、第一義的に重要であることがわかる。イノベーションを推進するための基本的姿勢を備え、イノベーションのための行動規範を実践する日常的な組織態度で連続的両利きの経営を実践するという認識を持つことは、単独の中小企業の発展やイノベーションの実現を追求するために、重要なことであるといえよう。

　文脈的両利きの経営（contextual ambidexterity）の特徴は、組織の創造性と柔軟性を高め、規律を守り、信頼度の高い組織構成員が、知および技術の探索行動と知および技術の活用行動のバランスを図ることを許容しているところにある。これは、京都試作ネットの場が該当する。京都試作ネットの参画メンバーは、メンバー企業の利益や活動時間の５％程度を新規顧客開拓や新規事業領域の模索、研究開発の方向性を定めるためのきっかけを得る場として位置づけていた。そして、この場での活動を通して、新たな技術開発や保有技術を異なる業界への転用に結びつけてきた。すなわち、それぞれのメンバー企業は、日々５％程度の時間と労力を京都試作ネットの場に投入することで、どのタイ

第6章　中小企業のイノベーション・マネジメントの含意：結論とインプリケーション　283

ミングで訪れるのか事前には予見できない技術の探索と活用を達成する機会を得ていたのである。この5％ルールは、単独で行うよりも、参画目的と役割を共有し、それぞれの技術が差別化された複数の企業が集うことで、その効果が高まることが確認された。あるメンバー企業の行為や成長に刺激される形で他のメンバーのイノベーティブな組織的文脈（Tidd, Bessant and Pavitt, 2001）が創造されるという効果もあった。その一方で、このような関係性を構築し、継続させるためには数々の要件や多大な労力、管理コストが不可欠であった。そのため、このようなネットワークを構築し、継続することは容易ではない点に留意しなければならない。

　単独であれ、複数企業のネットワーク構造においてであれ、文脈的両利きの経営を実践しようとするのであれば、組織内部のイノベーション・マネジメントはもとより、新たな探索および活用行動を実行するための時間的・物理的・資金的資源の投入が求められる。すなわち、このタイプの両利きの経営を実践できる中小企業は、日常業務から時間や予算などの経営資源の一部を当該中小企業の将来の事業展開や技術展開を探るための投資に当てるという意識が必要不可欠となるであろう。

　構造的両利きの経営（structural ambidexterity）の特徴は、探索行動と活用行動の特性が大きく異なるという前提のもと、通常の業務を担う部署とは異なる別のサブ組織を設けてそれぞれに適合した経営資源を配置して別々に取り組むところにある。経営資源の制約に直面する中小企業の多くは、このような別組織を設けている事例は、筆者の定性的調査を振り返ってみても、数社しか確認されていないのが現状である。また、たとえサブ組織を設けているとしても、そのサブ組織の規模は大きくはない。研究要員として数名雇用している程度の場合がほとんどである。この点に鑑みると、Voss and Voss（2013）の指摘を支持している。

　その一方で、中小企業が発展し、上場する規模にまで成長する過程で、サブ組織を構成していた事例が確認された。水野（2013c）では、協立電機が中小企業から上場企業へと組織的発展を遂げたプロセスに着目している。協立電機は、1951年に創業し1959年に設立されている。その後、1998年6月に株式をJASDAQに店頭公開するまでに発展を遂げた。そして、2002年には、半導体

技術等で先進的な集積があるカナダに研究開発センターを設立した。研究開発センターを開設した理由は、半導体基板検査装置の開発体制を強化するための将来の事業展開を見据えてのことであった。協立電機は、将来の事業展開を見据えた新たな研究開発のためのサブ組織を新設したのである。この事例は、組織の発展プロセスにおいて、ある程度の規模に成長することによって、構造的両利きの経営を実践することが可能になっていくことを示しているといえよう。

2.4 限定合理的な組織であるがゆえのイノベーション・マネジメント

人のみならず、組織においても合理性に限界がある。合理性の限界は、将来の予見を難しくしたり、行為の結果を予測・類推できなかったり、新規なものとの出会いや意味の洞察（榊原,2005；2012a；2012b）を見逃してしまう可能性を高めてしまう。したがって、組織である企業もまた、この合理性の限界を前提にして、どのようなイノベーション・マネジメントを行うのかを策定する必要がある。

榊原（2012b）は、新規なものとの出会いを増やし、意味の洞察の能力を高めるためには、「多種多様な内外要素の連結機会を増やす戦略および組織の取り組みが有効であり、さらにその前提として、いわゆるダイバーシティ・マネジメントが有効である」こと、「組織内に余剰（スラック）をつくり、好奇心を尊ぶ組織文化を育むこと」を指摘している。すなわち、組織が直面する既存の合理性の限界のレベルを越えて、判断や予測ができる能力を高めるためには、まず、多様な視点、および、多様性を組織にどのように包含するのかが一つの解決方法となる。

中小企業がどのように多様性を包含してきたのかいう視点から定性的調査を分析すると、組織外部のステークホルダーとの関係を構築していることが確認された。組織外部との関係構築には、大きく2つのタイプがあった。将来的に筋が良いステークホルダーになる主体とつながることで、新たな視点や技術・業界の見方、判断力を高め、事業や技術の次の展開を探る機会としているタイプと、カニバリゼーションを起こさない技術の差別化がなされている複数の企業がネットワークを構築するタイプである。いずれのタイプであれ、複数企業間の関係性を通して、単体の組織が直面する既存の合理性の限界のレベルを越

える機会を提供していた。中小企業が単独でイノベーションに取り組んでいたとしても、やはり、逆説的ではあるものの、組織外部との関係を断絶してイノベーションを実現することは難しいこと、また、組織外部との関係性を開拓し構築してイノベーションを実現する意識を持つことの重要性が改めて確認された。

　組織が直面する既存の合理性の限界のレベルを越え、判断や予測できる能力を高めるためには、基本的姿勢を有し、イノベーションの行動規範を実践することも重要である。将来的に筋が良いステークホルダーとなるであろう主体を見抜き、その力を最大限に活用することは、組織の内部に多様なものの見方や判断する力を醸成することにつながる。一つの現象や事象、技術に対する視点が増えるためである。このような取り組みを日常的に進め、蓄積することが、小規模組織のイノベーションを実現する可能性を高めることにつながっていくのである。

2.5　ネットワーク活動を通してイノベーションを実現する中小企業

　ネットワークやネットワーク活動を通して実行される協同戦略は、中小企業のイノベーションを遂行するのに有効な戦略的手段となるのであろうのか。この点を確認するために、ネットワーク活動を通してイノベーションを実現している中小企業の事例として、本書では、東成エレクトロビームを中核にした一括受注の仕組みと京都試作ネットの共同受注の仕組みを取り上げた。両者とも、参画メンバーは、ネットワーク活動に参画することによって、単独では受注することが難しい幅の広い業務に携わることで、大きな成果を得ていた。

　この点では、Astley and Fombrun（1983）の協同戦略（collective strategy）は、戦略的情報の欠如や信頼不信、外部圧力の増大、潜在的対立関係を引き起こす潜在的可能性を内在しているため（Dollinger, 1990）ために成立させ、かつ、継続させることは決して容易ではないものの、機能させるための仕組みを整備することによって、中小企業にとって，単独でイノベーションを遂行するよりも有効な戦略的手段にすることが可能であることが明らかとなったといえよう。

　また、東成エレクトロビームを中核にした一括受注の仕組みと京都試作ネットの共同受注の仕組みは、Capaldo（2007）やHite and Hesterley（2001）が主

張している継続する知識集約的かつ戦略的なネットワークが共通して持つという特徴を確認できた点も興味深い。

　それは、第一に、事例に取り上げている2つのネットワークもまた、ネットワークを二重構造化していた点である。ネットワークの中核となるメンバーと周辺メンバーから構成されていた。そして、中核となっているメンバーに対しては、理念が浸透され、活動目的が共有され、メンバーとして果たすべき義務を課すのに対し、周辺メンバーに対しては中核メンバーほど大きな負荷をかけてはいない。すなわち、事例からも、ネットワークを成立・維持させるための論理と、ネットワークを拡大するための論理が異なっていることが確認されたのである。しかし、注目すべき点は、周辺メンバーに対しても、中核メンバーになる可能性を否定しているわけではなく、それぞれのネットワークが設けた条件を満たすことで、中核メンバーとして参画する選択肢を残していることである。

　第二に、中核となるメンバーを厳選していることである。これは、既存研究における粘着性の高い強い紐帯で結ばれた構成メンバーによってネットワークの中心性を保つために必要であるという指摘を支持している。しかし、注意すべき点は、中核メンバーの技術が市場で高く評価されている、かつ、差別化されていることが重要であったことである。その理由は、中核メンバー間でのカニバリゼーションが起こる可能性を事前に排除するため、そして、包含できる多様性を広げて受注業務できる技術的領域を拡大するなどのネットワークの効果を高めるためであった。すなわち、厳選された相互に特異な中小企業間が協調することによって、複数企業間で多様性を包含することが一つの戦略的手段となるのである。

　福嶋（2013）は、「好ましい事業環境が必ずしも技術移転を促進するわけではない。内的要因（例えば戦略、組織、文化）が環境要因よりはるかに重要」であると指摘しているとおり、経営資源の制約が大きい中小企業ならではの方法を模索し、仕組みを構築することが肝要であることが改めて確認されたといえよう。

3. 本書の知見とインプリケーション

3.1 本書の知見

　本書から導き出された知見（findings）は、次の4点である。
　第一に、中小企業のイノベーション・マネジメントを考える上で、第一にすべきことは、組織内部および外部の環境をスキャンし探索してイノベーションに関する兆候を見つけ出す（Tidd, Bessant and Pavitt, 2001）よりも先に、イノベーティブであるための組織づくり、すなわち、組織内部のイノベーション・マネジメントを行わなければならないことである。Chandler（1962）は、「組織は戦略に従う（structure follows strategy）」という命題を導出している。この命題は、組織づくりは戦略や企業行動に後れをとることが必然の帰結であるという主張をしていることになる（高橋, 2006）。しかし、Mizuno（2013）でも指摘しているように、Chandler（1962）が主張する「組織づくりは戦略や企業行動に遅れをとる」（高橋, 2006）のみならず、戦略やイノベーションのための行動に先行してイノベーションを実現するための組織づくりが必要となることを示しているのである。
　現に、本調査研究からは、組織としてイノベーションに対する基本的姿勢をとり、イノベーションの行動規範を貫くことが、中小企業のイノベーションを実現する組織を考える上で第一義的に重要であったことが確認されている。そして、このようなイノベーションに対する基本的姿勢は、一朝一夕にして醸成されるものではない。継続的な蓄積、すなわち、「備え（provision）」（Mizuno, 2013）ることが重要であった。そして、来るべき時とイノベーションの機会をつかむための連続的な両利きの経営（sequential ambidexterity）を行う意識が重要であった。さらに、事業経営に余裕がある、または、利益が計上できている場合には、イノベーションに対する基本的姿勢を形成した上で、文脈的両利きの経営を目指すことが望ましい。
　第二に、組織の合理性に限界があるものの、これを前提に克服する方法が2つあることが確認されたことである。それは、筋が良いステークホルダーとつ

ながることで多様性を確保することと、複数の組織が連携してネットワークを構築することにより、組織の多様性を高めることで、単独企業が直面しているこの合理性の限界の壁を乗り越えることである。留意する点は、後者の場合には、その関係性を構築する仕組みづくりと継続するために、参画メンバーは非常に多くの物理的・時間的・金銭的負担を要するものの、その仕組みづくりに成功すると、単独で取り組むよりも、また、単独では得ることが難しいきわめて大きな効果を得ることができることである。

　第三に、第二点目とも関連するが、経営資源の制約が大きい中小企業が単独でイノベーションを実現しようとするのではなく、イノベーションの実現には、ステークホルダーとの関係を構築、活用することの重要性である。事業領域や取引の立場が異なると、それぞれの見解は異なる。自社にとって「常識」であることが、事業領域が異なるステークホルダーからすると常識ではない。また、事業領域が異なるからこそ生まれてくるアイディアもある。このような情報や意見を得る機会を担保することがイノベーションのきっかけになることも少なくない。

　Seeling（2009）は、当たり前とされていることを疑うことで価値を高めることができること、そして、今ある資源を使って、それを解決する独創的な方法は常に存在していること、一歩引いて広い観点からものごとを観ることの重要性を強調している。中小企業のイノベーション・マネジメントを考える上で、この指摘は重要であると思われる。

　このような視点を単独で持つことが難しいのであれば、ステークホルダーとの関係から導き出すことで解決すればよいのである。それゆえ、イノベーションを実現するためには、筋が良いステークホルダーとつながるための組織外部のイノベーション・マネジメントが重要となるのである。

　第四に、イノベーションの実現に関しては、そのプロセスにおいて実用化と事業化を意識して区別しなければならないことである。新たな事業や製品、サービスを開発する段階は実用化である。しかし、イノベーションの定義は、「経済成果をもたらす革新」（一橋大学イノベーション研究センター編, 2001）であることを踏まえると、実用化段階では「イノベーション」と判断することはできない。したがって、実用化したものから利益を得られる事業化に焦点を置

いたイノベーション・マネジメントが求められる。事業化に焦点を置いたイノベーション・マネジメントを遂行するためにも、筋が良いステークホルダーと出会い、関係を構築するための行為を継続することが重要になるといえよう。

3.2 本書のインプリケーション

　本書から得られるインプリケーション（含意）は2つある。

　第一のインプリケーションは、中小企業がイノベーションを実現する論理を明確にしたことである。中小企業がイノベーションを実現する論理を構成する重要な要素は、組織内部のイノベーション・マネジメントと、組織外部のイノベーション・マネジメントであって、この双方を結びつけることができなければ、イノベーションを実現することは難しいということである。

　組織内部のイノベーション・マネジメントにおいては、日頃から、イノベーションを遂行する組織づくりをすることが重要であった。イノベーションを遂行するための組織づくりとは、イノベーションの基本的姿勢を醸成し、イノベーションの行動規範を実践する組織を形成することである。

　組織外部のイノベーション・マネジメントにおいては、いかに筋が良いステークホルダーとつながるのかが重要な課題となる。しかし、この筋が良いステークホルダーかどうかは、事前には判明しないことが多いため、やっかいである。したがって、将来的に筋が良いステークホルダーとなる主体かどうかを見抜く目が求められる。筋が良いステークホルダーとつながるためには、筋が良いステークホルダーにとって、当該企業が筋が良いステークホルダーであり続ける必要があること、また、筋が良いステークホルダーとつながるために厳選された中小企業がまとまって競争力を高めることが重要であった。筋が良いステークホルダーとつながることで得られる3つの効果、および、論理の流れは前述したとおりである。この全体像を示した中小企業がイノベーションを実現する論理が、図6-2である。

　第二のインプリケーションは、知の探索（exploration）と活用（exploitation）に関する活動領域を幅広く捉えることの重要性を指摘したことである。知の探索と活用に関する既存研究においては、探索した新たな技術を既存顧客に提供すること、また、保有技術を新規顧客に転用することが含まれず、技術の探索

や活用の範囲が狭義に捉えられていた。このような議論においては、ネットワークのメンバーが保有する中核技術を新たな顧客に展開した現象や、既存顧客や事業領域において新たな技術を開発した現象を説明できなかった。しかし、中小企業のイノベーションにおいては、むしろ、これらのように、知の探索と知の活用の活動領域を広く捉えることで、イノベーションを実現する、また、ビジネスチャンスを拡大する可能性が広がっていたのである。特に、複数の組織が関係性を確立してイノベーションを進めていく場合には、各参画主体の組織に多様性を包含して意味を同定する能力が高まるために、既存顧客に新たな技術を提供したり（表5-1の（B）の領域）、逆に既存技術を活用して新たな顧客や事業を創出したり（表5-1の（A）の領域）する潜在可能性が高まっている。

このような議論は、中小企業の事業の展開を考えるに当たって、大きなヒントが隠されている。それは、第一のヒントは、新たな顧客に対してまったく新たな技術を開発していくプロセスの不確実性は高いと認識することである。このような不確実性を含んでいるイノベーションの実現のための投資は、リスクも必然的に高くなる。一方で、中小企業の従業員に対しては、「経営者の無謀な挑戦」「経営者（殿もしくは姫）のご乱心」とも受け止められかねない状況を生み出す負の副作用を生じさせることにもつながる。

第二のヒントは、すでに保有している特異技術を異なる業界に転用して新規顧客をターゲットにする可能性を探ることで、企業の新たな事業成長に結びつける方法が確実に存在していると認識することである。既存技術が転用できる事業領域をどのように探っていくのかに関しては、組織に多様性を包含しておくこと、また、合理性のレベルを上げて、先見性や判断する能力を高めておくことが肝要となる。

第三のヒントは、既存の顧客に対して新たな技術を模索して提供することで、不確実性を抑えながら、すでに保有している、もしくは、既知のリソースをうまく使って、新たな事業展開に結びつける方法を探ることである。

経営資源の制約を大きく受け、イノベーションのための資源動員量が限られる中小企業だからこそ、「当たり前」とされていることを疑うことで価値を高める可能性をもっていること、そして、今ある資源を使って、それを解決する

第6章 中小企業のイノベーション・マネジメントの含意：結論とインプリケーション 291

図6-2 中小企業がイノベーションを実現する論理（全体像）

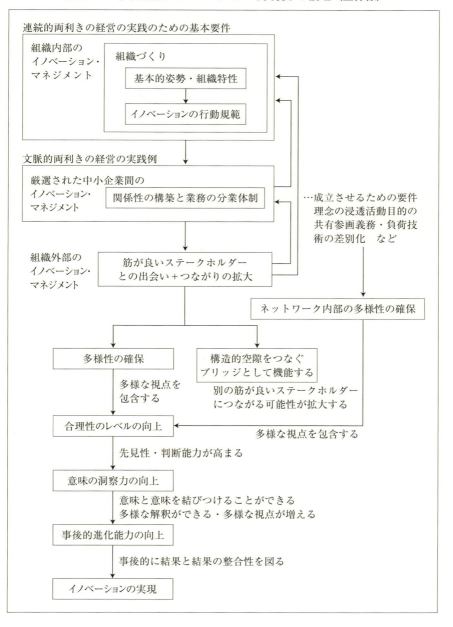

独創的な方法は常に存在していること、一歩引いて広い観点からものごとを観ることの重要性を強調するSeeling（2009）の視点がきわめて重要となるのである。

　京都試作ネットの参画メンバーが京都試作ネットの場を「自らの業務の"ストライクゾーン"を広げる場」と表現したように、どの技術をどの領域に展開していく可能性を持っているのか、また、筋が良いステークホルダーから既存の顧客ニーズを引き出し、新たな価値を提供するにはどのような方法が考えられるのか、を日々考え続けることは、経営資源の制約が大きい中小企業にとっては、きわめて重要な課題となるのである。

　したがって、中小企業は、「自社の中核となる技術は何か」「自社が活用することができるリソースは何か」の問いを強く意識した上で新たな事業展開のためのイノベーションの実現に取り組む必要があり、また、その取り組みの効果は高いことがわかった。

4．今後の研究課題と展望

　本書では、経営資源の制約を強く受けるモノづくり中小企業が、どのようにしてイノベーションを実現するのか、事業化に成功している中小企業のイノベーション・マネジメントに共通する点は何か、イノベーションを成功に結びつけるために必要な要素は何かを事例研究を通して導出してきた。筆者の15年にわたる調査研究に基づき、豊富な事例から中小企業のイノベーション・マネジメントを取り上げてはいるが、いくつかの研究上の課題があることもまた事実である。

　第一の課題は、定性的調査に関するサンプル・バイアスが存在していることである。定性的調査は、これまで筆者がいただいてきたご縁の中から実施している。星の数ほど存在する中小企業の数から抽出したとしても、インタビュー調査対象企業の選定が恣意的であるため、その他にも、別の論理が働いている可能性を十分に排除することができないのではないか、という指摘が挙げられよう。

　また、中小企業が補助金を獲得することでイノベーションのための資金的な

資源動員を行った事例やスポットの関係を構築することでイノベーションに取り組んでいる事例に関しても、インタビュー調査数が限られるために予備的調査に留まっているという指摘も同時に挙げられるであろう。これらの課題、特に後者の課題については、今後もインタビュー調査を蓄積し、データを収集することによって、論理の検証を繰り返していく所存である。

　第二の課題は、本研究においては、中小企業が外部からイノベーションのための資源動員を調達し活用する事例を、補助金に採択された場合に限定している点である。この調査研究に対しても、予備的考察に留まっている。確かに、特に中小企業は、事業リスクの高いイノベーションのために金融機関からの融資を受けることはそれほど多くはない。また、一般的な中小企業にとっては、現段階では、ベンチャー・キャピタルからの出資を受けることはなじみが薄いかもしれない。しかし、中小企業の将来を考えるに当たって、これまでなじみのない方法で外部から資金調達を行い、イノベーションのための資金的な資源動員を確保することが一つの解となる可能性もある。このような方法でイノベーションの実現に成功した中小企業のベストプラクティスを収集し、分析することもまた重要なことであるという指摘はもっともであろう。今後、定性的調査を蓄積していきたいと考えている研究対象の一つである。

　これらの課題は残されているものの、現象面のみならず、これまで大企業と比較するとそれほど大きく焦点が当てられてこなかった中小企業のイノベーション・マネジメントを追究したという側面からは、本研究は、一定の研究成果が得られたと認識している。

終 章

中小企業の
イノベーションのこれから

1．中小企業従事者および経営者らへのメッセージ

　本書は、中小企業のイノベーション・マネジメントをテーマに定性的調査をまとめた研究書である。この点から見ると、本研究の読者は第一義的には研究者を想定している。しかし、読者層はそこには留まっていない。中小企業経営者や中小企業の支援機関も読者となり得ると想定している。

　筆者はそれを意識して、特に、中小企業経営者へのメッセージを本文にしたためたつもりである。「日々努力しているのになかなか結果が出ない」「人も時間もお金もないから新たな取り組みにまで手が回らない」などと嘆く中小企業経営者の話を聞くこともあった筆者にとって、やはり泥臭いながらも結果が出るまでやり続けることの重要性は伝えたかったのである（ただし、闇雲に継続することを推奨しているわけではない点には注意されたい）。なぜなら、実際にそのようになかなか結果が出ない取り組みにくじけそうになったとしても、諦めることなく続けることで結果に結びつけた中小企業経営者もまた、数多く存在しているからである。

　確かに、中小企業は数多くの制約に直面している。しかし、本書で確認できたように、それを強みに転換することは不可能なことではない。逆に、中小企業ならではの優位性がある。この点は、Piore and Sable（1984）でも強調されている。中小企業ならではの優位性とは、例えば、経営者トップの在任期間が長く、統一した意思決定を長期間継続できることや、特異なことに経営資源を集中投下して、狭い範囲であるといえども強みを掘り下げて磨き上げていくことが可能な環境下にあること、小回りが利くこと、新たに手がける事業領域の市場規模が小さいとしても、経営者に参入する意思があればそれを妨げられることはないこと、差別化された特異分野を保有する中小企業同士で協業関係を構築することで、総体として単独で行動するよりも、より大きな競争力を発揮することができること、などである。

　また、Seeling（2009）が起業家育成プログラムで強調しているように、当たり前とされていることを疑うことで価値を高めることができること、そして、今ある資源を使って、課題を解決し、制約を克服する独創的な方法は常に存在

していること、一歩引いて広い観点からものごとを観ることで、中小企業の将来が開ける可能性は決して少なくはない。福嶋（2012）の指摘するように、好ましい事業環境が必ずしも技術移転を促進するわけではなく、企業戦略や組織のマネジメント、組織文化などの内的要因が圧倒的に重要なのである。これは本文中からも確認できたことであった。

　さらに、藤本（1997）が指摘するように、トヨタ自動車でさえも、その発展プロセスにおいて、トヨタ自動車が直面した「ある種の歴史的拘束条件（historical improperness）が結果として競争力向上に貢献したという「怪我の功名」的状況」が存在していたのである。そして、この状況を結果的に競争力向上に結びつけることができるか、もしくは、それをそのままに留めてしまうのかの違いはそれぞれの企業がどのような行為を選択するのかが結果を左右することになるのである。

　そして、アップルの創業者スティーブ・ジョブスは、2005年6月にスタンフォード大学卒業式で、「大学を中退してからカリグラフィーの講義を受けた。飾り方やスペースのあけ方、カリグラフを美しく見せる方法を取得した。この時、カリグラフィーが何の役に立つかはわからなかった。しかし、10年後、最初のマッキントッシュを設計していたとき、突然、カリグラフィーの知識がよみがえってきた」と演説した。過去のタイミングでは、その経験や知識が何に、どのように役立つのかを理解できなくても、あるとき、突然、過去の行為と行為が線で結びつく瞬間があることを強調しているのである。

　まさに、どの中小企業においても、このような、今の状況や経験が、将来の何に結びつくのかは、予見できないために、日頃の心構えと、何かあったときに備える姿勢が、中小企業の発展を考える上で、第一義的に重要であるといえよう。

　本書は、中小企業を支援する機関関係者に向けてもメッセージを発している。筆者はこれまで、地域で自律的存在であろうとする中小企業を支えるたくさんの方々にお会いする機会にも恵まれた。自治体関係者や中小企業支援機関関係者、TLOや産学連携本部のマネジャーなど、信念と熱意を持って中小企業を支援する方々の姿勢や活動に感銘を受けた。本文中には部分的にしか言及でき

てはいないものの、本書の中には、中小企業を支援する関係者から得た知見も含まれている。そして、中小企業の支援機関が、中小企業の保護という観点からではなく、中小企業が自律的経営を営んでいける、そして、強い中小企業の成長のきっかけをつかむことができる（中小企業にとっての）筋が良いステークホルダーであり続けていただきたいと切に願っている。

２．中小企業がイノベーションを捲き起こすために

本書は中小企業のイノベーションの実現のプロセスに焦点を当てて研究を進めてきた。ここから明らかとなったのは、イノベーションを実現した中小企業がたまたま特別な幸運に恵まれたわけでも、賭けに頼っていたわけでもないことであった。

イノベーションを実現した中小企業の共通する点は、能動的に攻める続ける姿勢を忘れることなく、日々、やるべきことにコツコツと取り組み、多くの可能性を多面的な視点で考えながら機会を追求し、成功するまで諦めないという姿勢を貫いていたことであった。また、イノベーションの実現プロセスを組織内部で終結するのではなく、組織の外部との関係を上手く構築することによって中小企業が直面するさまざまな制約を克服していたことであった。特別なことではない、日々、コツコツと、できることをやり遂げる。当然、かつ、当たり前のことなのかもしれないものの、このような姿勢を持ち続けることが、中小企業のイノベーションの実現を考える上で、基本的なことではあるものの、重要なことであるのではないだろうか。

それほど早く、短期間で簡単には結果は出ない。しかし、歩みを止めたら、そして、挑戦を諦めたら終わる。泥臭いかもしれない。しかし、「学問に王道なし（There is no royal road to learning）」ということわざのように、何事においても、事を成し遂げるための王道はない。

我々は改めてこのことを実感しながら、それぞれの役割を果たしていくことが、今の時代においても求められているのではないだろうか。そして、このような姿勢が、日本の中小企業の未来を作っていくのだと、筆者は考えている。

巻末リスト

(1) 中小企業とかかわりのある大企業を対象にしたインタビュー調査のリスト
(補助金採択企業を除く)

番号	肩書き（当時）	実施日時	実施方法
1	常務取締役／取締役デバイス事業部長	2004/10/07　15：00～17：10	講演会
2	工場長	2007/10/25　15：30～17：30	インタビュー
3	生産管理部次長／総務部　勤労・安全課長／総務部　勤労・安全課　主任	2004/10/26　9：30～14：00	インタビュー
4	専務執行役員　精密機械事業本部長／精密機械事業本部　企画管理部　主査	2005/5/30　10：00～11：45	インタビュー
5	精密機械事業本部　企画管理部　主査	2005/6/21　10：00～11：45	インタビュー
6	相談役，機器本部　東京工場　総務部長／機器本部　東京工場　副工場長／オフィスサービス事業部　起業家支援オフィス　インキュベーションマネージャー	2004/9/10　14：30～17：15	インタビュー
7	生産部長	2004/11/26　13：00～15：00	インタビュー
8	生産管理部　作業研究課　主任	2004/10/13　14：00～16：00	インタビュー
9	代表取締役社長		電子メールでの質問（複数回）
10	執行役　コンプライアンス本部副本部長　総務部長・法務部長・広報部担当／執行役　常務　工場長／海外プロジェクトチーム　マネージャー	2004/07/06　13：30～15：30	インタビュー
11	技術開発本部　技術企画室　室長／技術開発本部　技術企画室　主幹／技術開発本部　技術企画室　副主務	2004/07/06　15：30～18：30	インタビュー
12	購買部第二購買グループ部長代理／総務部総務グループ部長代理／総務部　総務グループ主任庶務担当	2007/9/12　13：30～14：40	インタビュー
13	情報制御システム事業部事業企画部部長／調達本部情報制御システム調達部購買第2グループ部長代理／ソフト調達本部情報制御システム調達部購買第2グループ外注係主任／人事総務本部情報制御システム総務部総務グループ主任	2007/9/11　13：00～14：00	インタビュー
14	人事総務部グループ総務センター総務部長／人事総務部グループ総務センター総務部庶務厚生グループマネジャー	2007/9/11　9：45～11：05	インタビュー

15	最高執行責任者	2008/7/18	10:30～12:00	講演会
16	センター所長	2001/1/31	16:30～18:30	インタビュー
17	名誉会長	2011/6/5	10:40～12:00	講演会
18	元副社長	2010/6/6	10:50～12:00	講演会

(2) 中小企業を対象にしたインタビュー調査（4章、5章該当企業を含む）
（肩書きに複数の「代表取締役社長」表記がある場合、複数企業間で行われた
グループインタビューを示している）

番号	肩書き（当時）	実施日時	実施方法
1	代表取締役社長／代表取締役社長	2004/12/13　12:00～13:15	インタビュー
2	代表取締役会長／代表取締役社長	2014/ 2/19　10:00～12:20	インタビュー
3	取締役 総務担当	1999/ 8/17　10:30～12:30	インタビュー
4	代表取締役社長／取締役総務担当	1999/ 2/15　 9:30～12:30	インタビュー
5	代表取締役会長	2013/11/30　14:00～15:30	講演会
6	代表取締役社長／資材部部長	1999/ 8/23　13:30～16:15	インタビュー
7	代表取締役社長	1999/ 2/16　15:00～19:00	インタビュー
8	販売管理部部長	2004/ 1/20　14:55～16:00	インタビュー
9	代表取締役社長／代表取締役社長／代表取締役社長	2004/12/13　 9:45～12:00	インタビュー
10	代表取締役社長	2004/ 1/13　13:30～16:45	インタビュー
11	代表取締役社長	2004/ 1/20　13:30～14:30	インタビュー
12	代表取締役社長／大学　産学連携推進本部　産学連携推進コーディネータ／TLO事務局長　常務理事	2006/ 3/23　13:30～15:00	インタビュー
13	経営企画担当取締役	1999/ 2/15　13:30～15:30	インタビュー
14	代表取締役社長	1999/ 8/11　10:00～12:00	インタビュー
15	代表取締役社長／開発技術本部技術担当部長）／販売営業課長	1999/ 8/26　10:00～14:15	インタビュー
16	総務部長	1999/ 2/15　15:45～18:30	インタビュー
17	代表取締役社長／開発部部長／研究所所長	2006/ 3/30　10:00～12:45	インタビュー
18	代表取締役会長	2007/ 2/16　11:15～12:15	インタビュー
19	代表取締役社長	1999/ 2/16　13:15～14:45	インタビュー
20	代表取締役社長／取締役製造部長／取締役　工場長	2004/ 9/21　13:45～16:45	インタビュー
21	代表取締役社長／取締役　工場長	2005/ 8/25　10:30～12:15	インタビュー
22	代表取締役社長／代表取締役社長／代表取締役社長	2001/ 8/29　 9:45～11:45	インタビュー
23	代表取締役社長	1998/12/18　14:45～15:20	インタビュー
24	取締役　自社商品事業担当	2006/ 3/ 1　13:00～15:00	インタビュー
25	取締役営業部長／開発部部長／代表取締役社長	1999/ 8/20　14:45～16:15	インタビュー
26	代表取締役社長	2004/11/22　10:20～12:00	インタビュー

27	代表取締役社長	2001/7/31	10:00〜12:00	インタビュー
28	代表取締役社長	1999/8/20	10:00〜12:30	インタビュー
29	代表取締役社長	2001/7/31	10:30〜13:00	インタビュー
30	代表取締役社長	2001/8/29	9:45〜11:45	インタビュー
31	代表取締役社長	2013/11/13	15:00〜17:00	インタビュー
32	代表取締役社長	2005/5/7	14:00〜16:15	インタビュー
33	代表取締役社長／代表取締役社長／代表取締役社長	1998/12/18	13:30〜14:30 15:30〜18:00	インタビュー
34	代表取締役社長／代表取締役社長	1999/8/20	13:00〜14:30	インタビュー
35	代表取締役社長／代表取締役社長／代表取締役社長	2001/8/29	9:45〜11:45	インタビュー
36	代表取締役社長／製造課長	2004/9/27	13:15〜15:15	インタビュー
37	代表取締役社長	2007/2/2	10:00〜12:00	インタビュー
38	代表取締役社長	2007/2/8	13:30〜15:15	インタビュー
39	代表取締役CEO	2006/3/27	10:00〜11:45	インタビュー
40	専務取締役／取締役副社長	2005/9/16	10:00〜12:00	インタビュー
41	代表取締役社長／取締役業務本部長／取締役統括営業部長	2013/6/10	12:00〜15:00	インタビュー
42	専務取締役／技術部	1999/2/16	10:00〜12:00	インタビュー
43	代表取締役社長	2007/10/25	13:00〜14:40	インタビュー
44	代表取締役社長	2007/10/26	9:00〜10:30	インタビュー
45	代表取締役社長／代表取締役社長／代表取締役会長	2009/5/15	15:00〜17:30	研究会
46	代表取締役　CEO最高経営責任者	2009/8/25	14:00〜17:00	インタビュー
47	代表取締役社長	2007/10/26	10:30〜12:00	インタビュー
48	工場長	2009/5/15	15:15〜16:45	インタビュー
49	代表取締役社長	1999/11/17	15:00〜17:00	フォーラム
50	代表取締役社長	2009/5/15	13:15〜14:45	インタビュー
51	代表取締役社長	2010/6/18	11:00〜12:15	インタビュー
52	代表取締役社長	2014/3/4	15:00〜15:50	フォーラム
53	代表取締役社長／常務取締役　サーモスタット事業部長／サーモスタット事業部	2004/11/17	13:00〜15:00	インタビュー
54	代表取締役社長	2004/12/3	13:00〜14:45	インタビュー
55	代表取締役社長	2013/12/2	13:30〜14:30	インタビュー
56	代表取締役社長	2013/12/2	15:30〜16:30	インタビュー
57	代表取締役社長	2004/12/3	15:00〜15:45	インタビュー
58	代表取締役会長	2006/10/12	10:00〜12:00	インタビュー

59	代表取締役社長	2013/11/18	10:00〜11:30	インタビュー
60	代表取締役社長	2013/11/18	13:00〜14:30	インタビュー
61	代表取締役社長	2007/9/5	14:45〜16:00	インタビュー
62	代表取締役会長	2007/9/6	13:15〜14:25	インタビュー
63	代表取締役社長	2007/9/6	10:00〜11:10	インタビュー
64	代表取締役社長	2007/9/6	11:15〜12:15	インタビュー
65	代表取締役社長／常務取締役	2007/9/5	10:10〜11:45	インタビュー
66	代表取締役社長	2007/9/5	13:00〜14:30	インタビュー
67	代表取締役社長	1998/11/16	10:00〜12:15	インタビュー
68	代表取締役社長／専務取締役営業本部長	2008/10/29	10:30〜12:30	インタビュー
69	代表取締役社長／常務執行役員　営業担当ゼネラルマネジャー	2008/10/22	10:00〜13:50	インタビュー
70	代表取締役社長／専務取締役／執行役員生産本部副本部長兼生産本部生産部長	2008/12/22	14:00〜17:15	インタビュー
71	代表取締役社長／専務取締役　営業本部・製造本部　品質保証本部・技術本部管掌／取締役営業本部長	2008/10/29	13:30〜15:30	インタビュー
72	代表取締役社長	1998/11/27	14:00〜17:15	インタビュー
73	代表取締役社長	1998/11/26	10:00〜11:45	インタビュー
74	代表取締役社長	1998/11/25	10:00〜13:00	インタビュー
75	代表取締役社長／取締役	2000/4/24	13:00〜16:30	インタビュー
76	代表取締役社長／取締役	2000/5/2	13:00〜16:30	インタビュー
77	代表取締役社長／専務取締役	2000/12/15	16:30〜19:30	インタビュー
78	協同組合理事長／協同組合副理事／協同組合専務理事	2000/12/15	13:15〜15:00	インタビュー
79	代表取締役社長／事務局長	2000/12/15	9:00〜12:00	インタビュー
80	代表取締役社長	2001/9/13	9:45〜11:40	インタビュー
81	専務取締役	2014/1/24	10:00〜12:00	インタビュー
82	代表取締役社長／代表取締役社長／代表取締役／代表取締役／代表取締役／専務取締役／代表取締役社長	2010/10/25	15:00〜17:50	インタビュー
83	代表取締役社長	2014/1/24	13:00〜14:20	インタビュー
84	代表取締役社長	2001/1/18	10:30〜11:00	インタビュー
85	インターネット事業部経営企画室室長	2001/1/18	11:30〜12:00	インタビュー
86	代表取締役社長	1999/3/2	10:15〜12:15	インタビュー
87	専務取締役	1999/3/2	13:30〜15:15	インタビュー
88	常務取締役／SE	1999/3/3	14:00〜17:30	インタビュー

89	代表取締役社長／新産業推進部部長	2001/1/18	11：30～12：15	インタビュー
90	代表取締役社長	1999/3/4	10：00～12：00	インタビュー
91	取締役副社長／開発技術本部 海外部	1999/3/4	13：30～17：00	インタビュー
92	代表取締役社長	1999/3/1	15：30～17：30	インタビュー
93	代表取締役社長	1999/3/5	10：00～12：00	インタビュー
94	代表取締役社長	1999/3/1	13：30～15：15	インタビュー
95	代表取締役社長	2001/1/19	10：00～12：30	インタビュー
96	代表取締役副社長	1998/9/9	10：00～12：00	インタビュー
97	代表取締役社長／技術開発本部主任	2007/3/22	13：00～15：00	インタビュー
98	代表取締役社長	2008/7/11	15：00～16：45	インタビュー
99	代表取締役会長	2008/7/11	10：30～11：45	インタビュー
100	代表取締役社長	2008/7/11	13：30～14：30	インタビュー
101	代表取締役社長／経営企画室室長・執行役員／経営企画室副室長・執行役員	2011/7/2	13：00～15：00	インタビュー
102	代表取締役社長	2011/9/10	10：30～13：15	インタビュー
103	代表取締役社長	2011/12/17	13：00～15：15	インタビュー
104	代表取締役社長	2012/7/23	10：00～12：00	インタビュー
105	代表取締役社長	2012/2/22	14：50～15：35	フォーラム
106	代表取締役社長	2005/9/27	10：30～13：00	インタビュー
107	代表取締役社長	2005/10/27	14：15～16：15	インタビュー
108	代表取締役社長／営業技術グループ長／品質管理グループ長／第1製造グループ長／技術開発グループ長	2005/10/28	10：45～16：15	インタビュー
109	代表取締役／営業係長	2014/7/4	10：00～13：00	インタビュー
100	代表取締役社長	2014/9/6	13：00～14：00	学会
111	執行役員　総務部長／マーケティング部商品企画開発課長	2014/3/27	13：50～15：20	インタビュー

(3) 中小企業支援機関（株式会社やTLO、大学を含む）インタビュー調査

番号	組織	肩書き	実施日時	実施方法
1	TLO	代表取締役社長	2004/10/20　10：00〜12：20	インタビュー
2	TLO	代表取締役社長	2006/3/22　10：00〜12：15	インタビュー
3	株式会社	代表取締役社長	2001/8/7　10：30〜13：00	インタビュー
4	株式会社	代表取締役社長	1999/8/16　10：00〜12：00	インタビュー
5	市役所	産業振興部　産業政策課　主査	2004/9/27　10：00〜12：00	インタビュー
6	TLO／大学	シニアアソシエイト／産学官連携・知的財産センター　副センター長	2007/3/15　13：30〜15：30	インタビュー
7	市役所	支援室室長／主査	2013/11/18　15：00〜16：15	インタビュー
8	地域工業技術センター	総務企画課研究主幹	2001/9/13　16：45〜18：00	インタビュー
9	工業会	元理事	2001/12/17　15：00〜17：00	インタビュー
10	地域共同研究センター	センター主任	2001/9/13　15：00〜16：40	インタビュー
11	工業会／財団法人	事務長／振興会事務長	2001/12/17　9：30〜12：00	インタビュー
12	商工会議所	所長・部長／主幹・主席経営指導員／課長・主席経営指導員／商工部商工課企業立地係	2000/12/14　9：00〜12：00	インタビュー
13	テクノポリス推進機構	事務局長／専務理事	2000/12/14　13：15〜15：00	インタビュー
14	テクノポリス推進機構	部長	2001/9/12　10：00〜11：30	インタビュー
15	株式会社	総務企画課	2001/9/13　14：45〜16：30	インタビュー
16	財団法人	専務理事／企画・広報担当	2001/1/19　14：00〜19：30	インタビュー
17	株式会社	新産業推進部部長	2001/1/18　9：00〜14：15	インタビュー
18	工業試験場	場長	2000/12/13　13：30〜15：30	インタビュー
19	中小企業総合センター	経営総部企画総務課主事／経営部経営総務課企画調整係主事	2000/12/13　9：00〜10：30	インタビュー
20	中小企業総合センター	技術部長	1999/3/3　9：00〜12：15	インタビュー
21	公益財団法人	連携推進部　部長	2014/1/24　15：00〜16：30	インタビュー
22	中小企業振興公社	産業振興部情報課長／新事業支援部次長	2000/12/13　15：40〜16：45	インタビュー
23	中小企業振興公社	企画情報課主任	1999/3/1　10：20〜12：20	インタビュー
24	大学	産学連携オフィス事務局長	2014/6/19　14：00〜16：00	インタビュー
25	大学	産学連携本部副本部長　企画グループ長兼務	2014/8/22　14：00〜15：30	インタビュー

（4）外部資金を獲得してイノベーションを遂行する大企業のケース（補論）に関するインタビュー調査

番号	肩書き（当時）	実施日時	実施方法
1	製造企画グループ主幹／プロダクトマネージメントグループ　マネージャー	2006/3/14　15：00～16：30	インタビュー
2	技術開発部　顧問／営業本部　営業開発室　課長）	2005/3/29　10：30～12：00	インタビュー
3	エンジニアリング研究所　エネルギー研究部主幹　部長／事業開発推進部　課長　建設部門技術士　一級建築士	2005/3/29　14：00～16：00	インタビュー
4	営業部長	2005/3/8　13：30～15：30	インタビュー
5	専務取締役	2005/3/3　15：00～17：00	インタビュー
6	研究センターセンター長	2005/3/23　13：00～14：20	インタビュー
7	チームリーダー／渉外室長	2005/3/23　11：00～12：15	インタビュー
8	取締役　営業本部　部長／技術研究所チーフリーダー	2005/3/18　13：30～14：45	インタビュー
9	研究部主任研究員　副部長	2005/3/17　12：30～14：45	インタビュー
10	主任研究員	2005/3/15　14：00～15：15	インタビュー
11	開発本部　主任研究員　グループリーダー	2005/3/11　13：30～14：45	インタビュー
12	技師長／開発部グループ主任研究員／エグゼクティブリーダー	2005/3/9　10：00～12：00	インタビュー
13	グループリーダー	2005/3/9　14：00～15：45	インタビュー
14	企画管理部企画課	2006/3/16　14：00～15：30	インタビュー
15	シニアアソシエイト／副センター長	2007/3/15　13：00～15：00	インタビュー
16	新規中核事業企画本部　本部長	2006/3/28　10：00～12：00	インタビュー
17	事業戦略本部　専門部長／バイオシステム設計部	2006/3/23　10：00～11：30	インタビュー
18	営業本部営業開発室課長	2005/3/15　10：20～12：00	インタビュー

参考文献

Arend, R.J. (2006). SME-supplier alliance activity in manufacturing: Contingent benefits and perceptions. *Strategic Management Journal*, 27, 741-763. (doi: 10.1002/smj.538)

Astley, W. G., & Fombrun, C. J. (1983). Collective strategy: Social ecology of organizational environment. *Academy of Management Review*, 8 (4), 576-587.

Barnard, C. I. (1938). *The Function of the Executive: 30th Aniversary Edition*, MA: Harvard University Press.

Barney, J. B., & Hansen, M. H. (1994). Trustworthiness as a source of competitive advantage. *Strategic Management Journal*, 15, 175-190.

Benner, M.J., & Tushman, M. L. (2003). Exploitation, exploration, and process management: The productivity dilemma revisited. *Academy of Management Review*, 28 (2), 238-256.

Bessant, J. (1993). The lessons of failure – leaning to manage new technology, *International Journal of Technology Management*, 8 (3), 197-215.

Birkinshaw, J., Bessant, J., & Delbridge, R. (2007). Finding, forming, and performing: Creating networks for discontinuous innovation. *California Management Review*, 49 (3), 67-84.

Bower, J., & Christensen, C. (1995). Disruptive technologies: Catching Wave. *Harvard Business Review*, January, 43-53.

Breschi, S. & Malerba, F. eds. (2005). *Clusters, Networks, and Innovation*. New York: Oxford University Press.

Bresser, R. K., & Harl, J. E. (1986). Collective strategy: Vice or virtue?. *Academy of Management Review*, 11 (2), 408-427.

Brown, S. L., & Eisenhardt, K. M. (1997). The art of continuous change: Linking complexity theory and time-paced evolution in relentlessly shifting organizations. *Administrative Science Quarterly*, 42, 1-34.

Brusco, S. (1982). The Emilian model: Productive decentralisation and social integration. *Cambridge Journal of Economics*, 6, 167-186.

Burgelman, H. (1994). Fading memories: A process theory of strategic business exit. *Administrative Science Quarterly*, 39, 24-58.

Burgelman, R. A., Christensen, C. M. & Wheelwright, S. C. (2004). *Strategic Management of Technology and Innovation Fourth edition*. McGraw- Hill. (青島矢一・黒田光太郎・志賀敏宏・田辺孝二・出川通・和賀三和子監修, 岡真由美・斉藤裕一・櫻井祐子・中川泉・山本章子訳 (2007) 『技術とイノベーションの戦略的マネジメント 上・下』翔泳社.)

Burt, R.S. (1992). *Structural Holes: The Social Structure of Competition*. Cambridge, MA: Harvard University Press.

Burt, R. S. (1997). The contingent value of social capital. *Administrative Science Quarterly*, 42, 339-365.

Burt, R. S. (1982). *Towards a Structural Theory of Action*. New York: Academic Press.

Camaguni, R. (1991). Local 'miliu', uncertainty and innovation networks: Towards a new dynamic theory of economic space. In Camaguni ed. *Innovation Network: Spatial perspectives*. London, New York: Belhaven Press, 121-144.

Cao, Q., Gedajlovic,E., & Zhang, H. (2009). Unpacking organizational ambidexterity: Dimensions, contingencies and synergistic effects. *Organization Science*, 20, 781-796.

Capaldo, A. (2007). Network structure and innovation: The leveraging of a dual network as a distinctive relational capability. *Strategic Management Journal*, 28, 585-608. (doi: 10.1002/smj.621)

Carpinetti, L. C. R., Gerolamo, M. C., & Galdamez, E. V. C. (2007). Continuous innovation and performance management of SME clusters. Creativity and Innovation Management, 16 (4), 376-385. (doi: 10.111/J.1467-8691.2007.00448.x)

Chandler, A. D. Jr. (1962). *Strategy and structure: Chapters in the history of the industrial enterprise*. Cambridge, MA: The MIT Press.

Chen, E. L., & Katila, R. (2008). Rival interpretations of balancing exploration and exploitation: Simultaneous or sequential?. In Scott, S. (ed.). *Handbook of technology and innovation management*, 197-214, New York: Wiley.

Chesbrough, H., (2003). *Open Innovation: The New Imperative for Creating and Profiting from Technology*, Boston, MA: Harvard Business School Publishing.（大前恵一郎訳（2004）『OPEN INNOVATION』産業能率大学出版部．）

Chesbrough, H., (2006) *Open Business Model: How to thrive in the new innovation landscape*. Boston: Harvard Business School Press.

Chesbrough, H., Vanhaverbeke, W., and West. W., (2006). *Open Innovation: Researching a New Paradigm*, New York: Oxford University Press.

Christensen, C. M. (1997). *The Innovator's Dilemma: When New Technologies Cause Great Firms to Fail*. Boston: Harvard Business School Press.（玉田俊平太監修・伊豆原弓訳（2001）『イノベーションのジレンマ　増補改訂版』翔泳社．）

Clark, K. B., & Fujimoto, T. (1989). Lead time in automobile product development: Explaining the Japanese advantage. *Journal of Engineering Management*, 6, 25-58.

Coleman, J. S. (1990). *Foundations of Social Theory*. Cambridge, MA: Harvard University Press.

Cooke, P. & Morgan K. (1993). The network paradigm: new departures in corporate and regional development: Environment and Planning D. *Society and Space*, 11 (5), 543 – 564.

Cooke, P., & Schwartz, D. eds. (2007). *Creative Regions: Technology, Culture and Knowledge Entrepreneurship*. London, New York: Routledge.

Cooke, P., & Wills, D. (1999). Small firms, social capital and the enhancement of business performance through innovation programmes. *Small Business Economics*, 13, 219-234.

Cottrell, T., & Nault, B. R. (2004). Product variety and firm survival in the microcomputer software industry. *Strategic Management Journal*, 25, 1005-1025.

Cusumano, M. A., & Takeishi, A. (1991). Suppliers relations and management: A study of Japanese, Japanese-transplant, and U.S. Auto plants. *Strategic Management Journal*, 12, 563-588.

Dollinger, M. J. (1990). The evolution of collective strategies in fragmented industries.

Academy of Management Review, 15 (2), 266-285.

Duncan, R. B. (1976). The ambidextrous organization: Designing dual structures for innovation. In R. H. Kilmann, L.R. Pondy, & D. Slevin (Eds.), *The Management of Organization Design: Strategies and Implementation* (167-188). New York: North Holland.

Dyer, J. H., & Singh, H. (1998). The relational view: cooperative strategy and sources of inter-organizational competitive advantage. *Academy of management Review*, 23 (4), 660-679.

Dyer, J. H., & Nobeoka, K. (2000). Creating and managing a high-performance knowledge-sharing network: The Toyota case. *Strategic Management Journal*, 21,345-367.

Flora, J., Sharp, J., & Flora, C. (1997). Entrepreneurial social infrastructure and locally initiated economic development in the Non-metropolitan United States. *Sociological Quarterly*, 38, 623-645.

Florida, R. (1995). Towards the learning region. *Futures*, 27 (5), 527-536.

Fiegenbaum, A., & Karnani, A. (1991). Output flexibility –A competitive advantage for small firms. *Strategic Management Journal*, 12, 101-114.

Frank, R. T., & Deeds, D. L. (2004). Exploration and exploitation alliances in Biotechnology: A system of new product development. *Strategic Management Journal*, 25 (3), 201-221.

Gassmann, O., Enkel E., and Chesbrough H. (2010). The Future of Open Innovation, *R&D Management*, 40 (3), 256-270.

Gavetti, G., & Levinthal, D. (2000). Looking forward and looking backward: Cognitive and experiential search. *Administrative Science Quarterly*, 45, 113-137.

Gawer, A., & Cusumano, M. A. (2002). *Platform Leadership: How Intel, Microsoft, and Cisco Drive Industry Innovation*. Boston: Harvard Business School Press.（小林敏男監訳（2005）『プラットフォーム・リーダーシップ－イノベーションを導く新しい経営戦略』，有斐閣．

Ghoshal, S., & Gratton, L. (2003). Integrating the enterprise. *Sloan Management Review*, 44 (1), 31-38.

Gibson, C. B., & Birkinshaw, J. (2004). The antecedents, consequences, and mediating role of organizational ambidexterity. *Academy of Management Journal*, 47 (2) : 209-226.

Gilbert, C. (2003). The disruption opportunity. *Sloan Management Review*, 44 (4), 27-32.

Govindarajan, V., &Trimble, C. (2005). *Ten rules for strategic innovators: From idea to execution*. Boston: Harvard Business School Press.

Grandori, A. eds. (1999). *Interfirm Networks: Organization and Industrial Competitiveness*. London, New York: Routedge.

Granovetter, M. (1973). The strength of weak tie. *American Journal of Sociology*, 78 (6), 1360-1380.

Granovetter, M. (1974). *Getting a Job: A Study of Contacts and Carriers*. Cambridge, MA: Harvard University Press.

Granovetter, M. (1985). Economic action and social structure: The problem of embeddedeness. *American Journal of Sociology*, 91, 481-510.

Gulati, R. (1995). Social structure and alliance formation pattern: A longitudinal analysis. *Administrative Science Quarterly*, 40, 619-652.

Gulati, R. (1998). Alliance and networks. *Strategic Management Journal*, 19,293-317.

Gulati, R., Nohria, N., & Zaheer, A. (2000). Strategic Networks. *Strategic Management Journal*, 21, 203-215.

Hargadon, A., & Sutton, R. I. (1997). Technology brokering and innovation in a product design firm. *Administrative Science Quarterly*, 42, 716-749.

Haour, G. (2003). *Resolving the Innovation Paradox: Enhancing Growth in technology Companies*. London, New York: Palgrabe Macmillan.（サイコム・インターナショナル訳（2006）『イノベーション・パラドックス：技術立国復活への解』ファーストプレス）

He, Z., & Wong, P.-k. (2004). Exploration and exploitation: An empirical test of the ambidextorious hypothesis. *Organization Science*, 15, 481-496.

Henderson, R. & Clark, K. (1990). Architectural innovation: The reconfiguration of existing product technologies and the failure of established firms, *Administrative Science Quarterly*, 35, 9-30.

Hite, J., and Hesterley, W. (2001). The evolution of Firm Networks: From Emergence to early growth of the firm. *Strategic Management Journal*, 22, 275-286.

Hoffman, K., Parejo, M., Bessant J., & Perren, L. (1998). Small firms, R&D, technology and innovation in the UK: A literature review. *Technovation*, 18 (1), 39-55.

Hughes, T. P. (1983). *Networks of power: Electrification in Western society*: 1880-1930. Baltimore, MD: Johns Hopkins University Press.（市場泰男訳（1996）『電力の歴史』. 平凡社.）

Iansiti, M., & Levin, R. (2004). *The Keystone Advantage: What the New Dynamics of Business Ecosystems Mean for Strategy*, Innovation, and Sustainability. Boston: Harvard Business school Press.（杉本幸太郎訳（2007）『キーストーン戦略 イノベーションを持続させるビジネス・エコシステム』翔泳社）

Katila, R., & Ahuja, G. (2002). Something old, something new: A longitudinal study of search behavior and new product introduction. *Academy of Management Journal*, 45 (6): 1183-1194.

Kauppila, O. P. (2010). Creating ambidexterity by integrating and balancing separate interorganizational partnership. *Strategic Organization*, 8, 283-312.

Keeble, D., & Wilkinson, F. (1999). Collective learning and knowledge development in the evolution of regional clusters of high technology SMEs in Europe. *Regional Studies*, 33 (4), 295-303.

Keeble, D., Lawson, C., Moore, B., & Wilkinson, F. (1999). Collective learning process, networking and 'institutional thickness' in the Cambridge region. *Regional Studies*, 33 (4), 319-332.

Keeble, D. & Wilkinson, F. (2000). High-technology SMEs, regional clustering and collective learning: an overview. in: Keeble, D. and Wilkinson F. eds. Aldershot: Ashgate: *High-Technology Clusters, Networking and Collective Learning in Europe*. 1-20.

Knight, F. H. (1921). *Risk, Uncertainty and Profit*. Boston, MA: Hart, Schaffner & Marx.

Kogut, B. (2000). The network as knowledge: Generative rules and the emergence of structure. *Strategic Management Journal*, 21, 405-425.

Kogut, B., Shan, W., & Walker, G. (1992). The make-or-cooperate decision in the context of an industry of network. In Nohria, N., & Eccles (eds.) *Network and Organizations* Cambridge, MA: Harvard Business School Press, 348-365.

Konsti-Laakso, S., Pihkala, T., and Kraus, S. (2012). Facilitating SME innovation capability through business networking. *Innovation Capability and Business Networking*, 21 (1), 93-105. (doi: 10.1111/j.1467-8691.2011.00623.x)

Lazerson, M. H. (1998). Organizational growth of Small Firms: An outcome of market and hierarchies. *American Sociological Review*, 53, 330-342.

Lee, J., Lee, J., & Lee, H. (2003). Exploration and exploitation in the presence of network externalities. *Management Science*, 49, 553-570.

Levinthal, D., & March, J. G. (1993). The myopia of learning. *Strategic Management Journal*, 14, 95-112.

Lubatkin, M. H., Simsek, Z., Ling, Y., & Veiga, J. F. (2006). Ambidexterity and performance in small- to medium-sized firms: The pivotal role of top management team behavioral integration. *Journal of Management*, 32 (5), 646-672. (doi: 10.1177/0149206306290712)

March, J. (1991). Exploration and exploitation in organizational learning. *Organization Science*, 2, 71-87.

Markides, C.C. (2013). Business model innovation: What can the ambidexterity literature teach us?. *Academy of Management Perspectives*, 27 (4), 313-323.

Markides, C.C., & Charitou, C.D. (2004). *Competing with dual business models ; A contingency approach.* Academy of Management Executive, 18 (3), 22-36.

Miller, K. D., Zhao, M., & Calantone, R. J. (2006). Adding interpersonal learning and tacit knowledge to March's exploration-exploitation model. *Academy of Management Journal*, 49 (4), 709-722.

Mills, D., and Schumann, L. (1985). Industry structure with fluctuating demand. *American Economic Review*, 75 (4), 758-767.

Micklethwait, J. (1997). A survey of Silicon Valley: future perfect ?. *The Economist*, March 29, 1-22.

Mizuno, Y. (2012). Strategic contribution of gender equality and diversity in a company. *GEMC journal*, 6, 92-102. (Tohoku University GCOE Program)

Mizuno, Y. (2013). Make provision for future growth under adverse circumstances. *Annals of Business Administrative Science*, 12, 311-326. (doi: 10.7880/abas.12.311)

Mizuno, Y. (2014). Collective strategy for implementing innovation in case of SMEs. *Annals of Business Administrative Science*, 13, 153–168. (doi: 10.7880/abas.13.153)

Morgan, K. (1997). The learning region: Institutions innovation and regional renewal. *Regional Studies*, 31, 491-503.

Morris, L. (2006). *Permanent Innovat!on: Proven Strategies and Methods of Successful Innovators* . CA: Innovation Academy. (宮正義訳 (2009)『イノベーションを生み続ける組織－独創性を育む仕組みをどうつくるか』日本経済新聞出版社.

Nishiguchi, T. (1994). *Strategic Industrial Sourcing*, New York: Oxford University Press.

Nohria, N., & Eccles, R. (1992). Face-to-face: Making Network organizations work. In Nohria, N., & Eccles, R. G. eds., *Networks and Organization: Structure, Form and Action.* Cambridge, MA: Harvard Business School Press, 289-308.

Nootbloom, B. (1993). Firm size effects in transaction cost. *Small Business Economics*, 5, 283-295.

Nootbloom, B. (1999). The dynamic efficiency of networks. In Grandori, A. eds. (1999). *Interfirm Networks: Organization and Industrial Competitiveness*. London, New York: Routedge, 91-119..

OECD. (1996). *Networks of Enterprises and Local Development*. Paris: Organization for Economic Cooperation & Development.

O'Reilly, C. A., & Tushman, M. L. (2008). Ambidexterity as a dynamic capability: Resolving the innovator's dilemma. *Research in Organizational Behavior*, 28, 185-206.

O'Reilly, C. A., & Tushman, M. L. (2011). Organizational ambidexterity in action: How managers explore and exploit. *California Management Review*, 53, 1-18.

O'Reilly, C. A., & Tushman, M. L. (2013). Organizational ambidexterity: Past, present, and future. *Academy of Management Perspectives*, 27 (4): 324-338.

Parrilli, M. D., & Elora, A. (2012). The strength of science and technology drivers for SME innovation. *Small Business Economics*, 39, 897-907. (doi: 10.1007/s11187-011-9319-6)

Patel, P.C., Fernhaber, S. A., Mcdougall-Covin, P. P., and Van Der Have, R. P. (2014). Beating competitors to international markets: The value of geographically balanced network for innovation. *Strategic Management Journal*, 35, 691-711. (doi: 10.1002/smj.2114)

Perrow, C. (1986). *Complex Organizations: A Critical Essay Third edition*. NY: McGraw-Hill.

Perrow, C. (1992). Small-Firm networks. In Nohria, N., & Eccles, R. G. eds., *Networks and Organization: Structure, Form and Action*. Cambridge, MA: Harvard Business School Press, 445-470.

Piore, M. J., & Sable, C. F. (1984). *The Second Industrial Divide*. New York, NY: Basic Book. (山内靖・石田あつみ・永易浩一訳 (1993)『第二の産業分水嶺』筑摩書房.)

Podolny, J. M., & Page, K. L. (1998). Network forms of organization. *Annual Review of Sociology*, 24, 57-76.

Porter, M. E. (1998). Culture and the new economics of competition. *Harvard Business Review*, November-December, 77-90.

Portes, A. (1998). Social capital: Its origins and applications in modern society. *Annual Review of Sociology*, 24, 1-24.

Powell, W. W. (1990). Neither market nor hierarchy: Network forms of organization. *Research in Organizational Behavior*, 12, 295-336.

Powell, W.W., Koput k. W., and Smith-Doerr, L. (1996). Interorganizational Collaboration and the locus of innovation: Networks of learning in biotechnology. *Administrative Science Quarterly*, 41, 116-145.

Qian, G., and Li, K. (2003). Profitability of small-and medium-sized enterprises in high tech industries: The case of the biotechnology industry. *Strategic Management Journal*, 24, 881-887. (doi: 10.1002/smj.344)

Rivkin, J. W., & Siggelkow, S. N. (2003). Balancing search and stability: Interdependencies among elements of organizational design. *Management Science*, 49 (3), 290-311.

Roberts, R. M. (1989). *Serendipity: Accidental Discoveries in Science*. John Wiley & Sons. (安藤喬志訳（1993）『セレンディピティー　思いがけない発見・発明のドラマ』化学同人.)

Rosenkopf, L., & Nerkar, A. (2001). Beyond local search: Boundary-spanning, exploration and impact in the optical disk industry. *Strategic Management Journal*, 22, 287-306.

Rothwell, R, & Dodgson, M. (1991). External linkages and innovation in small and medium-sized enterprises. *R&D Management*, 21 (2), 125-137.

Saloner, G., & Shepard, A. (1995). Adoption of technologies with network effects: An empirical examination of the adoption of automated teller machines. *The RAND Jorunal of Economics*, 26 (3), 479-501.

Sarasvathy, S. D. (2001). Causation and effectuation: Toward a theoretical shift from economic inevitability to entrepreneurial contingency. *Academic Managemet Review*, 26 (2), 243-263.

Saxenian, A. (1994). *Regional Advantage Culture and Competition in Silicon Valley and Route 128*, Cambridge, MA: Harvard University Press. (大前研一訳（1994）『現代の二都物語　なぜシリコンバレーは復活し、ボストン・ルート128は沈んだか』講談社.)

Schopler, J. H. (1987). Interorganizational groups: Origins, structure, and outcomes. *Academy of Management Review*, 12 (4), 702-713.

Schumpeter, J. A. (1934). *The Theory of Economic Development: A Inquiry into Profit, Capital, Credit, Interest, and the Business Cycle*. Cambridge: Harvard University Press. (塩野谷祐一・中山伊知郎・東畑精一訳（1977）『経済発展の理論：企業者利潤・資本・信用・利子および景気の回転に関する一研究』, 岩波書店.)

Seeling, T. (2009). *What I Wish I Knew When I Was 20: A Crash Course on Making Tour Place in the World*. HarperCollins Publishers. (高遠裕子訳（2010）『20歳のときにしっておきたかったこと　スタンフォード大学集中講義』阪急コミュニケーションズ.)

Simon, H. A. (1997). *Administrative Behavior: A Study of Decision-Making Processes in Administrative Organizations, Forth Edition*, The Free Press. (二村敏子・桑田耕太郎・高尾義明・西脇暢子・高柳美香訳（2009）『新版　経営行動―経営組織における意思決定過程の研究―』ダイヤモンド社.)

Smith, W. K., & Tushman, M. L. (2005). Managing strategic contradictions: A top management model for managing innovation streams. *Organization Science*, 26 (5), 522-536.

Spear, S., & Bowen, H. K. (1999). Decoding the DNA of the Toyota production system. *Harvard Business Review*, September-October, 97-106.

Stuart, T. E., & Podolny, J. M. (1996). Local search and the evolution of technological capabilities. *Strategic Management Journal*, 17, 21-38.

Taylor, A., & Helfat, C. E. (2009). Organizational linkages for surviving technological change: Complementary assets, middle management and ambidexterity. *Organization Science*, 20, 718-739.

Teece, D. J., Pisano, G., & Shuen, A. (1997). Dynamic capabilities and strategic management, *Strategic Management Journal*, 18, 509-533.

Terziovski, M. (2010). Innovation practice and its performance implications in small and medium enterprises (SMEs) in the manufacturing sector: A resource-based view. *Strategic Management Journal*, 31, 892-902. (doi: 10.1002/smj.841)

Tidd, J., Bessant, J., & Pavitt, K. (2001). *Managing Innovation: Integrating Technological, Market and Organizational Change* (*2nd ed.*). Chichester, UK: Wiley. (後藤晃・鈴木潤監訳 (2004)『イノベーションの経営学―技術・市場・組織の統合的マネジメント―』, NTT出版.

Tushman, M. L., & O'Reilly, C. A., (1996). The ambidextrous organization: Managing evolutionary and revolutionary change. *California Management Review*, 38, 1-23.

Tushman, M., & Romanelli, E. (1985). Organizational evolution: A metamorphosis model of convergence and reorientation. *Research in Organizational Behavior*, 7, 171-222.

Uotila, J., Maula, M., Keil, T., & Zhara, S. A. (2008). Exploration, exploitation and firm performance: An analysis of S&P 500 corporations. *Strategic Management Journal*, 30, 221-231.

Utterback, J. M. (1994). *Mastering the dynamics of innovation*. Boston: Harvard Business School Press.

Uzzi, B. (1997). Social Structure and competition in interfirm networks: The paradox of embeddedness. *Administrative Science Quarterly*, 42, 35-67.

Voss, G. B., & Voss, Z. G. (2013). Strategic ambidexterity in small and medium-sized enterprises: Implementing exploration and exploitation in product and market domains. *Organization Science*, 24 (5), 1459-1477.

Wang, Y.-L., Wang, Y.-D, & Horng, R.Y. (2010). Learning and innovation and in small and medium enterprises. *Industrial Management & Data System*, 110 (2), 175-192.

Woolcock, M. (1998). Social capital and economic development: Towards a theoretical synthesis and policy framework. *Theory and Society*, 27, 151-208.

Zhiang, L., Yang, H., & Demirkan, I. (2007). The performance consequences of ambidexterity in strategic alliance formations: Empirical investigation and computational theorizing. *Management Scinece*, 53, 1645-1658.

浅沼萬里・菊谷達弥編集 (1997)『日本の企業組織 革新的適応のメカニズム―長期取引関係の構造と機能』, 東洋経済新報社.

天野倫文 (2005)『東アジアの国際分業と日本企業:新たな企業成長への展望』, 有斐閣.

安藤史江・上野正樹 (2013)「両利きの経営を可能にする組織学習メカニズム―焼津水産化学工業株式会社の事例から―」『赤門マネジメント・レビュー』第12巻6号, 429-456。

生稲史彦 (2012)『開発生産性のディレンマ―デジタル化時代のイノベーション・パターン』, 有斐閣.

石倉洋子・藤田昌久・前田昇・金井一賴・山﨑朗 (2003)『日本の産業クラスター戦略―地域における競争優位の確立』有斐閣。

伊丹敬之・松島茂・橘川武郎編著 (1998)『産業集積の本質―柔軟な分業・集積の条件』有斐閣。

伊丹敬之 (2012)『経営戦略の論理 第4版―ダイナミック適合と不均衡ダイナミズム』日本経済新聞出版社。

一条和生・徳岡晃一郎 (2007)『シャドーワーク 知識創造を促す組織戦略』東洋経済新報社。

入山章栄（2012）『世界の経営学者はいま何を考えているのか—知られざるビジネスの知のフロンティア』英治出版。
岡室博之（2009）『技術連携の経済分析—中小企業の企業間共同研究開発と産学官連携』同友館。
恩蔵直人（2007）．『コモディティ化市場のマーケティング論理』有斐閣。
加藤厚海（2009）『需要変動と産業集積の力学—仲間型取引ネットワークの研究—』白桃書房．
川喜田二郎（1967）『発想法—創造性開発のために』中央公論社。
川喜田二郎（1970）『続・発想法—KJ法の展開と応用』中央公論社。
清成忠男・橋本寿朗編著（1997）『日本型産業集積の未来』日本経済新聞社。
楠木建・阿久津聡（2006）「カテゴリー・イノベーション：脱コモディティ化の論理」『組織科学』39（3），4-18。
桑田耕太郎・田尾雅夫（2010）『組織論　補訂版』有斐閣。
慶應義塾大学ビジネス・スクール（2008）「株式会社　シマノ」90-08-15296。
坂上光一・長内厚（2014）「「事務系リーダー」による技術的イノベーションの牽引　タカノ㈱における新規事業開発事例」『組織学会大会論文集』，3（1），106-111。
榊原清則（2005）『イノベーションの収益化：技術経営の課題と分析』有斐閣。
榊原清則（2011）「偶然のイノベーション物語　第2回石鹸物語」『一橋ビジネスレビュー』，2011WIN，59巻3号，190-193。
榊原清則（2012a）「偶然のイノベーション物語　第5回偶然・奇遇とセレンディピティ」『一橋ビジネスレビュー』，2012AUT，60巻2号，138-139。
榊原清則（2012b）「偶然のイノベーション物語　第6回（最終回）偶然・奇遇とセレンディピティ（続）」『一橋ビジネスレビュー』，2012WIN，60巻3号，176-177。
澤田直宏・中村洋・浅川和弘（2010）「オープン・イノベーションの成立条件—本社の経営政策および研究所の研究開発プロセスと研究開発パフォーマンスの観点から—」『研究技術計画』，Vol.25，No.1，55-67。
財団法人機械振興協会経済研究所編（2009）『機械工業経済研究報告H20-5　国内中小製造業におけるネットワークの創発と取引多様化戦略』，財団法人機械振興協会経済研究所。
砂川和範（1997）「地域ネットワーカーとしての大田区発注側中小企業の役割」『東京大学経済学研究』，第39号，26-42。
関智弘（2011）『阪南大学叢書89　現代中小企業の発展プロセス—サプライヤー関係・下請制・企業連携—』ミネルヴァ書房。
関満博（1993）『フルセット型産業構造を超えて』中公新書。
関満博（1997）『空洞化を超えて—技術と地域の再構築』日本経済新聞社。
関満博・辻田素子編（2001）『飛躍する中小企業都市—「岡谷モデル」の模索—』新評論。
妹尾堅一郎（2009）『技術で勝る日本が，なぜ事業で負けるのか』ダイヤモンド社。
高橋伸夫（2006）『経営の再生　第3版』有斐閣。
武石彰・青島矢一・軽部大（2012）『イノベーションの理由　—資源動員の創造的正当化』有斐閣。
田路則子・露木恵美子編著（2010）『ハイテク・スタートアップの経営戦略　—オープン・イノベーションの源泉』，東洋経済新報社。
中小企業庁編（2003）『中小企業白書2003年版』ぎょうせい。
鶴蒔靖夫（1999）『シグマ光機の挑戦—感動を創造するベンチャースピリット』IN通信社。

東北大学経営学グループ（2008）『ケースに学ぶ経営学　新版』有斐閣．
ドラッカー・ピーター・F著，上田惇生訳（1996a）『新訳 現代の経営＜上＞（ドラッカー選書）』ダイヤモンド社．
ドラッカー・ピーター・F著，上田惇生訳（1996b）『新訳 現代の経営＜下＞（ドラッカー選書）』ダイヤモンド社．
一橋大学イノベーション研究センター編（2001）『イノベーション・マネジメント入門―マネジメント・テキスト』日本経済新聞社．
福嶋路（2013）『ハイテク・クラスターの形成とローカル・イニシアティブ―テキサス州オースティンの奇跡はなぜ起こったのか』東北大学出版会．
藤井大児（2002）「イノベーションと偶然性―青色LED開発の事例分析を通じて」『組織科学』，35（4），68-80．
藤本隆宏（1997）『生産システムの進化論―トヨタ自動車にみる組織能力と創発プロセス』，有斐閣．
古瀬公博（2011）『贈与と売買の混在する交換―中小企業M&Aにおける経営者の葛藤とその解消プロセス』，白桃書房．
堀井朝運（2012）『実践 中小企業の経営組織革新―イノベーションは誰でも起こせる』中央経済社．
西岡正（1998）「企業城下町の変遷」伊丹敬之・松島茂・橘川武郎編『産業集積の本質―柔軟な分業・集積の条件』有斐閣，223-242．
西口敏宏（2000）『戦略的アウトソーシングの進化』，東京大学出版会．
沼上幹（1999）『液晶ディスプレイの技術革新史―行為連鎖システムとしての技術』白桃書房．
沼上幹（2000）『行為の経営学―経営学における意図せざる結果の探究―』白桃書房．
沼上幹（2004）「ビジネススクール流知的武装講座（96）戦略策定における『不確実性』の読み方」『プレジデント』，42巻5号，121-123．
沼上幹・加藤俊彦・田中一弘・島本実・軽部大（2007）『組織の"重さ"―日本的企業組織の再点検』日本経済新聞出版社．
延岡健太郎（2006）『マネジメント・テキスト　MOT［技術経営］入門』日本経済新聞出版社．
三品和広（2004）『戦略不全の論理』東洋経済新報社．
三品和広（2007）『戦略不全の因果』東洋経済新報社．
水野由香里（2000）「中小企業間ネットワークの一考察―多摩地区および広域多摩地区の事例から―」，一橋大学商学研究科修士論文．
水野由香里（2004）「中小企業の知識共有ネットワーク」『商工金融』，第54巻9号，36-47．
水野由香里（2005a）「場のメカニズムの変化をもたらした中核企業の役割」『日本経営学会誌』，第13号，17-33．
水野由香里（2005b）「地域の社会的文脈を辿る―浜松地域の「埋め込み」プロセスの解明―」『一橋研究』第29巻4号，17-35．
水野由香里（2005c）「「失われた10年」がもたらした地域内モノづくりの仕組みの変化　多摩地域の事例」『国際分業パターンと企業間連携』，財団法人 中小企業総合研究機構．
水野由香里（2009a）「「中小製造業における取引拡大の論理的解釈（試論）―ネットワーク理論からの考察―」『機械工業経済研究報告H20-5　国内中小製造業におけるネットワークの創発と取引多様化戦略』財団法人機械振興協会経済研究所，11-24．

水野由香里 (2009b)「企業城下町中小製造業における取引拡大の論理的解釈 (試論) —ネットワーク理論から見た取引拡大の意味とは—」『西武文理大学サービス経営学部研究紀要』第14号，西武文理大学，43-54。
水野由香里 (2013a)「企業戦略としての男女共同参画」『男女共同参画による日本社会の経済・経営・地域活性化戦略』河北新報出版センター，71-107。
水野由香里 (2013b)「利益相反の可能性を内在的に抱える協同体が存続する要件」『日本経営学会誌』第32号，82-93。
水野由香里 (2013c)「組織のライフステージをたどる組織の成功要因—協立電機の事例から—」『赤門マネジメント・レビュー』第12巻4号，283-325。
毛利甚八・ひきの真二 (1992)『本田宗一郎本伝—飛行機よりも速いクルマを作りたかった男』小学館。
柳孝一・堀井朝運 (2007)『実践中小企業の新規事業開発—町工場から上場企業への飛躍』中央経済社。
山倉健嗣 (1993)『組織間関係—企業間ネットワークの変革にむけて』有斐閣。
渡辺幸男 (1997)『日本機械工業の社会的分業構造—階層構造・産業集積からの下請制把握—』有斐閣。
渡辺幸男・黒瀬直宏・小川正博・向山雅夫 (2006)『21世紀中小企業論—多様生と可能性を探る 新版』有斐閣。

索 引

〔欧文・数字〕

B2B ……… 42, 122, 126, 129, 130, 131, 137
B2C ……………… 127, 128, 129, 130, 137
KJ法 ………………… 64, 66, 134, 149
TLO ……………… 189, 191, 192, 195, 271
VOC …………………………… 202
5％ルール ………………… 243, 251, 283

〔あ　行〕

異業種交流 ………… 194, 195, 196, 266, 267
意図せざる結果 ………………………… 46
イノベーション実現の近視眼 …… 168, 169, 276
意味の洞察 …… 48, 86, 87, 98, 132, 139, 141, 265
意味の洞察力 ………………… 169, 275

〔か　行〕

改善 ………………………… 19, 126, 159
学習の近視眼 ……………………… 39
活用… 38, 39, 40, 41, 42, 43, 44, 55, 56, 117, 132, 164, 252, 261, 281, 289
カニバリゼーション …… 207, 226, 233, 245, 250, 253, 254, 257, 263, 270, 284, 286
関係レント ………………………… 53
企業城下町 ………………………… 22
企業風土 ………………………… 50, 83
逆境 ……………… 17, 24, 29, 51, 134
協業 …………………………… 141, 259
協同戦略パースペクティブ …… 23, 57, 262, 263

クラスター ……………… 23, 54, 200
経営自立化 ……………………… 26
経営の自立化 …………………… 16
怪我の功名 …………… 46, 48, 282, 297
研究開発 …… 6, 26, 27, 28, 86, 122, 149, 162, 173, 190, 192, 195, 251, 267, 279
限定合理性 ……………… 50, 113, 274
限定合理的 …… 46, 47, 48, 51, 118, 141, 184, 252, 282, 284
構造的空隙 …… 55, 110, 112, 114, 197, 265, 278
合理性… 46, 49, 50, 114, 260, 267, 274, 284, 287
合理的 ……………………… 196
心構え ……………………… 278, 297
コンピテンシー・トラップ ……… 144

〔さ　行〕

採算 ………………… 121, 180, 204
採算性 ………………… 157, 179, 185
差別化 …… 36, 102, 218, 233, 239, 250, 254, 257, 259, 260, 263, 270, 284, 286
産学連携 … 189, 190, 191, 192, 193, 195, 196, 266, 267, 271
産業集積 ……………… 15, 17, 23, 54
参入障壁 ………………… 233, 246
事業化 … 24, 48, 83, 108, 118, 155, 156, 157, 159, 163, 166, 178, 180, 185, 274, 276, 288
事業開拓 ………………………… 115
資源動員 … 2, 5, 6, 32, 36, 37, 149, 165, 177, 183, 259, 274, 279, 280, 281
試行錯誤 …… 86, 87, 135, 138, 143, 166, 239, 242, 255
事後的合理性 ……………… 47, 49, 275

事後的進化能力……… 46, 49, 142, 265, 275
試作………………………………… 121, 227
下請………… 17, 18, 20, 21, 22, 29, 95, 126
実用化…24, 25, 108, 155, 156, 157, 158, 159, 163, 166, 178, 180, 183, 185, 271, 276, 288
社会的埋め込み……………………… 53
柔軟な専門化……………………… 53
上市………………………………… 158
シリアル・アントレプレナー………… 200
ジレンマ… 59, 216, 218, 219, 244, 245, 246, 258, 263, 271
深化……… 96, 116, 131, 136, 137, 208, 269
ステークホルダー…100, 103, 109, 110, 112, 113, 114, 139, 142, 168, 194, 196, 272, 274, 275, 276, 284, 287, 289, 298
制約…… 2, 4, 51, 52, 75, 288, 290, 292, 296
セレンディピティ…………………… 48, 49
先行者の優位…………………… 96, 103, 202
組織づくり…… 51, 135, 140, 142, 168, 278, 282, 287, 289
組織能力…………………………… 45
組織風土…………… 75, 82, 84, 85, 135, 140
備え……………………… 51, 52, 252, 287

〔た 行〕

ダイナミック・ケイパビリティー…… 45, 278
ダイバーシティ……………… 50, 141, 284
多様性…50, 57, 113, 114, 141, 196, 251, 260, 261, 267, 272, 284, 290
探索… 38, 39, 40, 41, 42, 43, 44, 55, 56, 133, 144, 252, 261, 281, 289
知の近視眼化…………………… 144
中核企業…200, 209, 210, 212, 215, 219, 221, 223
中核技術… 77, 115, 116, 117, 118, 121, 125, 131, 132, 136, 139, 261
紐帯………………… 55, 56, 57, 59, 286
提案…… 95, 97, 99, 135, 138, 239, 244, 269

提案力……………………………… 258
転用… 84, 132, 137, 152, 174, 176, 184, 253, 255
転用可能性……118, 127, 131, 179, 183, 185, 225, 237, 271
特定大企業…16, 17, 18, 19, 20, 21, 22, 101, 126

〔な 行〕

二重構造…… 14, 55, 56, 251, 256, 277, 286
ニッチ…… 119, 120, 121, 129, 131, 136, 239
ネットワーク…23, 52, 53, 54, 54, 55, 56, 57, 112, 198, 199, 206, 207, 208, 211, 212, 213, 214, 216, 218, 219, 220, 222, 223, 224, 225, 253, 254, 255, 256, 258, 260, 261, 263, 267, 285
粘着性………………… 54, 56, 57, 59, 286
能動的… 49, 75, 93, 134, 135, 139, 140, 298

〔は 行〕

場…… 23, 208, 209, 210, 214, 215, 242, 245, 246, 249, 255, 258, 260, 269, 280
日頃の心構え……………………… 52
費用対効果……………………… 235, 241
瓢箪から駒………… 47, 48, 243, 252, 282
不確実性 25, 36, 39, 50, 83, 84, 85, 145, 241, 242, 290
ブリッジ……… 112, 114, 141, 197, 265, 278
分析の単位……………………… 7, 274
補完……… 23, 102, 141, 204, 218, 221, 223

〔ま 行〕

マイノリティ……………………… 50
モチベーション…… 84, 221, 244, 246, 268, 269, 275

〔や　行〕

誘因……………………… 125, 219, 246, 258
予期せぬ学び…………… 48, 243, 252, 282
予備的考察………… 149, 150, 166, 167, 170

〔ら　行〕

リスク… 24, 35, 72, 118, 122, 124, 151, 171, 173, 184, 202, 205, 221, 223, 231, 233, 242, 249, 250, 290, 293
両利きの経営…… 42, 43, 44, 45, 55, 56, 252, 281, 282, 283, 287

著者略歴

水野　由香里（みずの・ゆかり）
西武文理大学 サービス経営学部 准教授

岐阜県生まれ。聖心女子大学卒業。一橋大学大学院商学研究科博士後期課程単位修得退学。2005年独立行政法人 中小企業基盤整備機構リサーチャー、2007年西武文理大学サービス経営学部専任講師を経て、2013年より現職。

主要業績には、「場のメカニズムの変化をもたらした中核企業の役割」（平成17年度日本経営学会賞論文部門受賞）「利益相反の可能性を内在的に抱える協同体が存続する要件」（以上、『日本経営学会誌』）、「組織のライフステージをたどる組織の成功要因－協立電機の事例から－」（『赤門マネジメント・レビュー』）、「企業戦略としての男女共同参画」（『現代日本の社会・経済戦略としての男女共同参画～社会制度に対する経済・経営・統計学的アプローチ～』河北新報出版センター）、「平準化による価値創造」（『1からのサービス経営』碩学舎）、"Make provision for future growth under adverse circumstances" "Collective strategy for implementing innovation in case of SMEs"（以上、*Annals of Business Administrative Science*）、"How to implement innovation and R&D in SMEs"（*Journal of Business and Economics*）、"Strategic contribution of gender equality and diversity in a company"（*GEMC Journal*）などがある。

碩学叢書

小規模組織の特性を活かすイノベーションのマネジメント

2015年11月25日　第1版第1刷発行

著　者	水野　由香里
発行者	石井　淳蔵
発行所	㈱碩学舎

　　　〒101-0052 東京都千代田区神田小川町2-1 木村ビル10F
　　　TEL 0120-778-079　FAX 03-5577-4624
　　　E-mail info@sekigakusha.com
　　　URL http://www.sekigakusha.com

発売元　㈱中央経済社
　　　〒101-0051 東京都千代田区神田神保町1-31-2
　　　TEL 03-3293-3381　FAX 03-3291-4437

印　刷　昭和情報プロセス㈱
製　本　誠　製　本　㈱

Ⓒ 2015　Printed in Japan

＊落丁、乱丁本は、送料発売元負担にてお取り替えいたします。
ISBN978-4-502-15741-7　C3034

本書の全部または一部を無断で複写複製（コピー）することは、著作権法上での例外を除き、禁じられています。

楽しく読めて基本が身につく好評テキストシリーズ！

1からの流通論
石原 武政
竹村 正明 [編著]
■A5判・284頁

1からのマーケティング〔第3版〕
石井 淳蔵
廣田 章光 [編著]
■A5判・304頁

1からの戦略論
嶋口 充輝
内田 和成 [編著]
黒岩 健一郎
■A5判・292頁

1からの会計
谷 武幸
桜井 久勝 [編著]
■A5判・248頁

1からの観光
高橋 一夫
大津 正和 [編著]
吉田 順一
■A5判・268頁

1からのサービス経営
伊藤 宗彦 [編著]
髙室 裕史
■A5判・266頁

1からの経済学
中谷 武 [編著]
中村 保
■A5判・268頁

1からのマーケティング分析
恩藏 直人 [編著]
冨田 健司
■A5判・296頁

1からの商品企画
西川 英彦 [編著]
廣田 章光
■A5判・292頁

1からの経営学〔第2版〕
加護野 忠男 [編著]
吉村 典久
■A5判・320頁

1からのファイナンス
榊原 茂樹 [編著]
岡田 克彦
■A5判・304頁

1からのリテール・マネジメント
清水 信年 [編著]
坂田 隆文
■A5判・288頁

1からの病院経営
木村 憲洋
的場 匡亮 [編著]
川上 智子
■A5判・328頁

1からの経営史
宮本 又郎
岡部 桂史 [編著]
平野 恭平
■A5判・344頁

発行所：碩学舎　発売元：中央経済社